LES 13 TRÉSORS

Michelle Harrison est née en 1979. Elle a grandi dans l'Essex, en Grande-Bretagne. Après avoir étudié le dessin, elle a travaillé dans une librairie, une galerie d'art et une maison d'édition pour la jeunesse. Elle se consacre aujourd'hui à l'écriture. *Les 13 trésors* est son premier roman. Il a reçu le Waterstone's Children's Book Prize et a été publié dans une quinzaine de pays.

Illustration de couverture : Chris Gibbs

Ouvrage publié originellement par Simon and Schuster UK Ltd
sous le titre : *The 13 Treasures*

18, rue Barbès, 92128 Montrouge Cedex
ISBN : 978-2-7470-3225-4
Dépôt légal : août 2011

Loi 49-956 du 16 juillet 1949 sur les publications destinées à la jeunesse

Michelle Harrison

Les 13 trésors

Traduit de l'anglais (Grande-Bretagne) par Danièle Darneau

MILLÉZIME

bayard jeunesse

Pour maman et pour ma nièce, Tanya

Prologue

Toute petite, Tanya savait déjà que le manoir de sa grand-mère abritait d'innombrables secrets. Comme tout le monde, elle avait entendu dire que, sous la maison, il existait des galeries souterraines que les gens utilisaient autrefois pour s'échapper. Et, comme tous les enfants, elle avait passé de nombreux après-midi, les jours de pluie, à essayer de découvrir les entrées de ces galeries, mais elle n'avait jamais rien trouvé. Arrivée à l'âge de treize ans, elle avait abandonné l'espoir de tomber sur l'un de ces couloirs secrets et elle avait même commencé à se demander s'ils existaient vraiment.

Aussi, une nuit, quand elle avait vu la bibliothèque pivoter devant elle et s'effacer dans le mur, révélant un étroit escalier qui descendait dans des tréfonds obscurs sentant le moisi, elle n'avait pas été trop surprise. Mais elle n'avait pas non plus ressenti le délicieux frisson auquel elle aspirait depuis si longtemps, car les circonstances de cette découverte n'étaient pas celles dont elle avait rêvé.

Si, au manoir, on avait été observateur, on se serait aperçu que les tunnels étaient utilisés – et cela, depuis quelque temps – pour pénétrer clandestinement dans la maison. Mais personne n'avait relevé certains indices, par exemple les informations diffusées à la radio à la suite de l'enlèvement, ou l'étrange bruit entendu au cœur de la nuit dans l'ancien escalier de service. Car, pris isolément, aucun de ces signes n'avait de quoi attirer l'attention.

Mais, à présent que Tanya se retrouvait face à cette inconnue aux yeux fous, dans une caverne lugubre creusée profondément dans le sous-sol du manoir, elle repensait à ces signes, et ils s'imbriquaient aussi parfaitement qu'une clé dans une serrure. Elle ne savait pas exactement ce qu'elle avait espéré trouver… mais ce n'était pas cela.

La fille n'était pas beaucoup plus âgée qu'elle-même : quinze ans tout au plus. Ses yeux verts exprimaient une dureté et une maturité qui n'étaient pas de son âge. Quant au couteau attaché à sa cuisse, mieux valait ne pas y penser. Tanya s'efforça donc de garder les yeux posés sur le tout petit bébé que la fille portait dans ses bras.

L'enfant la regardait aussi, de ses yeux inexpressifs. Tanya sentit soudain la peur lui soulever le cœur. Les traits du bébé se déformèrent, puis se transformèrent. La pointe de ses oreilles s'allongea et sa peau prit une teinte verdâtre. Ses yeux s'inondèrent de noir, comme baignés d'encre, et luisirent bizarrement. Le tout ne dura qu'une fraction de seconde, puis la sinistre vision s'effaça. Mais Tanya comprit ce qu'elle avait vu.

Et l'intruse aux cheveux roux aussi.

– Tu as vu, chuchota-t-elle d'une voix rauque.

Tanya, les yeux rivés sur la chose nichée au creux de son bras, ravala un cri.

– Incroyable, murmura la fille. Tu as *vu* ! Toi aussi, tu les vois !

Il y eut entre elles un échange muet au cours duquel elles se comprirent, et la fille prononça doucement quelques mots :

– Tu as le don de double vue.

Tanya recula et demanda :

– Qu'est-ce que tu fais avec ce bébé ?

– Bonne question, répondit la fille. Assieds-toi. Je vais te raconter mon histoire. Je suis sûre qu'elle va t'intéresser.

Première partie

1

Avant même de se réveiller, Tanya eut conscience de leur présence.

Ses paupières s'étaient mises à papilloter de façon inquiétante, signe que les ennuis commençaient. C'est ce tressautement insistant qui l'avait réveillée.

Elle ouvrit des yeux ensommeillés. Comme toujours, fidèle à ses habitudes d'enfant, elle avait remonté les draps par-dessus sa tête avant de s'endormir. À présent, elle étouffait, mais mieux valait ne pas changer de position. Sinon, ils s'apercevraient qu'elle était réveillée.

Ainsi couverte, Tanya mourait d'envie de repousser les draps à coups de pied pour permettre à la douce brise d'été qui s'infiltrait par la fenêtre de venir la rafraîchir. Elle essaya de se convaincre qu'elle avait rêvé ; peut-être n'étaient-ils pas vraiment là, après tout. Mais elle se garda bien de bouger. Car, tout au fond d'elle-même, elle savait qu'ils étaient *vraiment* là, et, tout aussi sûrement, qu'elle seule pouvait les voir.

De nouveau, ses paupières s'agitèrent. À travers les draps, elle devinait leur présence, sentait l'atmosphère de la pièce vibrer d'une étrange énergie. Elle décelait même une odeur de feuilles, de champignons et de baies mûres mélangée à celle de la terre humide. C'était *leur* odeur.

Un chuchotement troua l'obscurité :

– Elle dort. Je la réveille ?

Tanya se raidit sous son refuge de tissu. Les bleus de la dernière fois étaient encore là. Ils l'avaient pincée jusqu'au sang.

Un coup sec dans les côtes lui coupa le souffle.

– Elle ne dort pas, dit une deuxième voix.

Celle-là était froide et contrôlée. Elle ajouta :

– Elle fait semblant. Pas grave. J'adore ces petits... *jeux*.

Toute trace de somnolence s'évanouit alors. La menace contenue dans ces mots était sans équivoque. Tanya s'apprêta à repousser ses draps – mais elle les trouva étrangement lourds, tout à coup. Ils résistaient... de plus en plus pesants.

– Qu'est-ce qui se passe ? Qu'est-ce que vous faites ? protesta-t-elle.

Elle agrippa les draps en essayant frénétiquement de les repousser. Mais ils s'enroulaient autour d'elle comme un cocon. L'espace d'un horrible moment, elle lutta pour reprendre haleine, puis parvint à libérer sa tête et à inspirer l'air frais de la nuit à pleins poumons. Son soulagement fut si grand qu'elle mit plusieurs secondes à s'apercevoir qu'elle avait la tête face à la lampe du plafond, une lanterne de verre en forme d'étoile.

Soudain, Tanya comprit pourquoi ses draps étaient si lourds. Elle flottait, suspendue en l'air à un mètre cinquante au-dessus de son lit, recouverte de ses draps.

– Faites-moi *descendre* ! cria-t-elle.

Lentement, sans avoir esquissé le moindre mouvement, elle commença à basculer sur le côté. Les draps glissèrent aussitôt, tombèrent sur le tapis, et Tanya, en pyjama, se retrouva en train de planer au-dessus de son lit, la tête tournée vers le bas. Sans la protection de ses draps, elle se sentait terriblement vulnérable. Elle repoussa ses cheveux en arrière et scruta la pièce. La seule chose vivante qu'elle distingua dans le noir était son chat : un ridicule persan gris au poil bouffant, roulé en boule sur le rebord de la fenêtre. Il se leva puis, après lui avoir décoché un regard hautain, lui tourna le dos et se recoucha.

– Où êtes-vous ? demanda-t-elle d'une voix tremblante. Montrez-vous !

Un rire déplaisant monta de la région du lit. Tanya se sentit propulsée en avant et, sans avoir eu le temps de comprendre ce qui lui arrivait, elle fit une roulade complète dans les airs, suivie d'une autre... puis d'une autre.

– Arrêtez ! supplia-t-elle, d'un ton désespéré qu'elle se reprocha aussitôt.

Les roulades cessèrent et, enfin, elle atterrit debout, la tête en bas, sur le plafond. Les rideaux tourbillonnaient, agités par le vent. Elle détourna les yeux et essaya de se stabiliser. La gravité semblait s'être inversée juste pour elle : le sang n'affluait pas dans sa tête, son pyjama ne tombait pas et ses cheveux n'avaient pas bougé.

Elle s'assit sur le plafond, vaincue. Voilà pourquoi ils venaient en pleine nuit. Elle l'avait compris depuis longtemps. La nuit, elle était entièrement à leur merci, alors que pendant la journée, si d'aventure elle était surprise dans une situation insolite, elle avait de bien meilleures chances de faire passer cette bizarrerie pour un jeu. Une facétie de plus, venant s'ajouter à toute la série de celles auxquelles elle s'adonnait depuis des années.

Quand, exactement, les avait-elle vus pour la première fois ? Elle ne s'en souvenait pas. Ils avaient toujours été là. Petite, elle avait pris l'habitude, pour donner le change, de bavarder toute seule, sous l'œil de ses parents, d'abord amusés, puis, plus tard, inquiets.

Au fil des années, elle avait appris à mentir avec conviction. Après un certain âge, les contes à dormir debout n'étaient plus passés auprès des adultes. Le temps de la petite enfance et, avec lui, celui des regards complices et des tendres sourires, étaient révolus. Tanya ne le prenait pas pour elle : les gens ne croyaient pas à ce qu'ils ne voyaient pas.

Ils étaient devenus plus agressifs ces derniers temps. Autrefois, il lui était arrivé de devoir se couper quelques mèches emmêlées par une brosse à cheveux enchantée, ou de retrouver ses devoirs mystérieusement sabotés au cours de la nuit. Mais depuis quelques mois, c'était devenu plus sérieux. Elle vivait dans une inquiétude diffuse ; elle pressentait qu'il allait se passer quelque chose de grave, quelque chose qu'elle ne pourrait pas expliquer si facilement. Avec son comportement de plus en plus étrange, elle finirait un beau jour par se retrouver sur le divan d'un psy…

Pour le moment, elle était plutôt en mauvaise posture, à se balader dans les airs ! Si sa mère se réveillait et la trouvait ainsi, ce ne serait pas un médecin qu'elle appellerait, mais un pasteur !

Elle sentit un souffle d'air frais passer sur son visage, accompagné d'un frôlement d'aile sur la joue. Un grand oiseau noir vint planer près de son épaule. Ses yeux luisirent un instant, puis il se métamorphosa aussi vite qu'une ombre avalée par le soleil. Son bec cruel et incurvé s'effaça. À la place apparurent des cheveux de soie noire et l'extrémité rosée de deux oreilles pointues, appartenant à une créature féminine à peine plus grande que l'oiseau. Elle portait une longue robe de plumes noires qui faisait ressortir l'ivoire de son teint.

– Grand Corbeau, chuchota Tanya, en suivant des yeux une plume tombée de la robe de la fée, qui flottait avec légèreté vers le tapis, pourquoi es-tu venue ?

Grand Corbeau ne répondit pas. Elle se posa au pied du lit, à côté de deux autres petits êtres féeriques, l'un dodu, au nez rougeâtre, l'autre noir de peau, sec comme une trique et l'air farceur. Tous les deux la regardaient avec insistance. Le plus petit fut le premier à prendre la parole :

– Tu as encore écrit des choses sur nous.

Tanya sentit ses joues s'empourprer.

– Non, non, Gredin… ce n'est pas vrai, mentit-elle.

Dans les yeux jaunes de Gredin s'alluma une lueur qui flamba, extraordinairement brillante dans sa figure brune.

– D'accord, rétorqua-t-il, mais c'est ce que tu as déjà dit la dernière fois. Et la fois d'avant.

Dehors, un objet volant rectangulaire, de couleur noire, se dirigeait droit vers la fenêtre ouverte, comme apporté par la brise. D'un mouvement gracieux, il pénétra dans la pièce et arrêta sa course devant Tanya. Consternée, elle reconnut son journal intime, en bon état, mais recouvert de terre. Celui qu'elle avait enterré sous le pommier du jardin dans l'après-midi. Quelle idiote d'avoir été aussi imprudente !

– C'est à toi, je crois ? interrogea Gredin.

– C'est la première fois que je le vois, affirma-t-elle.

À côté de Gredin, le petit personnage dodu poussa un ricanement.

– Ah bon ? persifla-t-il. Allez, allez, tu n'as pas envie de passer la nuit là-haut, hein ?

Sur ce, il leva la main et donna une légère tape à la plume de paon qui ornait son bonnet, puis tortilla sa moustache de rat autour de son index. Au contact de sa main, la plume dotée de pouvoirs magiques scintilla. Le petit bonhomme dodu l'enleva de son bonnet et lui donna une chiquenaude.

Le journal s'ouvrit et laissa échapper une motte de terre qui tomba en s'émiettant sur l'un des chaussons de Tanya. Un éternuement étouffé résonna dans le chausson, puis un quatrième et dernier être féerique en sortit. Il était vraiment affreux, avec sa tête de cochon. Après un laborieux battement d'ailes – des ailes marron et à moitié déplumées – le féerique atterrit maladroitement sur le lit. Il reprit tant bien que mal son équilibre, puis entreprit de se gratter furieusement en arrosant les draps de poils et de puces. Ensuite, il bâilla avec un grognement caverneux et se frotta le museau de ses minuscules pattes marron.

Un jour, quand Tanya était plus petite, avant le divorce de ses parents, sa mère lui avait jeté d'un ton agacé :

– Arrête de faire ta petite Misscochon !

Piquée par la curiosité, Tanya avait cessé de bouder et demandé :

– Qu'est-ce que c'est, une Misscochon ?

– C'est une affreuse créature en forme de cochon qui est toujours triste, avait répondu sa mère. Et, avec la tête que tu fais, tu as l'air d'une Misscochon.

Tanya se souvenait de cette scène à chaque fois qu'elle voyait apparaître le féerique marron mangé de puces : son expression abattue évoquait parfaitement la créature inventée par sa mère. Comme, contrairement aux autres, ce féerique ne s'était jamais désigné par un nom quelconque, Tanya lui avait attribué celui de Misscochon. Hormis les puces et l'odeur de chien mouillé qu'il répandait, Misscochon était relativement insignifiant. Il ne parlait jamais – en tout cas, pas dans un langage compréhensible –, il avait toujours faim et passait son temps à se gratter le ventre. En dehors de cela, il se contentait d'observer les environs avec ses yeux bruns mélancoliques… et plutôt beaux, d'ailleurs. En ce moment même, il les écarquillait, le regard inexpressif, en émettant d'étranges petits bruits de gorge.

Le journal vint danser sous le nez de Tanya. Ainsi rappelée à l'ordre, celle-ci revint vite à la triste réalité.

– Lis-le, ordonna Gredin.

– Je ne peux pas, répondit-elle, je n'y vois pas assez clair.

Un éclair jaillit dans les yeux durs de Gredin. Les pages se mirent à tourner à toute vitesse, dans un sens puis dans l'autre, comme si elles cherchaient un passage précis. Elles finirent par s'arrêter sur quelques lignes qui semblaient avoir été écrites à la hâte. Tanya reconnut aussitôt la date : c'était moins de quinze jours auparavant. Le texte était difficilement lisible, car elle l'avait rédigé la vue brouillée de larmes.

Avec effroi, elle entendit un chuchotement sortir des pages… et reconnut sa propre voix, pas assez forte pour réveiller sa mère, mais clairement audible. Le son semblait venir de loin, comme affaibli par un voyage à travers le temps.

« Ils sont revenus cette nuit. Pourquoi moi ? Je les déteste. Je les DÉTESTE… »

Le passage accusateur n'en finissait plus, et Tanya, réduite à l'impuissance, ne pouvait qu'écouter avec horreur sa voix qui jaillissait du journal, page après page, furieuse, énervée, désespérée.

Les féeriques ne la quittèrent pas des yeux pendant cette « lecture ». Grand Corbeau arborait un air maussade ; les visages de Bonnet à Plume et de Gredin ne trahissaient rien ; Misscochon grattait sa bedaine infestée de puces, visiblement peu concerné.

– Ça suffit ! dit Gredin, après ce qui sembla un siècle.

La voix de Tanya se tut aussitôt. Il ne subsista plus que le bruit des pages feuilletées par quelque main invisible. Tous les mots qu'elle avait écrits s'effacèrent lentement sous ses yeux, s'évanouirent comme de l'encre absorbée par un buvard.

Le journal tomba sur le lit et se désintégra sous l'impact.

– Tu n'as rien à gagner à ça, déclara Grand Corbeau avec un geste en direction de ce qu'il en restait. À part des ennuis !

– Quelqu'un aurait peut-être fini par le lire un jour, quelqu'un qui m'aurait crue ! jeta Tanya d'un ton amer.

Bonnet à Plume intervint alors :

– La règle est pourtant simple : tu ne dois parler de nous à personne. Tant que tu essaieras de le faire, nous continuerons à te punir.

Sur le lit, les vestiges du journal bougèrent, se soulevèrent comme du sable fin, puis s'envolèrent par la fenêtre, engloutis par la nuit.

– Pfutt, parti ! commenta Gredin. Comme s'il n'avait jamais existé ! Envolé vers un endroit où le romarin pousse en abondance au bord d'un ruisseau qui coule en remontant la colline. Le domaine des piskies.

– Les ruisseaux qui coulent en remontant les collines, ça n'existe pas, répliqua Tanya, toujours furieuse d'avoir vu ses pensées les plus intimes étalées devant tous.

– Des barbares, ces piskies…, poursuivit Gredin. Imprévisibles. Dangereux, dit-on. Tout ce qu'ils touchent se pervertit et se déforme. Là-bas le romarin, connu partout ailleurs pour favoriser la mémoire, pousse en pourrissant. Ses propriétés sont inversées.

Il fit une pause pour mesurer l'effet de ses paroles. Tanya eut la sagesse de ne pas l'interrompre.

– Mais il est un peuple, connu parmi le peuple féerique sous le nom de peuple guérisseur, qui s'y connaît en herbes et en plantes telles que le romarin. Et le romarin, même pourri par les piskies, peut être utile. Pris en justes quantités, il a le pouvoir d'extraire pour toujours un souvenir du cerveau d'un mortel, tel le souvenir d'un ancien amour. C'est très utile dans certaines circonstances. Les féeriques se servent eux aussi de cette herbe magique. Elle leur est particulièrement utile quand des humains tombent par hasard sur leur royaume et sont témoins de choses qui ne les regardent pas. En général, il suffit d'une petite dose pour rétablir la situation. L'humain en question s'en tire parfaitement bien. Il a l'impression de se réveiller après un rêve agréable dont il ne garde aucun souvenir. Mais quand, par malheur, on se trompe de dosage, la mémoire s'efface complètement, comme ça !

Ici, Gredin claqua des doigts, et Tanya tressaillit.

– Évidemment, ça n'arrive pas très souvent, c'est surtout accidentel, mais parfois... parfois, c'est le seul moyen de réduire au silence ceux qui refuseraient autrement de se taire. Les pauvres... après ça, ils ne se souviennent même plus de leur propre nom. C'est triste, mais nécessaire, parce que... on ne peut pas parler de ce dont on n'a aucun souvenir, n'est-ce pas ?

Tanya eut soudain un goût bizarre dans la bouche, le goût de la peur.

– Je n'écrirai plus jamais rien sur vous, promit-elle.

– Parfait, répondit Bonnet à Plume. Parce que tu serais vraiment bête d'essayer.

– Répondez juste à une question, reprit Tanya, se jetant à l'eau avec tout le culot dont elle était capable. Je ne peux pas être la seule. Je *sais* que je ne suis pas la seule...

D'un regard, Gredin la fit taire.

La descente fut brutale et inattendue. En se sentant tomber, Tanya attrapa instinctivement la seule chose à sa portée, la lanterne en forme d'étoile. Il y eut un terrible craquement. Le fil se rompit sous son poids, de larges morceaux de plâtre dégringolèrent du plafond et se brisèrent sur le sol. Puis la lanterne se détacha. L'adolescente atterrit sur le plancher, l'ampoule explosa, la lanterne s'envola et alla se fracasser contre l'armoire.

Tanya resta quelques instants couchée par terre, le souffle court. C'est alors qu'elle entendit un bruit de pas précipités dans le couloir. Pas besoin de lever la tête pour savoir que les féeriques avaient disparu, évanouis dans la nature comme des feuilles éparpillées par le vent. Bientôt, sa mère entra dans la chambre, l'attrapa par les épaules pour la relever, si violemment qu'elle lui fit mal, et poussa une exclamation outrée à la vue des dégâts.

– Maman…, dit Tanya d'une voix rauque, je… j'ai fait un cauchemar… Excuse-moi…

Malgré le peu de lumière diffusé par la lune, Tanya vit une expression résignée se dessiner sur les traits de sa mère. Cette dernière la lâcha et se laissa tomber lentement sur le lit en appuyant ses poings fermés sur ses yeux.

– Maman ? chuchota Tanya en tendant la main pour lui effleurer le bras.

– Je suis fatiguée, répondit sa mère d'une voix lasse. Je n'en peux plus. Je ne sais plus ce que je dois faire pour que tu arrêtes de... chercher à attirer l'attention. Je ne sais plus ce que je dois faire de *toi*.

– Ne dis pas ça. Je vais m'améliorer. Je te promets d'essayer.

Sa mère eut un sourire sans joie.

– C'est ce que tu dis à chaque fois, soupira-t-elle. Et moi, j'ai envie de te croire... de t'aider, mais je n'y arrive pas. Je n'y arriverai pas tant que tu refuseras de me parler... à moi ou à un médecin.

– Je n'ai pas besoin de médecin. Et toi, tu ne comprendrais pas !

– Non, c'est vrai. Tu as raison, ma chérie, je ne comprends pas. Je ne comprends qu'une chose, c'est que je suis au bout du rouleau.

Elle se tut et embrassa la pièce du regard. Puis elle reprit :

– Bon, tu ramasseras tout ça demain matin. Tout, jusqu'au moindre débris. Et les réparations, tu les paieras avec ton argent de poche, aussi longtemps qu'il le faudra. Je ne veux plus de ça. J'en ai par-dessus la tête.

Tanya baissa les yeux. Un petit tesson de verre luisait, planté dans le pied nu de sa mère. Elle s'agenouilla et le lui enleva avec précaution. Une perle de sang rouge foncé se forma à la place de la coupure.

Sa mère ne réagit pas. Elle se leva et se dirigea vers la porte d'un pas traînant, tête basse, en marchant sur les fragments de verre sans s'en préoccuper.

– Maman ? tenta Tanya une dernière fois.

La porte se referma, la laissant seule dans l'obscurité.

Tanya s'étendit sur son lit, si abattue qu'elle était incapable de pleurer. Le regard de sa mère en avait dit assez long. Combien de fois l'avait-elle avertie, combien de fois lui avait-elle dit qu'un jour, une goutte d'eau ferait déborder le vase ? Ce moment était arrivé. Les sanglots étouffés qui lui parvenaient de la chambre d'en face disaient clairement que ce qui venait de se passer était la goutte d'eau de trop, celle qui avait fait déborder le vase.

2

La voiture roulait lentement sur la petite route sinueuse. De part et d'autre, on voyait d'interminables étendues de champs dorés et d'arbres verts qui formaient une canopée de feuilles et de branches, si dense qu'elle laissait difficilement passer les rayons du soleil de juillet. Une ferme ou un enclos apparaissaient çà et là ; sinon, il n'y avait pas grand-chose à voir au cœur de la campagne de l'Essex, bien loin des hautes constructions de Londres.

Assise à l'arrière, Tanya transperçait la nuque de sa mère d'un regard noir.

– Je ne vois toujours pas pourquoi il faut absolument que j'aille chez *elle*, gronda-t-elle. Il y a bien d'autres endroits où tu pourrais m'envoyer.

– Non, tu ne peux aller chez personne d'autre, répondit sa mère, pâle, le visage défait par le manque de sommeil et l'absence inhabituelle de maquillage. Nous en avons déjà parlé cent fois.

– Et chez papa ? Je ne comprends pas pourquoi ce n'est pas possible.

– Tu sais parfaitement que, dans les prochains mois, il s'absentera souvent pour son travail. Tu ne peux pas rester seule dans une maison vide.

– C'est trop injuste, quand même ! protesta Tanya. Les vacances ont commencé il y a une semaine à peine et tu m'envoies déjà chez *elle* ! J'aurais été d'accord pour aller chez Nana Ivy.

– Écoute, Nana Ivy est morte il y a trois ans. Tu pourrais quand même faire un petit effort pour t'entendre avec la grand-mère qui te reste.

– Ah oui ? Parce qu'elle se met en quatre pour me faire plaisir, elle, hein ? Passer deux jours de temps en temps dans cette affreuse baraque pleine de toiles d'araignées, c'est déjà assez horrible comme ça... De toute façon, si j'y vais, c'est uniquement parce que tu insistes. Si elle avait le choix...

– Non, ce n'est pas vrai.

– Si, c'est vrai ! Elle n'a pas plus envie de me voir que moi, j'ai envie de la voir, et tu le sais aussi bien que moi ! Quand est-ce qu'elle m'a invitée d'elle-même ? Allez, dis-le-moi ! Est-ce qu'elle l'a déjà fait ?

Sa mère ne répondit pas.

Tanya lança, triomphante :

– Tu vois, tu ne trouves pas !

– Ça suffit ! répliqua sa mère. C'est toi qui l'as cherché avec ton comportement de la nuit dernière... Et encore, je ne parle pas de ce que tu as fabriqué tous ces derniers mois.

Puis, d'une voix plus douce, elle expliqua :

– J'ai besoin de souffler. Je crois que nous en avons besoin toutes les deux. Rien que quinze jours, pas plus. Tu vois, je fais mon possible pour être juste... Je te laisse même prendre Oberon. Et, quand tu reviendras, on aura une conversation sérieuse, toutes les deux.

Tanya ne répondit pas, trop occupée à se débarrasser du gros nœud qui lui serrait la gorge. Après quelques instants de silence, sa mère glissa un CD dans le lecteur. La discussion était close.

Un gémissement sourd sortit du gosier du doberman un peu trop gros coincé entre l'adolescente et un grand sac de voyage. Tanya gratta l'arrière de ses oreilles soyeuses pour le réconforter, puis regarda par la vitre, malheureuse comme une pierre. Ses protestations n'avaient servi à rien. À rien du tout. Elle allait devoir rester chez sa grand-mère jusqu'à nouvel ordre.

Le voyage se poursuivit. À l'avant de la voiture, sa mère gardait les yeux fixés sur la route. À l'arrière, Tanya dardait toujours sur la nuque de sa mère son regard le plus noir.

– On est arrivées !

Tanya tourna la tête dans la direction indiquée par sa mère, mais ne vit rien, hormis des rangées d'arbres et de buissons touffus.

– C'est un peu plus broussailleux que d'habitude, constata sa mère.

– C'est toujours plein de mauvaises herbes ! jeta Tanya. Une broussaille de plus et on ne verrait plus l'entrée de la maison !

Il y avait tellement d'arbres le long de l'allée qu'il était impossible de voir où elle menait. Les branchages et les brindilles égratignaient les flancs de la voiture. Une ribambelle de féeriques contrariés par cette intrusion s'envola des arbres. L'un d'eux vint se poser sur la vitre à côté de Tanya et la dévisagea d'un œil inquisiteur. Il passa environ une minute à la regarder fixement tout en fourrageant dans ses narines. Puis, enfin, il se lassa et retourna au bercail dans les arbres.

Tanya soupira, sachant qu'il en viendrait d'autres. Comme par miracle, les féeriques savaient qu'elle pouvait les voir et cela les attirait comme un aimant. Pourtant, elle faisait l'impossible pour les laisser croire qu'elle ignorait leur présence.

L'interminable allée, toute en courbes et en virages, semblait faire partie d'un labyrinthe dont elles ne trouveraient jamais la sortie. Enfin, la végétation devint un peu plus espacée et on y vit plus clair. Puis, après un dernier tournant à gauche, la voiture s'arrêta devant une énorme grille cadenassée. Deux mots étaient travaillés dans le fer forgé : *Elvesden Manor*. Le Manoir d'Elvesden. Sur chacun des deux piliers placés de part et d'autre de la grille, une gargouille montrait les dents.

La mère de Tanya klaxonna deux fois en regardant la montre du tableau de bord d'un air contrarié.

– Je me demande pourquoi ils n'ont pas encore ouvert la grille ! Je leur ai pourtant dit que nous serions là vers dix heures ! bougonna-t-elle.

Mécontente, elle redonna un bon coup de klaxon.

Plusieurs minutes passèrent, et toujours aucun signe de vie. Tanya tourna la tête pour ne plus voir l'expression malveillante des gargouilles. Derrière le mur d'enceinte, elle distinguait tout juste le toit de la maison.

– On ferait mieux de sortir pour se dégourdir les jambes, décida sa mère en joignant le geste à la parole.

Tanya l'imita, contente de quitter la voiture surchauffée. Oberon bondit à sa suite et se précipita vers les arbres. Là, il commença par renifler, puis il marqua son territoire.

– L'air frais de la campagne te fera le plus grand bien, déclara sa mère.

Tanya lui décocha un regard venimeux puis détourna ostensiblement la tête. En entendant sonner des cloches au loin, elle se rappela l'existence d'une petite église dans les environs. En dehors de cela, il n'y avait aucun voisin et, même si le voyage n'avait duré qu'un peu plus de deux heures, elle avait l'impression de se trouver au milieu de nulle part, complètement isolée du reste du monde.

Elle se protégea les yeux du soleil et ajusta sa vue : au loin, une silhouette sombre s'avançait vers elles d'un pas vif.

– C'est Warwick, annonça sa mère d'un ton soulagé.

Tanya baissa les yeux et donna un coup de pied dans un caillou. Elle n'aimait pas beaucoup l'intendant du manoir. Des années auparavant, quand sa mère était enfant, c'était Amos, le père de Warwick, qui avait occupé cet emploi. Quand Amos avait pris sa retraite, son fils avait repris le flambeau. Les deux hommes vivaient au manoir, avec la grand-mère de Tanya, Florence, et le fils de Warwick, Fabian, que sa mère qualifiait de « garnement insupportable ». Même si ce n'était pas entièrement faux, Tanya ne pouvait s'empêcher de plaindre Fabian, dont la mère était morte quand il avait cinq ans. Avec un père qui le négligeait à ce point, pas étonnant qu'il soit devenu aussi pénible !

Warwick se rapprochait. Il portait un long manteau beaucoup trop chaud pour la saison, et un pantalon de moleskine taché, passé dans des bottes pleines de boue. Ses cheveux noirs en broussaille, striés de gris, étaient attachés en arrière par un nœud lâche, et il avait la peau brune et tannée, signe qu'il passait le plus clair de son temps dehors. En guise de bonjour, il hocha la tête d'un air renfrogné.

Il passa devant elles à grands pas, ouvrit le portail et leur fit signe de remonter en voiture. Tanya vit qu'il avait un fusil à pompe accroché dans le dos, ce qui augmenta encore son aversion envers lui.

La grille s'ouvrit en grinçant. Warwick se mit sur le côté pour laisser passer la voiture.

Comme toujours, Tanya écarquilla les yeux quand ils arrivèrent en vue de la bâtisse. Elle avait dû être vraiment superbe à sa construction, à la fin du dix-huitième siècle. Elle comprenait près de vingt chambres – sans compter celles de l'étage des domestiques – et presque autant de salons autrefois luxueusement décorés. Si le manoir avait été correctement entretenu, tout cela serait sans doute resté magnifique.

Mais, hélas, un lierre foisonnant et de plus en plus envahissant au fil des ans grimpait sur les murs lézardés, au point qu'il recouvrait même les fenêtres comme un linceul de feuilles. À présent, la plupart des chambres étaient condamnées ou dans un état variable de dégradation. Autour de la maison, l'immense parc, autrefois splendide, était à l'abandon. La cour, devant, n'était plus qu'une vaste étendue de mauvaises herbes. Seuls quelques arbres et une fontaine désaffectée, que Tanya n'avait jamais vue fonctionner, agrémentaient un peu les jardins.

Une fois la voiture garée, elles attendirent Warwick. Marchant sur le gravier d'un pas lourd, l'intendant vint les rejoindre sur le seuil, avant de les introduire à l'intérieur. Oberon resta dehors, haletant, réfugié à l'ombre.

Dans l'entrée, l'odeur était toujours la même, une odeur d'humidité et de moisi, avec une touche du parfum de Florence. De part et d'autre du lugubre corridor se dessinaient des portes que Tanya savait bouclées. On n'utilisait plus qu'un petit nombre de pièces, maintenant. Plus loin, le couloir s'ouvrait sur un vestibule où se découpaient plusieurs autres portes. Partant de là, l'escalier principal menait à un petit palier, puis se scindait en deux pour monter vers le premier étage. Personne, sauf Amos, ne franchissait les limites du second étage, autrefois réservé aux domestiques. Tanya se souvenait d'être montée là-haut une seule fois, par défi, et d'être redescendue en dévalant l'escalier quatre à quatre, hurlant de terreur, parce que Fabian avait prétendu avoir vu un fantôme.

– Par ici, prononça enfin Warwick, de son ton brusque habituel.

Tanya fit la grimace à la vue du papier peint fané qui se décollait. Pour la centième fois, elle se demanda pourquoi sa grand-mère continuait à vivre dans une baraque aussi énorme alors qu'elle n'avait pas les moyens de l'entretenir, cela sautait aux yeux !

Sur le premier palier se trouvait une horloge ancienne qui n'avait jamais bien fonctionné, malgré plusieurs réparations. Tanya avait sa petite idée là-dessus : elle était infestée de féeriques depuis des années. C'était une raison de plus pour détester cet endroit : il grouillait de féeriques.

Elle suivit Warwick dans l'escalier, laissant sa mère en bas. Dès qu'elle eut tourné le dos, une voix sournoise s'échappa du ventre de l'horloge :

– Attention à la petite, là ! C'est une maligne !

Tanya fit semblant de ne pas entendre et gravit les dernières marches. Arrivée au sommet, elle se figea. Des plumes de toutes les couleurs jonchaient le sol, menant à une commode branlante sur laquelle était perché un gros chat roux qui n'avait qu'un œil, et la bouche pleine de plumes.

– Il est empaillé, commenta Warwick, maussade.

Effectivement, un faisan empaillé gisait par terre. Il lui manquait la tête et la moitié du plumage. Tanya ressentit un mélange de soulagement et de répugnance.

– Spitfire ! Arrête ! Laisse ça ! ordonna l'intendant.

Sans s'émouvoir, le chat le regarda de son œil unique et continua à mâchouiller insolemment. Warwick n'insista pas et avança, l'air exaspéré, jusqu'à la première porte à gauche.

– Ta chambre, dit-il.

Tanya opina du chef. Cette chambre, c'était la même que d'habitude : ce n'était vraiment pas la peine de l'y conduire ! Soit Warwick voulait se montrer courtois, soit il n'avait pas envie qu'elle pointe le bout de son nez dans les autres pièces. Connaissant le bonhomme, elle conclut que la seconde raison était sans doute la bonne.

Comme la plupart des chambres du manoir, celle-ci était spacieuse mais meublée avec parcimonie. Le tapis était usé jusqu'à la corde et les murs, recouverts d'un papier lavande décollé par endroits. Une petite table et une chaise occupaient un angle. Le lit, au centre, avait été fait peu auparavant. Cela se voyait aux traces de repassage sur les taies d'oreiller. Une fine couverture rouge vif était pliée au pied du lit. En face, le long du mur, se trouvait une cheminée en fer forgé flanquée d'une porte qui donnait sur une petite salle de bains privée. Malheureusement, cette pièce était habitée par un féerique visqueux qui ressemblait à un batracien et était irrésistiblement attiré par tout ce qui brillait. Ce petit voleur lui avait déjà subtilisé des montres et des bijoux ; plus d'une fois, Warwick avait eu la surprise de découvrir des objets brillants dans le siphon du lavabo.

Au-dessus de la cheminée était accroché un tableau représentant Écho et Narcisse ; le beau jeune homme regardait son reflet dans un étang niché au creux d'un bois tandis que la jeune fille l'observait sans être vue. Tanya ne savait toujours pas si elle aimait ou non cette peinture.

Elle posa son sac sur le lit et déballa ses affaires. Comme elle s'y attendait, quand elle eut tout sorti, la pièce semblait toujours aussi vide. En déposant ses chaussons au pied du lit, elle se souvint vaguement que Spitfire, un jour, avait entreposé une queue de rat dans l'une de ses pantoufles. Mais le risque qu'il recommence était quasi nul : à seize ans, ce chat était désormais un vénérable vieillard. Outre le gibier empaillé qu'il attaquait dans les couloirs, il était tout juste capable d'attraper une ou deux araignées, ou une mouche bleue s'il avait de la chance.

Elle s'avança vers la fenêtre et, du bout du doigt, barra d'un trait l'omniprésente couche de saleté. De ce côté de la maison, on avait vue sur les jardins, où elle décela quelques rosiers sauvages et deux arbres. Derrière le mur s'élevait l'église, entourée de son minuscule cimetière, et au loin s'étendait une forêt connue sous le nom de Bois du Bourreau.

Dans la cour, elle vit sa mère remonter en voiture, et fut contente d'avoir évité les adieux. Au mieux, le moment aurait été désagréable et, au pire, elles se seraient encore disputées.

Tanya délaissa la fenêtre et s'assit sur le lit. Dans le miroir fendu de la coiffeuse, elle vit son reflet dédoublé. Deux visages jumeaux à la peau mate, aux yeux bruns et aux cheveux noirs la regardaient fixement.

Tanya détourna les yeux. Jamais elle ne s'était sentie aussi seule.

3

Au plus profond du Bois du Bourreau, une vieille roulotte était posée solitaire, à demi cachée par l'épais feuillage et l'ombre fraîche des grands arbres. Elle était peinte en jaune jonquille, mais, malgré sa couleur éclatante, personne ou presque ne la remarquait, car on s'aventurait rarement dans cette partie de la forêt. N'importe qui aurait fui cet environnement angoissant, mais pas la vieille gitane qui habitait dans cette roulotte. Cette forêt lui convenait parfaitement, elle y trouvait la solitude qu'elle recherchait. C'était là qu'elle passait ses journées en vivant simplement, loin des gens de la ville et de leurs regards curieux, hostiles ou apeurés.

On avait longtemps dit que cette gitane possédait des pouvoirs magiques. Elle connaissait très bien les plantes et les herbes sauvages de la forêt et savait guérir tous les maux. Elle subvenait elle-même à la plupart de ses besoins, et ne partageait ses remèdes qu'avec ceux qui le lui demandait. Dans ce cas, elle se faisait payer. Mais, si la vieille gitane intéressait bon nombre de gens de la ville, ce n'était pas seulement à cause de ses plantes ou de ses herbes : elle possédait le don de lire le passé et de prédire l'avenir. Ceux qui ne la craignaient pas venaient la consulter et elle acceptait leur argent pour se dédommager du dérangement. Mais parfois – et cela devenait plus fréquent, depuis quelque temps – son pouvoir l'abandonnait et elle était incapable de leur donner ce qu'ils venaient chercher. Parfois aussi, elle voyait des choses qu'il était préférable de leur taire, et elle gardait donc le silence. Elle se demandait d'où venait ce pouvoir ; simplement, elle savait que c'était le don de double vue, le don que possédaient déjà sa mère et sa grand-mère avant elle. Dans sa jeunesse, il venait à elle très souvent, surtout dans ses rêves. Depuis peu, il restait tapi à la lisière de sa conscience et exigeait d'être invoqué.

Elle n'aimait pas le solliciter quand elle n'y était pas obligée.

Ce jour-là, par la fenêtre ouverte, la vieille femme entendait les oiseaux chanter à cœur joie. Ses épais cheveux gris, tressés en une simple natte, étaient coiffés en arrière, dégageant un visage tanné et buriné. Malgré son âge, ses yeux, d'un bleu azur brillant, étaient vifs et animés, empreints d'une certaine gentillesse.

La gitane porta sa main noueuse à sa tempe, sentant la douleur familière augmenter graduellement. Elle se leva et se rendit d'un pas traînant dans le coin cuisine. Elle parcourut du regard la petite flaque d'eau qui se formait dans l'évier depuis que le robinet fuyait. De minuscules formes troubles commençaient à tourbillonner dedans. Elle ferma la fenêtre et tira les rideaux, plongeant la roulotte dans une quasi-obscurité. Dans un petit placard, derrière les bocaux et les bouteilles, elle attrapa une coupe de bois et plusieurs bougies. Elle fit couler de l'eau dans la coupe et la plaça sur la table avant d'allumer les bougies d'une main tremblante.

Ensuite, la vieille femme prit une chaise et s'assit tout contre la table. Les rides profondes de son visage furent encore accentuées par la lueur dansante des flammes. Les élancements, dans ses tempes, devinrent de plus en plus forts, si forts qu'ils envoyaient des décharges douloureuses dans son corps tout entier. Vite, elle murmura une incantation et la douleur s'éloigna. Elle put alors rester assise calmement, silencieusement, sur sa chaise.

Dans la roulotte, la température baissa et les flammes des bougies devinrent bleues. Avec un frisson, la vieille femme serra son châle plus étroitement autour de ses frêles épaules et regarda à l'intérieur de la coupe en bois. L'eau se troubla puis devint plus claire. Des formes surgirent. Des couleurs sombres se mélangèrent, puis se séparèrent. La peau de la gitane fut parcourue d'un picotement de petits chocs électriques et ses doigts tressautèrent de façon incontrôlable. Puis arriva une série d'images floues qui se déroulèrent comme un film muet.

Une pendule sonna minuit. À travers les vitres d'une chambre d'enfant, les rayons de la lune éclairèrent un bébé qui dormait dans son berceau, puis la lune disparut derrière un nuage solitaire. Quand elle réapparut, le berceau était vide, occupé seulement par un petit ours en peluche éventré dont le rembourrage s'échappait par la déchirure. Les draps, auparavant d'un blanc immaculé, étaient à présent souillés de minuscules traces de pas boueuses. La vieille femme fronça les sourcils, essayant de trouver une explication à ce qu'elle voyait. L'eau s'éclaircit trop vite, et elle crut un instant que la vision était passée, mais une nouvelle image se dessina alors.

Dans l'eau, elle vit une fillette de douze ou treize ans aux cheveux châtains et aux yeux bruns expressifs. Elle avait l'air triste. Triste que personne ne la comprenne, que personne ne l'écoute. Mais l'eau révélait qu'elle n'était pas seule. L'eau montrait ce qui se trouvait tout autour d'elle. Car la fillette avait le pouvoir de voir des choses que les autres ne voyaient pas. Incontestablement, elle possédait le don de double vue… mais pas le même que celui de la vieille gitane.

Il faisait bon maintenant à l'intérieur de la roulotte, depuis qu'elle avait ouvert les rideaux, mais la vieille femme continuait à se frotter les mains pour les réchauffer. Ces derniers temps, elle était devenue tellement sensible au froid !

Elle resta longtemps assise sans bouger, au soleil de l'après-midi qui entrait à flots dans la roulotte en déversant sa lumière rassurante. Elle continua à observer le fond de la coupe posée devant elle, même si les images s'étaient effacées depuis un bon moment, la laissant songeuse, la tête pleine de questions.

Enfin, la vieille femme se leva et rangea distraitement la coupe et les bougies. Elle le fit d'une main tremblante. Car elle avait deviné que le destin ferait en sorte que le chemin de la fillette et le sien se croisent... très bientôt.

4

C'est le cœur lourd et en traînant les pieds que Tanya était descendue de sa chambre pour le déjeuner, deux heures après le départ de sa mère. Il n'y avait pas de mots pour décrire ce qu'elle ressentait à l'idée d'être enfermée pendant quinze jours dans ce manoir bourré de toiles d'araignées et de portes closes.

Sa grand-mère était rentrée à bord de sa vieille Volvo chargée de provisions. Après un bref échange de bonjours très froids, Tanya l'avait aidée à sortir les sacs de la voiture. Elle avait très vite remarqué la fée morte gisant sur le pare-brise. Tout d'abord, elle avait cru qu'il s'agissait d'une mouche surdimensionnée ou d'une bestiole quelconque, mais, en y regardant de plus près, elle avait eu la confirmation qu'il s'agissait bel et bien d'une fée, d'une espèce qu'elle ne connaissait pas. C'était une créature minuscule, la créature la plus petite qu'elle eût jamais vue, plus petite encore que son petit doigt. Ses mains miniatures étaient appuyées contre la vitre et seule l'une de ses ailes était intacte. L'autre était écrasée sur le pare-brise.

Tanya avait détourné la tête avec un haut-le-cœur. C'était la première fois qu'elle voyait un être mort, à part un chat également heurté par une voiture et de petits animaux tués par Spitfire. Une fée, ce n'était pas pareil.

Naturellement, à table, elle n'avait pas d'appétit. L'estomac au bord des lèvres, elle remuait sa soupe sans cesser de penser au corps sans vie, brisé, qui gisait sur la voiture. Même si elle détestait les féeriques, elle se refusait à laisser cette minuscule fée sur la vitre comme un insecte écrasé. Elle décida alors de lui donner une sépulture décente dès qu'elle en aurait l'occasion.

Le déjeuner était servi dans la cuisine, une des rares pièces qui n'étaient pas laissées à l'abandon. L'activité et la chaleur qui y régnaient avaient attiré un vieux lutin acariâtre, qui passait le plus clair de son temps à dormir dans la boîte de thé, ainsi qu'une timide petite fée du foyer qui s'occupait de garder les plats au chaud et veillait à ce que les marmites ne débordent pas. Tanya n'avait jamais réussi à la voir vraiment, car, vive comme l'éclair, elle jaillissait de quelque sombre cachette pour filer dans une autre. Tanya avait cependant aperçu fugitivement de longs doigts grêles, une robe-torchon et un rideau de cheveux brun-roux qu'elle cachait derrière ses oreilles. En automne et en hiver, quand le feu était allumé, la fée se tenait le plus souvent sur la cuisinière, derrière le seau à charbon. Pendant les mois plus chauds, quand on ne faisait pas de feu, elle recherchait n'importe quelle autre source de chaleur, à l'exception du four à micro-ondes, qui semblait lui faire peur.

Il y avait à la cuisine un endroit que Tanya aimait particulièrement. C'était un escalier qui partait du renfoncement à côté de la cheminée, et montait en spirale vers le premier et le second étages. Comme il n'était plus utilisé depuis un certain temps, il était fermé à l'angle du mur derrière lequel il disparaissait. Autrefois, c'était l'escalier de service pour les domestiques. Tanya regrettait beaucoup qu'il ait été comblé : elle avait toujours brûlé d'envie de l'explorer ! Une étroite fenêtre était construite dans le recoin, et les marches servaient d'étagères pour les ustensiles de cuisine. Les soirs d'hiver, quand les braises rougeoyaient dans la cheminée, le renfoncement était plongé dans une lumière quasi fantomatique.

Mais, ce jour-là, Tanya resta insensible au charme des marches mystérieuses.

– Tu n'as pas faim ?

La voix de sa grand-mère la tira de ses pensées. Elle leva la tête et vit que la vieille dame l'observait.

La minceur de son visage était accentuée par sa coiffure, un sévère chignon de cheveux blancs noués dans la nuque.

– Je suis un peu fatiguée, mentit l'adolescente en jetant un regard furtif aux mains grêles de la petite fée du foyer qui se réchauffaient autour de la bouilloire. Où est Fabian ?

– Quelque part par là. Il est en vacances depuis la semaine dernière. Au moins, vous pourrez vous tenir compagnie tous les deux.

« Quelle perspective alléchante ! » persifla mentalement Tanya, dont l'humeur descendit d'un cran supplémentaire. Il allait encore refuser de la lâcher d'une semelle ! Fabian n'amenait jamais aucun copain à la maison et ne savait pas respecter l'intimité des gens. Tanya le supportait à petites doses... mais quinze jours ! Pitié !

Elle s'affaissa sur sa chaise et repoussa son assiette. Ah, les choses ne s'arrangeaient pas !

Après le repas, elle aida à débarrasser la table. Elle profita de l'occasion pour subtiliser quelques objets qui lui serviraient à enterrer le corps de la fée. Dès que sa grand-mère eut le dos tourné, elle découpa un morceau de carton dans une boîte de céréales et le glissa dans sa poche, puis vida une boîte d'allumettes dans la poubelle et emporta le tout.

La voiture de sa grand-mère était garée sur le côté de la maison, sous une série de fenêtres dont, par bonheur, la plupart donnaient sur des chambres vides : Tanya avait donc peu de risques d'être vue. Le seul danger, c'était Warwick. Il avait une petite remise un peu plus loin, et il passait son temps en allées et venues pour y chercher et y entreposer des outils. Mais il ne semblait pas être dans les parages, aussi Tanya décida-t-elle de se lancer.

À l'aide du carton, elle décolla la fée de la vitre et l'introduisit dans la boîte d'allumettes en s'efforçant d'ignorer sa tête qui pendait lamentablement, une coulure de sang séché sous le nez. Elle voulut également prendre l'aile arrachée pour la déposer à l'intérieur de la boîte, mais ce fut plus difficile que prévu, et elle abandonna donc cette idée. La fée serait enterrée avec une seule aile, voilà tout.

Le jardin n'était qu'un fouillis de buissons et de broussailles dont personne ne s'était occupé depuis très longtemps. Après s'être frayé un chemin à travers cette jungle et avoir subi les attaques des ronces, elle tomba sur une plante à petites fleurs jaunes qui poussait au pied d'un châtaignier. C'est là qu'elle commença à creuser. Oberon, qui l'avait suivie, observa tout d'abord une prudente réserve, puis l'imita avec enthousiasme et creusa plusieurs trous à une vitesse vertigineuse, non sans asperger copieusement sa maîtresse de terre fraîche. Ensuite, il s'assit sagement à côté d'elle, le museau humide et recouvert d'une couche de terre brune. Quand son propre trou fut assez profond, Tanya cueillit une fleur jaune et la déposa dans la boîte, auprès de la fée. Elle plaça ensuite le petit cercueil dans sa tombe et le recouvrit de terre. Elle avait les ongles sales, mais elle se sentait un peu mieux.

Elle retourna sur ses pas et alla se rincer les mains sous un robinet installé à l'ombre d'un grand chêne, derrière la maison. Au moment où elle s'apprêtait à rentrer, une silhouette bondit de l'arbre et atterrit à cinquante centimètres d'elle.

– Salut ! dit Fabian. Qu'est-ce que tu fais ?

– Moi ? s'indigna Tanya, le cœur battant à tout rompre sous l'effet de la surprise. Qu'est-ce qui te prend de te cacher dans les arbres et de sauter sur les gens ? J'ai failli mourir de peur !

– Excuse-moi, répondit Fabian avec un sourire qui la rendit folle furieuse.

Elle lui décocha un regard furibond et s'essuya les mains sur son jean en attendant que les battements de son cœur retrouvent un rythme normal.

À douze ans, Fabian était plus jeune qu'elle de quelques mois, mais il avait pris plusieurs centimètres depuis l'année précédente et la dépassait largement à présent. Sinon, il n'avait pas du tout changé. C'était un garçon frêle dont la tête semblait trop grosse pour son corps. Ses cheveux couleur sable, qui bouclaient en partant dans tous les sens, avaient besoin d'un bon coup de ciseaux. À la différence de son père, Fabian était pâle et son teint terreux révélait qu'il passait le plus clair de son temps enfermé, à dévorer des livres scientifiques. Posées sur un nez fin et droit, d'épaisses lunettes agrandissaient une paire d'yeux bleus intelligents.

La mère de Tanya n'aimait pas beaucoup Fabian. Elle le trouvait trop mûr pour son âge, et elle était contrariée qu'il appelle les adultes par leur prénom, y compris son père et Amos. Tanya, elle aussi, trouvait cela déplacé.

La dernière fois qu'elle l'avait vu, il faisait rôtir des insectes en déviant la lumière du soleil à travers un verre grossissant. Puis il notait le temps qu'ils mettaient à brûler dans le carnet de cuir marron qu'il transportait partout. Quand Tanya lui avait demandé ce qu'il fabriquait, il avait répondu laconiquement : « Recherche ».

À en juger par son accoutrement bizarre, il était en pleine « recherche ». Il était entièrement habillé de vert, sauf ses bottes, de couleur marron. Son chapeau et le haut de sa tenue étaient garnis de petits bouts de branches et de feuilles en guise de camouflage, et, pincé sur ses lunettes, se trouvait un appareil constitué de deux loupes attachées ensemble par du fil de fer et du scotch.

– Et toi, qu'est-ce que tu fais, là ? questionna Tanya, dont la curiosité prenait le dessus. Toujours en train de capturer de pauvres bêtes sans défense pour les faire mourir dans d'atroces souffrances ?

Fabian haussa les épaules.

– En fait, c'est plutôt un... programme d'observation, répondit-il.

– Qu'est-ce que tu observes ?

Éludant sa question, il demanda à son tour avec un sourire exaspérant :

– Qu'est-ce que tu as enterré dans le jardin ?

– Une souris morte, répondit-elle en se demandant s'il n'allait pas exiger qu'elle la déterre pour lui permettre de faire des expériences dessus.

Mais il se contenta de la dévisager d'un air suspicieux pendant quelques secondes.

– Dommage, dit-il enfin, tu aurais pu la donner à Spitfire pour son goûter.

Bien décidés l'un et l'autre à ne pas fléchir, ils se mesurèrent du regard, longtemps, si longtemps que leurs yeux s'humidifièrent. Par bonheur, Tanya, grâce à un entraînement intensif avec ses camarades de classe, avait de la résistance. Fabian fut le premier à céder. Cette victoire procura une petite satisfaction à l'adolescente.

Elle mit le cap sur la maison, plantant là un Fabian contrarié qui n'eut d'autre choix que de regrimper dans son arbre.

Tanya se dirigea vers sa chambre. Elle était presque arrivée au premier étage lorsqu'elle remarqua, sur la droite, qu'une porte habituellement fermée était entrouverte, laissant passer un rai de lumière dans le couloir obscur. Elle rebroussa chemin et avança doucement vers cette pièce d'où ne sourdait aucun bruit. Elle poussa la porte avec précaution, entra… et tomba sur un décor extraordinaire.

Du sol au plafond, les murs étaient recouverts de centaines de livres en tout genre. Un imposant bureau garni d'une épaisse couche de poussière était poussé dans un angle, près de la fenêtre. Dessus s'amoncelaient des piles d'autres livres.

Tanya prit quelques volumes sur les étagères et les feuilleta. Des nuages de poussière s'envolèrent : personne n'avait dû les toucher depuis de nombreuses années. Elle ouvrit l'un d'eux, curieusement intitulé *Mythes et magie à travers les âges*, et suivit les différentes rubriques du bout de l'index. Enfin, elle trouva ce qu'elle cherchait :

– *Faeries*, lut-elle à mi-voix : *créatures féeriques des légendes et du folklore, connues aussi sous le nom de fées ou petit peuple. Le mot « faerie » vient du français et son usage en Angleterre apparaît pour la première fois à l'époque des Tudor. La littérature y fait référence au fil des siècles.*

Une croyance largement répandue voulait que lorsqu'un bébé faerie naissait laid, malade ou contrefait, les faeries volaient un bébé humain et le remplaçaient par le bébé faerie. Ces enfants volés étaient connus sous le nom de changelins.

Dans le passé, il était courant de faire des cadeaux aux faeries. Les gens croyaient qu'en leur déposant de la nourriture dehors, ils seraient récompensés et que cette marque de gentillesse leur porterait bonheur.

Pour se protéger des facéties des faeries, on utilisait diverses méthodes simples telles que porter sur soi du sel, un clou en fer, quelque chose de rouge, ou encore mettre ses vêtements à l'envers, ou se tenir à côté d'un cours d'eau.

Des *faeries*. Tanya passa légèrement son doigt sur ce mot ancien. Il leur convenait plutôt bien, ce mot, aux étranges créatures qui l'entouraient.

Elle farfouilla dans le premier tiroir du bureau, mais ne trouva rien, hormis de vieux papiers et quelques insectes desséchés. Elle le referma d'un coup sec. Le deuxième était fermé à clé, ou peut-être coincé, mais, dans le troisième, elle trouva un morceau de papier, une plume et un vieux bracelet à breloques en argent. Intriguée, elle sortit l'étrange bijou. Il était lourd et froid au toucher, et, même s'il était noirci, on voyait que c'était un beau travail d'artisanat. Chacune des breloques était joliment, amoureusement travaillée.

Tanya le posa sur la table en se demandant depuis combien de temps il était ainsi relégué dans ce tiroir, et qui avait bien pu le porter pour la dernière fois.

Elle prit le morceau de papier et commença à écrire, puis hésita. Si les fériques le trouvaient, pas la peine de se demander ce qu'ils feraient d'elle, cette fois. Gredin serait tout à fait capable de la transformer en une loque bredouillante qui aurait perdu jusqu'au souvenir de son nom.

« Mais ce n'est pas moi qui ai écrit ce texte, tenta-t-elle de se justifier à ses propres yeux. Il ne m'a jamais défendu de copier ! »

Elle transcrivit le passage du livre mot pour mot, puis plia soigneusement le papier et le mit dans sa poche avant de jeter un rapide coup d'œil sur le reste de la page.

Voir aussi Faerie glamour, Les Treize Trésors, Les Cours faeries : Seelie et Unseelie.

– D'accord… Qu'est-ce que ça peut bien signifier, tout ça ? murmura-t-elle en recommençant à tourner les pages.

Faerie glamour : illusion magique si puissante qu'elle peut tromper un spectateur en le persuadant que ce qu'il voit est réel ; masque trompeur qui peut transformer ce qui est hideux en beauté. Le glamour permet de changer de silhouette, de taille ou de forme ; il donne la faculté de se faire passer pour un animal : le plus souvent un oiseau ou une créature des airs – ou même pour un humain. Pour pouvoir se présenter avec succès comme un mortel, le faerie doit disposer d'un pouvoir considérable, mais ce sont souvent ses manières qui le trahiront. Son langage guindé, désuet ou rimé, sa mise démodée ou inappropriée pourront alerter un humain méfiant. Des éléments naturels, également – par exemple des glands ou des galets enchantés avec un glamour de leur espèce – peuvent prendre l'aspect de pièces de monnaie et servir à payer des marchandises, puis retrouver leur aspect original quelques heures ou quelques jours plus tard.

Surexcitée par sa découverte, Tanya referma vivement le livre, le souffle court. Elle rassembla les autres ouvrages qu'elle avait choisis et s'apprêtait à les emporter lorsqu'un petit livre posé sur le bureau attira son regard. C'était *Le songe d'une nuit d'été* de Shakespeare, luxueusement illustré. Intriguée, elle commença à le feuilleter. Une feuille de papier en tomba. Elle la ramassa. C'était une coupure du journal local, passée, jaunie par l'âge. Elle était datée du 22 juin, cinquante ans plus tôt.

DISPARITION D'UNE JEUNE FILLE, annonçait la manchette en gros caractères. *Des recherches ont été lancées pour tenter de retrouver Morwenna Bloom, la fille d'un pasteur de la région, qui n'est pas rentrée à son domicile. Cette jeune fille, âgée de quatorze ans, a disparu hier soir sans laisser de traces lors d'une promenade dans le Bois du Bourreau.*

Un porte-parole de la police révèle que l'on craint pour la vie de la jeune fille. Celle-ci a été vue pour la dernière fois par un garçon de seize ans originaire de la région, non loin des funestes Catacombes du Bourreau. Celles-ci ont déjà coûté la vie à plusieurs personnes et sont un lieu de suicide bien connu. Le jeune homme a été interrogé par la police, mais il a été relâché, aucune charge n'ayant été retenue contre lui. Les habitants de la région demandent une fois de plus que des barrières soient posées autour des entrées par mesure de sécurité.

Tanya remit la coupure de journal dans le livre.

Les Catacombes du Bourreau étaient situées en pleine forêt, derrière le manoir. Elles formaient des galeries souterraines qui serpentaient sur des kilomètres. On pensait généralement que ces cavités étaient des grottes naturelles, mais le bruit courait qu'il pouvait s'agir d'anciennes mines de craie. Quelques temps auparavant, on s'était enfin décidé à construire une rambarde autour de chaque entrée pour prévenir les chutes, mais cela n'empêchait pas Warwick d'interdire régulièrement à Fabian et à Tanya de franchir le ruisseau qui coulait au bord du bois. De toute façon, Tanya n'avait jamais eu envie de s'aventurer dans cette forêt où fourmillaient à coup sûr des populations entières de féeriques. Cette seule idée suffisait à la dissuader.

Quelqu'un toussota derrière elle.

Elle sursauta et pivota sur elle-même pour se retrouver face à sa grand-mère qui se tenait sur le seuil de la bibliothèque.

– Qu'est-ce que tu fais là ? demanda la vieille dame.

Tanya avala bruyamment sa salive, consciente que la culpabilité se lisait en rouge sur son front.

– Je... euh..., balbutia-t-elle, la porte était ouverte, alors j'ai eu envie de voir tes livres.

Florence entra et prit un volume sur une étagère.

– Il y en a qui sont très anciens, dit-elle en dessinant un trait sur la couverture poussiéreuse. Ils sont là depuis la construction de la maison, c'est-à-dire depuis plus de deux cents ans.

Tanya hésita. Elle qui pensait recevoir une volée de bois vert se trouva encouragée à poser la question qui lui brûlait les lèvres.

– Regarde ce que j'ai trouvé, dit-elle en sortant la coupure de journal. Ils parlent d'une fille qui a disparu il y a cinquante ans.

Un étrange regard traversa le visage de sa grand-mère... un regard empreint de frayeur... Puis, bien vite, Florence expliqua avec son impassibilité coutumière :

– Elle avait mon âge. Nous allions à l'école ensemble. Son père était le pasteur de la petite église d'à côté.

– Vous étiez amies ?

– Oui. Pendant un certain temps, quand nous étions plus petites.

Elle se tut brusquement, visiblement troublée, avant de reprendre :

– Nous… nous nous sommes séparées.

– On l'a retrouvée ? s'enquit Tanya.

– Non. Plus personne ne l'a jamais revue.

Florence posa l'article sur la table et s'empressa de changer de sujet.

– Cette pièce a besoin d'un bon nettoyage, dit-elle en soufflant sur une toile d'araignée. Il y a des semaines que Warwick m'a promis de le faire, mais il ne s'est toujours pas décidé.

– Je pourrais peut-être l'aider, proposa Tanya en pensant à toutes les occasions qu'elle aurait alors de poursuivre ses recherches.

Sa grand-mère la dévisagea avec un regard indéchiffrable.

– Merci, dit-elle. Je suis sûre que Warwick appréciera ton aide.

Puis ses yeux gris ardoise se posèrent sur le bracelet à breloques.

– Je me demandais où il était passé, reprit-elle en soulevant le bijou à la lumière.

Les breloques noircies luisirent faiblement au soleil.

– Il est à toi ? s'enquit Tanya.

– Oui. C'est un vieil héritage. Il est dans la famille depuis des années et des années.

Tanya examina le bracelet de près et compta les breloques en argent. Ces curieux petits bijoux étaient au nombre de treize. Les plus frappants étaient une clé, un calice orné de pierres précieuses et un minuscule candélabre.

– Il est magnifique, dit-elle.

– Il est lourd et encombrant, fit remarquer Florence. Il y a très longtemps que je ne l'ai pas porté…

L'air lointain, elle ajouta :

– Autrefois, on gardait précieusement ce genre de bracelets. On les portait pour éloigner le mauvais sort… comme porte-bonheur, comme talisman pour se protéger du mal.

Puis elle tendit le bijou à sa petite-fille en proposant :

– Tu aimerais peut-être l'avoir ? Tu trouveras du nettoyant sous l'évier. Tu vas voir, il va redevenir comme neuf.

– Oh ! s'exclama Tanya, stupéfaite. Merci !

Elle passa le bracelet autour de son mince poignet, abasourdie devant cet accès de générosité qui ressemblait si peu à sa grand-mère.

Florence répondit par un signe de tête plein de raideur et sortit en laissant la porte ouverte derrière elle. Tanya la suivit de mauvais gré. Quand elle fut dehors, elle s'aperçut que le couloir était désert. Elle hésita, retourna vite sur ses pas, s'empara de *Mythes et magie à travers les âges* et referma doucement la porte de la bibliothèque derrière elle. Sur le palier du premier, elle entendit les occupants de l'horloge ancienne se chamailler. Elle tendit l'oreille, mais les voix se turent aussitôt. Elle poursuivit donc son chemin et descendit à la cuisine.

Elle n'avait presque rien mangé au déjeuner, et elle mourait de faim. Elle se prépara un sandwich et se remplit un grand verre de jus d'orange, puis s'assit et se mit à mastiquer en silence. Au bout d'un moment, un son étrange attira son attention. La boîte à thé ronflait ! C'est alors qu'elle s'en souvint : un lutin vivait à l'intérieur. C'était une petite créature dotée d'un mauvais caractère, qui cassait les poteries et faisait tourner le lait quand elle était mécontente, c'est-à-dire souvent.

Quand elle eut fini son goûter, elle lava et essuya son assiette, attentive à ne pas faire de bruit pour éviter de réveiller le lutin, puis sortit de la cuisine sur la pointe des pieds. Le couloir était vide. Pourtant, Fabian avait dû y passer, à en juger par le nombre de feuilles et de brindilles éparpillées sur le sol.

Elle monta au premier, puis entra dans sa chambre. Elle ferma la porte à clé derrière elle. Normalement, elle ne s'enfermait pas, mais, cette fois, elle ne voulait pas qu'on la surprenne pendant qu'elle ferait ce à quoi elle s'apprêtait.

Avec précaution, elle s'agenouilla devant la cheminée et enroula le tapis, mettant à nu le bois brut du parquet. Avec ses ongles, elle souleva une lame qui s'était détachée, ce que tout le monde ignorait. En dessous se trouvait un espace assez large pour contenir une boîte à chaussures… un espace qu'elle avait découvert alors qu'elle était âgée de sept ans. Depuis, c'était sa cachette secrète. Elle s'assura qu'il n'y avait pas d'araignées dans la place, puis sortit la boîte et ôta le couvercle. Il y avait là des feuillets sur lesquels elle avait écrit deux histoires qu'elle avait inventées, quelques photos de famille et un vieux journal intime bourré à craquer. Elle serra les dents. Ces vilains féeriques pouvaient toujours essayer de le découvrir, celui-là !

Elle sortit de sa poche les notes qu'elle avait prises et les parcourut une dernière fois avant de les déposer au fond de la boîte. Après avoir remis la lame de parquet en place, elle déroula le tapis et, pensant à toutes les informations qui l'attendaient dans la bibliothèque, elle cacha le livre qu'elle avait subtilisé, sous la couverture, au pied de son lit.

Plus tard seulement, quand elle se leva pour se diriger vers la coiffeuse, elle remarqua la plume noire qui gisait par terre, et qui avait sans doute appartenu à un oiseau de la famille des corvidés. À un grand corbeau, peut-être…

5

Tickey End était un petit bourg, le genre d'endroit où on emmenait son chien au salon de toilettage, où on lavait consciencieusement sa voiture tous les dimanches matin, où chacun voulait posséder la plus grande population de nains de jardin. C'était aussi le genre d'endroit où tout le monde se connaissait et où les rideaux se soulevaient au passage d'un étranger.

Pourtant, sa grand-rue était bordée de boutiques si intéressantes et si originales que, pour faire le tour des curiosités, il fallait quasiment une journée complète. Les mardis, vendredis et samedis étaient jours de marché. Sur la place, les vendeurs criaient pour appâter des clients qui, de leur côté, discutaient les prix. C'était un spectacle haut en couleur, où les nuances argentées du poisson frais scintillaient à côté des tons vifs des fruits mûrs. Et, le matin, le parfum des tourtes à la viande et des tartes aux pommes sortant du four embaumait délicieusement l'air.

Mais c'était dans les ruelles, loin du bruit et de la bousculade, dans les boutiques d'antiquités, que Tanya aimait flâner.

Le mardi matin, avide d'échapper à l'atmosphère glauque du manoir, ne fût-ce que pour quelques heures, elle se réveilla tôt et parcourut un kilomètre à pied pour gagner l'abri de bus délabré. Malheureusement, il y avait une ombre au tableau : sa grand-mère ne lui avait permis de sortir qu'à la condition d'être accompagnée par Fabian.

Le trajet ne durait pas plus d'un quart d'heure, sur une route agréable, pittoresque, même si l'air empestait toujours le fumier répandu sur les champs voisins.

À la sortie du bus, ils se dirigèrent vers la place du marché où, déjà, se bousculait une foule de gens.

Dès le début de leur promenade, Tanya avisa un étalage où l'on vendait des tissus et des rubans de toutes les couleurs. Elle ne put s'empêcher de caresser de la main un présentoir chargé de foulards en soie. Cet été-là, ces foulards étaient très tendance, et toutes les filles en mettaient dans leurs cheveux, comme la jolie vendeuse asiatique, qui en portait un de couleur turquoise. Mais Tanya ne s'était jamais intéressée à la mode. Elle s'apprêtait à passer son chemin lorsqu'elle remarqua un foulard rouge qui éveilla en elle un souvenir : le livre qu'elle avait découvert évoquait la couleur rouge. Elle n'hésita pas une seconde. Quelques instants plus tard, le foulard était emballé et payé.

Fabian ricana :

– Moi qui te prenais pour un garçon manqué !

Tanya ne prit pas la peine de répondre. Elle déballa aussitôt sa nouvelle acquisition et la passa dans ses cheveux, pressée de découvrir si le livre ancien disait vrai.

Ils poursuivirent leur périple à travers le marché. Fabian s'arrêta pour admirer des bandes dessinées de science-fiction, et Tanya dépensa le reste de son argent pour acheter un énorme os à moelle à Oberon. L'os, dans son sac, brinquebalait désagréablement contre sa jambe à chaque pas.

Il faisait une chaleur accablante. Une vraie fournaise. Après deux heures de promenade à travers la ville, Tanya, qui portait des sandales neuves, avait les pieds à vif.

– Tu as l'heure ? demanda-t-elle à son compagnon, après un regard machinal à son poignet... vide, puisque l'habitant des canalisations avait subtilisé sa montre le matin même sur le bord de la baignoire.

– Midi moins le quart, répondit Fabian. Il nous reste une demi-heure avant le prochain bus.

Tanya opina du chef tout en remuant ses pieds endoloris. Pas question de prolonger la balade pendant des heures ! Mais si elle était pressée de rentrer, ce n'était pas seulement à cause de ses ampoules, mais aussi parce qu'elle avait rendez-vous avec Warwick pour faire le ménage dans la bibliothèque cet après-midi.

Ils s'engagèrent dans Wishbone Walk, la rue préférée de Tanya. Là, toutes les maisons étaient anciennes, asymétriques, et là aussi se nichaient les jolies petites boutiques pittoresques qu'elle aimait tant. Le parcours était jalonné de pubs et d'auberges qui, plus tard dans la journée, retentiraient de rires bruyants.

Fabian s'épongea le front. Tout en marchant, il ne cessait de siffloter un air qu'il interrompait de temps en temps pour lui répéter tantôt une petite anecdote, tantôt un potin qui circulait dans la région. Tanya l'écoutait avec plaisir, ce qu'elle refusait évidemment de s'avouer. Fabian était une mine d'informations et il savait raconter les histoires. Quand il parlait d'un sujet qui l'intéressait, ses yeux s'allumaient et il s'animait comme un professeur enthousiaste face à sa classe.

Soudain, il désigna du geste un pub appelé *L'Escalier en Spirale*.

– L'hiver dernier, le jardin du pub que tu vois, là, eh bien, il s'est effondré, raconta-t-il. Comme il avait beaucoup plu, ça a sans doute fragilisé la terre… et figure-toi que, juste en dessous, il y avait des catacombes ! Heureusement que ça ne s'est pas passé l'été, quand les clients sont assis dehors, en terrasse ! Maintenant, il y a beaucoup de gens qui prennent une assurance spéciale pour le cas où ça leur arriverait. Et tu vois la petite auberge, là ? Elle est là depuis très, très longtemps... Est-ce que je t'ai déjà dit qu'il y a un couloir secret juste en dessous, et qu'il mène au manoir ?

– Oh, non ! gémit Tanya. Ça fait juste un million de fois que tu me le racontes ! Je ne comprends pas comment tu peux encore croire à ces histoires de couloirs secrets. C'est n'importe quoi.

– Pas du tout ! protesta Fabian. C'est vrai ! C'est dans tous les livres sur l'histoire de la région. Mais ce couloir a été obstrué, ou il s'est effondré... Les livres ne sont pas d'accord là-dessus. Ça se faisait beaucoup, à l'époque, il y avait des galeries souterraines secrètes sous les maisons, et les gens s'échappaient par là en cas d'invasion. On dit qu'un autre couloir secret mène à l'église.

– Tu m'as entraînée je ne sais combien de fois dans ton délire de souterrains secrets mais on n'a jamais rien trouvé, grogna Tanya. Moi, je crois que c'est une invention pure et simple, pour que les gens s'intéressent à Tickey End.

– En tout cas, tu ne peux pas dire qu'on ne s'est pas amusés à les chercher !

– D'accord, ça nous a occupés quand il pleuvait. De toute façon, ma grand-mère et ton père ont toujours dit que ces galeries n'existaient pas... que c'étaient des rumeurs.

– Normal ! répliqua Fabian d'un ton rogue. Ils n'ont pas envie qu'on aille fourrer notre nez partout. Mais si quelqu'un connaît les secrets de la maison, c'est bien Warwick.

– Je me demande pourquoi tu l'appelles par son prénom. Tu ne peux pas l'appeler « papa » ? Et pareil pour « grand-père » ?

– Je le faisais quand j'étais petit, répondit Fabian avec un haussement d'épaules.

– Et maintenant ?

– Je ne sais pas... Je ne le fais plus, c'est tout.

– Mais c'est bizarre, insista Tanya. Et tu sais que ça les contrarie.

Le sourire fugitif qui passa sur les lèvres de son compagnon lui révéla que c'était exactement l'effet recherché. Il s'empressa de changer de sujet.

– Maintenant, je vais te montrer un endroit qui me donne la chair de poule, annonça-t-il. C'est l'ancien orphelinat.

Tanya suivit son regard jusqu'à un groupe de bâtiments délabrés construits en retrait de la route. Ils semblaient abandonnés, car les fenêtres étaient soit cassées, soit condamnées par des planches. Les briques elles aussi s'écroulaient. La clôture de barbelés qui l'entourait donnait à l'ensemble un aspect froid, hostile et désolé. L'adolescente se demanda pourquoi elle ne l'avait jamais remarqué avant.

– C'est vraiment lugubre, par ici, dit-elle. Mais c'est normal. Les orphelinats ne sont pas des endroits très rigolos.

Fabian eut un geste de dénégation :

– Non, ce n'est pas ce que je veux dire. Ce n'est pas seulement parce que c'est un orphelinat... Je pense à tout ce qui s'est passé là-dedans... aux disparitions.

– Aux disparitions ?

– Oui... Il y a environ un an, peut-être plus, des enfants ont disparu, surtout des bébés et des petits enfants jamais âgés de plus de deux ou trois ans. Cette histoire a fait beaucoup de bruit, il y a eu une enquête, et résultat : ils ont fermé l'orphelinat.

Tanya frissonna. Elle se souvint de la coupure de journal qu'elle avait trouvée dans la bibliothèque. Une fille de quatorze ans avait disparu. Décidément, à Tickey End, il y avait beaucoup d'enfants qui se volatilisaient comme par enchantement...

Ils poursuivirent leur chemin en silence. Tanya s'arrêta çà et là devant une vitrine pour s'efforcer de chasser le souvenir de l'orphelinat. Une minuscule boutique apparut à l'angle de la rue, un peu en retrait. Tanya la reconnut. Cette petite échoppe miteuse sans enseigne, aux vitrines blanchies et à la peinture écaillée, était vide l'année précédente. À présent, elle semblait avoir retrouvé vie : elle rutilait sous une couche de peinture neuve, et portait désormais un nom : *La Boîte de Pandore*. Intriguée, Tanya annonça à Fabian, qui s'était agenouillé pour dessiner quelque chose dans son carnet :

– Je vais faire un petit tour à l'intérieur.

Fabian leva la tête et lui fit remarquer :

– On n'a pas vraiment le temps. Il vaudrait mieux retourner à l'arrêt de bus, maintenant.

– Vas-y, je te rejoins, répondit Tanya. Si je me perds, je t'envoie un texto.

Elle sortit son portable de sa poche et l'alluma.

– Enfin ! s'écria-t-elle. Du réseau ! Impossible d'en avoir au manoir. Tu me donnes ton numéro de portable ?

Fabian leva les yeux au ciel.

– Si tu crois que j'ai un portable ! s'exclama-t-il. Warwick ne veut pas en entendre parler. Il dit que je suis trop jeune. Et Florence ne veut pas avoir Internet. C'est comme ça, je vis avec des dinosaures ! Écoute, je t'attends ici, mais fais vite.

Sur ce, il retourna à son dessin.

Quand Tanya ouvrit la porte, une clochette résonna au-dessus de sa tête et une odeur d'encens lui sauta au nez. Derrière le comptoir, une femme grassouillette, aux joues roses et au visage enfantin, feuilletait un magazine. Tanya se fraya précautionneusement un passage parmi les étagères débordantes d'objets bizarres en tout genre. Il y avait des quantités de pots et de flacons remplis d'herbes séchées, de plantes et de poudres, dont un étiqueté *Sang de dragon*. Des figurines de sorcières, de magiciens et de créatures un peu effrayantes, ainsi que des boules de cristal et des présentoirs de pierres semi-précieuses encombraient les rayons. Au fond, elle aperçut un rayonnage de livres qui contenait toute une série d'ouvrages sur les tarots, l'astrologie et les prédictions, mais elle fut déçue car elle n'en trouva aucun sur les créatures féeriques.

C'est alors que la sonnette tinta et que la porte s'ouvrit. C'était peut-être Fabian qui venait la chercher ! Tanya tendit le cou. Du coin de l'œil, elle aperçut une vieille dame qui entrait d'un pas traînant, chargée de lourds sacs à provisions. À travers la vitrine, elle vit que Fabian avait fermé son carnet et jetait des regards impatients vers la boutique. Il était temps de partir.

En se retournant pour contourner une pile de boîtes, elle heurta la nouvelle cliente et... patatras ! Les sacs atterrirent par terre, laissant s'échapper des pêches et des pommes qui s'éparpillèrent dans toutes les directions.

– Excusez-moi, murmura Tanya, très embarrassée, en s'agenouillant pour aider la vieille dame à ramasser les fruits. Je ne vous ai pas fait mal ?

Mais l'inconnue se contenta de la regarder sans répondre. Ses mains tremblaient légèrement. Sa peau était extrêmement fine et ridée, et ses longs cheveux étaient nattés dans son dos. Ses vêtements démodés avaient été raccommodés en plusieurs endroits.

Une expression curieuse passa sur son visage. Tanya avala nerveusement sa salive, la bouche soudain sèche. Le comportement de cette vieille dame avait quelque chose d'anormal. Et elle la regardait d'une drôle de façon.

– Je suis vraiment désolée, répéta Tanya en évitant son regard.

Elle lui remit un sac rempli de fruits un peu abîmés par leur chute.

L'inconnue se releva lentement et lui tendit une main fermée en disant :

– Je crois que ceci est pour toi.

Tanya, en fille bien élevée, tendit la main elle aussi. Au moment où des doigts noueux effleurèrent les siens, elle ressentit un vif picotement… une sorte de léger choc électrique. Puis elle sentit que la femme lui déposait quelque chose de froid, de doux et de lourd dans le creux de la main. Elle regarda ce que c'était.

Elle vit une boussole ronde, en cuivre noirci, munie d'une longue chaîne de cou. Il manquait la plupart des lettres. Sans doute s'étaient-elles effacées au fil du temps.

Perplexe, elle contempla l'objet, en se demandant si l'étrange personne pensait qu'il lui appartenait, qu'elle l'avait laissé tomber en la heurtant…

– Ce n'est pas à moi, dit-elle.

Sans tenir compte de ses paroles, la vieille dame approcha la main de son foulard et fit glisser la soie rouge entre ses doigts.

– Une jolie couleur pour une jolie fille, murmura-t-elle. Un bon choix aussi.

Tanya sentit un frisson lui parcourir l'échine.

– Qu'est-ce que vous voulez dire ? demanda-t-elle d'une voix faible, apeurée. Qui êtes-vous ?

Pour toute réponse, la vieille dame désigna la boussole d'un geste du menton en disant :

– Fais-y bien attention… et utilise-la à bon escient.

Puis elle se retourna et quitta la boutique de son pas traînant.

Tanya sortit en titubant dans la rue ensoleillée. Fabian se dirigea vers elle :

– Tu sais qu'il faudra attendre le prochain bus une heure si on manque celui-ci ?

Puis il vit la boussole dans la main de son amie et ajouta avec un regard désapprobateur :

– Ne me dis pas que tu as acheté ce vieux truc !

– La vieille dame, là, dit Tanya d'une voix tremblante. Celle qui était dans la boutique… c'est elle qui me l'a donnée.

– Quelle vieille dame ? répéta Fabian en scrutant la rue en vain.

– Celle qui est sortie juste avant moi, expliqua Tanya, qui serrait toujours stupidement la boussole dans sa main.

Le jeune garçon en resta bouche bée.

– Quoi ? s'exclama-t-il. Tu ne veux pas parler de Morag la Folle ?

– *Morag la Folle* ? Tu la connais ?

– Tout le monde la connaît ! répliqua Fabian en démarrant en flèche.

Tanya s'élança à sa poursuite, les genoux battus par l'os d'Oberon.

– Comment se fait-il que tu la connaisses ? lui demanda-t-elle, le souffle court, quand ils eurent atteint la place.

– Je ne la connais pas vraiment. J'en ai entendu parler, c'est tout. J'ai entendu des trucs sur elle.

– Quels trucs ?

– Genre : elle vit dans les bois, dans une roulotte et ne sort pratiquement jamais. Et elle ne parle à personne sauf quand elle lit les lignes de la main. Et on dit que c'est une sorcière.

Le bus arriva en vue, et les gens s'apprêtèrent à monter à la queue leu leu.

– Moi, je ne ferais pas attention à ce qu'elle raconte, ajouta-t-il. C'est une vieille folle.

Mais, une fois dans le bus, Tanya ne parvint pas à chasser la vieille dame de son esprit. Elle examina la boussole et, pour la première fois, remarqua que l'aiguille tournait sans raison.

– Elle ne marche même pas, déclara Fabian. Fiche-la en l'air ! Tu ne sais pas où elle a traîné.

Une voix intervint alors, venant du siège arrière :

– Vous permettez que je jette un coup d'œil ?

Tanya se retourna et aperçut un homme d'un certain âge, à l'aspect négligé, qui se penchait vers elle. Alors qu'il faisait très chaud, il portait un imperméable usé, une vraie loque, et son crâne était surmonté d'un chapeau à large bord qui maintenait la moitié de son visage dans l'ombre.

– C'est que je fais la collection d'objets anciens, expliqua-t-il.

Sortant un lorgnon de sa poche, il tendit la main. Tanya lui remit la boussole à contrecœur. Un instant, elle eut l'impression d'avoir déjà vu cet homme. C'était impossible... Mais peut-être était-ce à la télévision, dans une émission sur les amateurs d'antiquités... Elle chercha à voir son visage plus distinctement, mais l'étranger avait baissé la tête et elle ne voyait que le sommet de son chapeau. Au bout d'un moment, il leva les yeux et Tanya baissa vivement les siens pour ne pas paraître trop curieuse.

– Combien l'as-tu payée ? s'enquit l'étrange personnage.

Tanya le dévisagea, prise de court.

– Cinq livres, mentit-elle.

– Si elle était en état de marche, elle vaudrait environ cinquante livres, rétorqua-t-il. Comme elle ne marche plus, sa valeur a bien baissé.

Sans lâcher la boussole qu'il enserrait dans une main, il plongea l'autre main dans sa poche et en sortit une liasse de billets neufs en disant :

– Je t'en donne vingt livres.

Tanya en resta muette de surprise. Par bonheur, Fabian vint à sa rescousse.

– Pourquoi ? demanda-t-il sans se donner la peine de cacher sa suspicion.

L'homme ne se départit pas de son sourire.

– Je vous l'ai dit, je suis marchand d'antiquités.

– Non, vous avez dit que vous étiez un *collectionneur* d'objets anciens, répliqua Fabian du tac au tac.

Son interlocuteur, visiblement agacé par l'intervention du garçon, cessa de sourire.

– Je t'en offre trente livres, dit-il à Tanya. C'est une bonne affaire, fais-moi confiance.

– Non, moi, je ne vous fais pas confiance, répondit aussitôt Fabian à la place de son amie. Comment voulez-vous qu'on sache combien elle vaut, si nous n'avons que votre parole ? Vous pouvez très bien être un arnaqueur.

Cet échange avait attiré l'attention des autres passagers, qui leur lançaient des regards curieux et chuchotaient entre eux. Tanya était restée quasiment muette, mais plus l'étranger insistait, plus elle se sentait déterminée à garder la boussole.

– Trente livres, c'est mon dernier prix, dit l'homme avec raideur, toute amabilité envolée.

D'évidence, la dernière remarque de Fabian l'avait énervé.

– Hé, là ! cria le chauffeur du bus. Si vous n'arrêtez pas d'embêter ces gamins, je vous débarque au prochain arrêt.

Le marchand d'antiquités se leva, rouge de colère.

– Eh bien, laissez-moi descendre tout de suite ! rugit-il.

Tanya tendit la main pour récupérer sa boussole. L'homme la lui jeta violemment dans le creux de la main en émettant un son guttural et se rua vers l'avant du bus. Le conducteur stoppa brutalement sans attendre l'arrêt suivant et l'irascible personnage descendit.

– Bon débarras ! marmonna le conducteur en redémarrant.

– J'ai l'impression que le soleil m'a tapé sur le ciboulot, dit Fabian en secouant la tête. J'ai cru... non... rien.

– Non quoi ? insista Tanya.

– Quand il s'est levé, j'ai cru voir que sa montre tournait à l'envers, finit-il par dire en riant. Je sais, c'est idiot. Enfin... qu'est-ce qu'il était lourd, ce type ! Peut-être qu'elle vaut cher, après tout, cette boussole... beaucoup plus que ce qu'il nous en offrait.

Il s'interrompit soudain pour ramasser quelque chose par terre, et se releva avec un cri de triomphe :

– Regarde ! Le vieux fou a laissé tomber ça !

Il présenta un billet de vingt livres à Tanya.

– Ça a dû tomber de la liasse quand il l'a sortie de sa poche, poursuivit-il. Tiens, prends-le, comme ça, tu pourras t'acheter une nouvelle montre.

– Non, je ne peux pas. C'est comme si... comme si je le volais.

Fabian leva les yeux au ciel.

– Mais non ! protesta-t-il. Tu ne le reverras jamais, ce type, ce n'est pas comme si tu pouvais le lui rendre ! Tu n'as qu'à le donner à une association caritative, si tu as mauvaise conscience. Ou à moi, tiens ! Moi, je saurais comment le dépenser. De toute façon, bien fait pour lui. Il ne s'apercevra même pas qu'il l'a perdu.

Résignée, Tanya mit le billet dans sa poche.

Peu à peu, elle se remit de ses émotions et, quand ils descendirent du bus, ses joues avaient retrouvé un peu de couleur. Alors qu'ils se dirigeaient vers le manoir, elle s'aperçut que, pour la première fois, elle était pressée de rentrer chez sa grand-mère. Mais, arrivée sur place, elle eut une mauvaise surprise.

La Land Rover de Warwick était garée dans la cour, et des piles de livres s'entassaient dans la remorque. Tanya comprit qu'il avait commencé à ranger la bibliothèque sans l'attendre. Et la plus grande partie du travail semblait déjà accomplie.

Abandonnant Fabian, elle se rua à l'intérieur. La porte de la bibliothèque était ouverte et Warwick se tenait près du bureau, lui tournant le dos.

– Pourquoi ne m'avez-vous pas attendue ? s'écria-t-elle. J'ai dit que je vous aiderais !

Avec un bref coup d'œil par-dessus son épaule, l'intendant grommela :

– J'ai décidé de prendre les devants.

Sur ce, il se détourna et reprit sa tâche en se penchant sur le grand carton qu'il était en train de remplir.

Tanya examina la pièce. De tous les livres qu'elle avait vus la veille, il ne restait même plus la moitié. Effectivement, Warwick avait pris les devants ! Il avait même commencé dès qu'elle avait tourné les talons !

Déjà, il arrivait, chargé de son carton. Elle s'effaça pour le laisser passer.

– Qu'est-ce que vous en faites ? demanda-t-elle, la voix pleine d'une colère impossible à contenir.

Sans se donner la peine de s'arrêter, il marmonna :

– Pour les pauvres.

Tanya examina les rangées de livres qui restaient. Il n'y avait plus rien d'intéressant pour elle.

– Qu'est-ce qui se passe ? s'enquit Fabian, qui avait fait irruption derrière elle.

Elle se retourna, furieuse, et cria :

– Ton père a décidé de se débarrasser de tous les livres de la maison, voilà ce qui se passe !

Fabian cligna les yeux et souffla :

– Pourquoi ?

Mais Tanya n'avait pas envie de répondre. Elle se précipita dans les escaliers. Plus la peine d'aider à ranger. Lorsqu'elle passa devant l'horloge ancienne, elle entendit ricaner ses occupants et se retint d'envoyer un coup de pied dedans.

Arrivée dans sa chambre, elle se jeta sur le lit et réprima un cri de douleur en sentant une chose dure s'enfoncer dans le haut de sa cuisse. La boussole !

Elle sortit le curieux objet de sa poche et le regarda d'un air dubitatif. Non seulement l'aiguille ne marchait pas, mais, au lieu du *N* censé indiquer le nord, il y avait un *M*. Elle fronça les sourcils en se demandant ce que cela voulait dire. Et, tout en mettant la boussole sous l'oreiller, à l'abri des regards, elle pensa à la vieille dame : pourquoi lui avait-elle donné cet objet ?

6

Le mercredi matin, Tanya fut tirée d'un profond sommeil par des cris. Elle risqua un coup d'œil par-dessus les draps et vit que les rideaux laissaient passer quelques rayons de soleil. La pendule posée sur la coiffeuse indiquait six heures.

Les hurlements prirent de l'ampleur. C'était Amos, le père de Warwick, qui appelait son fils depuis sa chambre du deuxième étage.

– Warwick ! Qu'est-ce que tu fabriques ? Je veux mon petit déjeuner ! Il est tard ! Tu n'es jamais à l'heure, nom d'une pipe !

Des pas lourds résonnèrent dans l'escalier. Warwick montait. Depuis de longues années, il était le seul, avec Florence, à être en contact avec Amos. Le vieil homme vivait désormais reclus. Personne ne pouvait s'approcher de lui, pas même Fabian. Warwick veillait sur lui jour et nuit, et si d'aventure il était sorti au moment où son père l'appelait, celui-ci le réclamait à grands cris et ne s'arrêtait que lorsqu'il était épuisé.

Une porte claqua au-dessus et le vacarme cessa. Tanya resta couchée sur le dos, en fixant des yeux le plafond craquelé et taché. Inutile de chercher à se rendormir. Elle finit par se lever, fit sa toilette puis choisit soigneusement ses vêtements en mettant un jean, des sandales et un T-shirt... rouge vif.

Le petit déjeuner fut morose et silencieux. Alors que Tanya rêvassait en remuant distraitement son café, le nez dans sa tasse, et que Fabian jouait avec un toast entamé en le promenant dans son assiette, les yeux encore bouffis de sommeil, Florence demanda avant de prendre une gorgée de thé :

– Tanya, Warwick m'a dit qu'hier, tu t'es un peu fâchée.

Sa grand-mère ne mangeait jamais le matin, tout en exigeant que tout le monde soit présent à la table du petit déjeuner, ce qui agaçait prodigieusement Tanya.

– Non, je n'étais pas fâchée, répondit cette dernière. Je voulais simplement... l'aider... quoi...

– Je vois, dit Florence, d'un ton révélant qu'elle n'était pas dupe.

– Moi, je croyais que Warwick ferait simplement le ménage dans la pièce, je ne pensais pas qu'il se débarrasserait de tous les livres ! grommela Tanya.

Elle jeta un regard accusateur à l'intendant, mais celui-ci resta imperturbable.

– En réalité, c'est moi qui ai eu l'idée de donner les livres, répondit sa grand-mère. Cela fait des années que personne n'en a ouvert un seul.

– Moi, je les aurais lus ! protesta Tanya.

– Toutes mes excuses, dit Florence d'une voix qui ne contenait pas la moindre trace de regret. Si je l'avais su, je les aurais gardés.

Elle s'interrompit pour finir son thé. Puis :

– Mais je ne peux plus les récupérer, maintenant. Ce serait très peu charitable.

Tanya préféra ne pas répondre de peur de trahir son agacement. La comédie que jouait sa grand-mère et ses airs hautains lui portaient sérieusement sur les nerfs. Quand le petit déjeuner fut terminé, elle poussa un ouf de soulagement et se précipita dans sa chambre.

Alors qu'elle faisait son lit, la boussole qu'elle avait cachée sous l'oreiller tomba par terre avec un son métallique. Tanya la transporta dans la cachette sous le parquet, puis récupéra, sous les plis de sa couverture écarlate, le livre subtilisé à la bibliothèque. Elle le saisit et le serra contre sa poitrine, heureuse de l'avoir sauvé du zèle de

Warwick. À présent, la seule chose qu'elle brûlait de faire était de s'échapper de la maison et de rester seule, loin de tout le monde.

Elle siffla Oberon qui l'attendait avec impatience au bas de l'escalier. Ils sortirent côte à côte par l'arrière et se dirigèrent vers le jardin négligé. Tout au fond, près de la grille, se trouvait une rocaille envahie d'herbes et de buissons sauvages. Elle trouva que l'endroit avait l'air encore plus délaissé que d'habitude.

En s'approchant, elle remarqua une nouveauté : trois affreux nains de jardin, plus réalistes que nature, se dressaient sur la rocaille. Elle fronça les sourcils. Sa grand-mère n'était pas du genre à s'encombrer de ce type d'ornements !

C'est alors que l'un des nains fit un pas dans sa direction. Tanya sauta en l'air.

C'étaient des *vrais* !

Oberon aboya et vint se cacher derrière ses jambes. Chose étrange, la créature ne semblait pas la voir. En revanche, elle observait Oberon avec un regard affamé très inquiétant qui poussa Tanya à demander :

– Vous êtes… vous êtes des gobelins ?

Le gobelin – ou autre chose – se secoua et la regarda comme s'il venait seulement de remarquer sa présence, mais ne répondit pas. Tanya comprit que jusqu'alors son T-shirt rouge avait probablement agi comme un camouflage. « Quelle idiote ! Je mérite des claques ! » se dit-elle.

La créature continua à la dévisager, dardant sur elle deux yeux immobiles, exorbités, plantés dans une face de crapaud. Elle lui arrivait aux genoux, et était dotée d'une denture impressionnante avec laquelle il valait mieux éviter de faire connaissance.

Tanya observa les deux autres nains. L'un d'eux, très voûté, tordait le cou pour parvenir à la voir en entier, et l'autre restait en retrait. C'était le plus petit des trois, et il aurait pu avoir un visage agréable s'il n'avait pas été couvert de vilaines ecchymoses des pieds à la tête. Celles qui dataient de plusieurs jours étaient jaunes et vertes, et les plus récentes, encore bleues et violettes. Le magnifique œil au beurre noir qu'il arborait appartenait visiblement à la dernière catégorie.

Ce fut ce nain décoré d'ecchymoses qui parla le premier.

– Dites-moi… qui voyons-nous là ? Une enfant de mortels qui ne nous craint pas ? dit-il d'une voix chantante, profonde et étrange.

– Avec la double vue, elle a vu le jour, et nous voit nuit et jour, enchaîna le bossu.

Tanya recula instinctivement. Décidément, ces petits bonshommes étaient très bizarres, et même un peu effrayants. Ils étaient curieusement accoutrés de vestes et de pantalons fabriqués dans un patchwork de vieilles pièces de tissu mises au rebut par les humains : des rideaux, des couvertures, des serviettes usagées, dont ils avaient bouché les trous avec des feuilles. Les coutures, nettes et brillantes, ressemblaient à des toiles d'araignées. Leurs pieds étaient nus, sales et couverts de cicatrices.

– Vous êtes des gobelins ? répéta-t-elle.

Mais ils ne réagirent pas plus que la première fois. Ils semblaient ne pas l'entendre. Elle réfléchit, puis proposa :

– Si je parlais en vers, cesseriez-vous de vous taire ?

Ses paroles ne parurent pas avoir beaucoup d'effet. Puis, au bout de quelques secondes, la créature crapaudiforme répondit enfin :

– Mortelle, aux féeriques ne poseras de questions. Au sein de notre espèce nos secrets conservons.

Tanya se creusa la cervelle pour trouver une autre réplique. D'ordinaire, elle était forte en poésie, mais trouver des rimes sur commande pour faire la conversation, c'était une autre affaire. Puis l'inspiration vint :

– Je répète ma question, êtes-vous des gobelins ou non ?

Elle n'avait pas trouvé de mot rimant avec « gobelin ».

– Ne demande rien ! Je ne dirai rien ! La réponse est entre nos mains ! chanta Face de Crapaud, et les deux autres créatures s'esclaffèrent en dansant au rythme de ses mots.

Ces facéties commençaient à devenir pénibles. Décidée à sauver la face, Tanya versifia :

– Allez, j'en ai assez de ce jeu débile. Plus jamais ne vous embêterai, je file.

Joignant le geste à la parole, elle se détourna pour partir, mais le bossu lui barra le chemin.

– Ceci n'est point un jeu, tu verras. Aux dires des mortels, nous ne croyons pas.

Piquée au vif, elle sortit son carnet de sa poche et écrivit rapidement quelques phrases bien senties qu'elle s'efforça de faire rimer. Le résultat lui plut :

– Le féerique vole et le féerique ment, mais l'humain pense et l'humain sent. En ce que vous dites point ne crois. À parole de féerique je n'ajoute pas foi.

Les créatures la dévisagèrent, visiblement stupéfaites de constater qu'elle rivalisait avec elles. Celle qui était couverte de bleus s'avança :

– Tu poses trop de questions, nous ne dirons rien. Nous, les gobelins, nos secrets gardons bien.

– Ah bon, très bien ! répondit Tanya. Vous êtes donc des gobelins !

Le féerique, comprenant son erreur, arbora un air désolé. Aussitôt, ses compagnons fondirent sur lui, fous de colère.

– Sombre crétin ! Stupide maladroit ! hurla Face de Crapaud. Pour enfreindre la loi, il n'y a que toi !

– Pardonnez-moi, c'est une bévue, non intentionnelle, non prévue ! s'excusa le coupable en prenant la tangente à reculons… Mais il ne pouvait s'échapper très loin, et il se retrouva très vite plaqué contre le mur du jardin.

– Épargne-nous tes jérémiades, demi-portion. Une bonne rossée te servira de leçon ! brailla le bossu avant de saisir ses bras couverts de bleus et de les lui retourner dans le dos. Assez ! Arrête de t'excuser et prends ta volée ! Peut-être cesseras-tu de bêler !

Le gobelin poussa un hurlement, car Face de Crapaud venait de lui envoyer son poing dans le ventre.

Tanya sursauta.

– Arrêtez ! cria-t-elle.

Mais Face de Crapaud n'en eut cure. Tanya, ne sachant comment le stopper, assista à la scène, impuissante.

Avec une délectation visible, l'horrible féerique abattit un déluge de coups sur son infortuné compagnon qu'il maintenait d'une poigne ferme. À chaque cri de douleur, il répondait par un cri d'excitation. Il ne s'arrêta que lorsqu'il se retrouva épuisé, hors d'haleine et en sueur, laissant sa victime martyrisée allongée sur le sol, secouée de sanglots.

Le malheureux gobelin saignait abondamment, blessé au visage en plusieurs endroits, la lèvre inférieure éclatée. Les larmes qui ruisselaient sur ses joues se mélangeaient au sang en train de se coaguler dans sa barbe. Peu à peu, ses sanglots s'atténuèrent et se muèrent en gémissements.

– Espèces de brutes ! s'écria Tanya.

Bouleversée, elle posa son livre sur la rocaille et sortit un mouchoir froissé de sa poche. Lorsqu'elle s'agenouilla devant lui, le blessé eut un mouvement de recul et d'effroi.

– Ne vous effrayez point, dit-elle, je viens vous donner des soins.

Rassuré, il la laissa tamponner ses blessures en continuant à gémir doucement et, quand elle eut fini, elle lui tendit son mouchoir rouge de sang.

Maintenant, elle comprenait d'où venaient les ecchymoses qui parsemaient son corps tout entier.

Elle se leva et fit face à ses deux tortionnaires, menaçante :

– Touchez-le encore, et vous aurez affaire à mon chien. Quand vous sentirez ses crocs, croyez-moi, vous rirez bien !

Oberon émit opportunément un grondement, mais n'en resta pas moins peureusement caché derrière elle.

– Brunswick ne mérite pas votre pitié, car infinie est sa stupidité, dit le bossu.

Une expression de fureur enlaidit encore Face de Crapaud. Tanya s'attendait à le voir sauter sur le bossu pour le punir d'avoir lâché le nom de leur malheureux compagnon, mais non. Visiblement, il n'osait pas. Il avait beau être le chef, sans doute était-il du genre poltron, de ceux qui préfèrent s'attaquer aux plus faibles et tremblent devant les plus forts. Il surprit le regard méprisant de Tanya, et eut un sourire mauvais.

– Vas-y donc, ricane et danse ! Un jour, tu auras ta récompense ! lui lança Tanya, en s'apercevant qu'elle commençait à versifier le plus naturellement du monde.

Face de Crapaud ravala son sourire et un horrible raclement sortit de sa gorge. Le crachat vert et jaune qui jaillit atterrit à quelques centimètres de Tanya.

– Tu en as assez dit à présent, gronda-t-il. Laisse-nous maintenant et va-t'en.

Tanya le foudroya du regard. Puis elle ramassa son livre, ouvrit à la volée la porte du jardin et, sans plus se préoccuper des gobelins, mit le cap sur la forêt. Elle n'avait fait que quelques pas lorsqu'une voix hésitante lui cria :

– La couleur rouge te protège ici, mais dans les bois le danger se tapit.

Tanya fit volte-face. Brunswick s'avança en titubant jusqu'à la porte, tenant toujours le mouchoir trempé de sang contre son visage.

– Que veux-tu dire ? Devrais-je m'abstenir ? cria-t-elle à son tour, mais le bossu tira Brunswick en arrière et claqua la porte.

Elle hésita une seconde, puis se ravisa. Inutile de les poursuivre pour les questionner. Sans doute le pauvre Brunswick avait-il déjà reçu une nouvelle raclée pour l'avoir avertie.

La rosée matinale scintillait sur l'herbe humide qui lui mouillait les pieds à l'intérieur de ses sandales. Tanya s'installa sous un noisetier et écouta le murmure du ruisseau qui coulait tout près. Oberon se laissa tomber à côté d'elle, haletant, la langue pendante, et elle lui caressa tendrement la tête.

Dans les profondeurs des bois, un coup de feu résonna. Elle redressa la tête. Warwick était à la chasse. D'autres tirs suivirent, de plus en plus atténués à mesure qu'ils s'éloignaient. Derrière elle, un animal bougea dans les fourrés. Oberon remua les oreilles, puis se dirigea tranquillement vers le ruisseau pour laper l'eau cristalline. Tanya bâilla, s'étira, et ouvrit son livre. Pour retrouver sa lecture de la veille, elle alla droit à l'index… et fronça les sourcils. Ce qui aurait dû être un sommaire cohérent assorti des pages correspondantes n'était plus qu'une juxtaposition de chiffres et de mots dénués de sens. De plus en plus anxieuse, elle feuilleta fébrilement le livre.

Toutes les pages se ressemblaient : un méli-mélo de caractères. Le contenu tout entier du gros volume, cette mine d'informations inestimables sur les créatures féeriques, avait été complètement brouillé. Avec un gémissement de désespoir, Tanya se rappela avoir posé le livre sur la rocaille le temps de soigner Brunswick. Le bossu avait dû le trafiquer alors qu'elle était occupée...

Ce livre ne lui servait plus à rien.

Une branche craqua dans les fourrés avec un bruit sec. Elle sursauta.

– Il y a quelqu'un ? cria-t-elle.

Silence.

Tanya se rappela mentalement à l'ordre. C'était probablement un animal, un chevreuil, sans doute.

Il y eut un autre craquement, plus proche, cette fois, suivi d'un frôlement. Oberon huma l'air, les oreilles dressées.

Un lapin jaillit des buissons, atterrit comme une fusée juste sous le museau frémissant du chien et détala en traversant la partie la moins profonde du ruisseau. Avec un aboiement de joie, Oberon s'élança à sa poursuite à travers le cours d'eau et alla s'enfoncer dans la forêt.

Tanya se leva d'un bond et rappela son chien :

– Oberon ! Ici ! Reviens !

Mais l'animal n'avait pas l'intention de rebrousser chemin, tout du moins pas avant d'avoir attrapé sa proie.

C'est alors que quelqu'un sortit en trébuchant des buissons, la faisant sursauter pour la seconde fois.

– C'est *toi* ? s'écria-t-elle.

Fabian, penaud, se débarrassa de l'herbe et des feuilles qui encombraient ses cheveux, et leva vers son amie un visage dont la pâleur habituelle était remplacée par un rose délicat.

Tanya, hors d'elle, lui demanda en hurlant :

– Qu'est-ce qui te prend de m'espionner ?

– Je ne t'espionnais pas ! Je cherche... euh... des papillons et d'autres trucs.

– C'est ça que tu appelles tes travaux d'observation ? C'est moi que tu observes !

Avec un cri de colère, elle envoya valser le livre inutile qu'elle n'avait toujours pas lâché. Fabian la regarda en haussant des sourcils étonnés.

Un nouveau coup de feu résonna au loin. Prise d'inquiétude, elle tourna la tête, puis décocha au jeune garçon un dernier regard noir avant de se diriger vers les arbres.

– Eh, dis donc, tu ne vas quand même pas aller dans la forêt ? s'alarma Fabian.

– Si ! répliqua-t-elle, sentant croître sa fureur. Figure-toi que je n'ai pas le choix, et c'est ta faute ! Mon chien y est, et Warwick aussi... avec son fusil !

Elle pressa le pas, plantant là le garçon stupéfait, qui répéta :

– Ma faute ? Qu'est-ce que j'ai fait ?

Tanya se retourna et répondit avec colère :

– Je te l'ai dit ! Tu étais tellement occupé à m'espionner que tu as fait peur à un malheureux lapin qui est venu se réfugier dans les fourrés. Résultat : Oberon est en train de le pister dans la forêt !

– Ah bon… mais il n'était pas obligé…, se défendit mollement Fabian.

Puis les mots moururent sur ses lèvres. Après ce qui sembla une lutte interne, il finit par lui emboîter le pas.

– Je viens avec toi, déclara-t-il. Mais si Warwick s'aperçoit qu'on a été dans ces bois…

– Ce n'est pas Warwick qui devrait te faire peur, c'est moi ! Parce que si jamais il arrive quelque chose à mon chien, je te… je te…

Elle s'interrompit. Ses yeux se remplirent de larmes.

– On va le retrouver, promit Fabian. Warwick ne va pas lui tirer dessus…

– Tu n'en sais rien ! Il peut très bien le prendre pour un chevreuil !

– Ton chien, il ressemble plus à un âne qu'à un chevreuil ! marmonna Fabian.

Là, Tanya l'aurait giflé si une nouvelle série de coups de feu n'avait pas retenti. Aussitôt, elle fila comme une flèche et traversa le ruisseau sans se soucier de se mouiller les pieds. Fabian, plus précautionneux, la suivit en marchant sur les pierres qui servaient de gué, puis prit la tête de l'expédition.

Peu à peu, les arbres se densifièrent, se rapprochèrent, montèrent plus haut. C'était un environnement froid et sombre, peuplé de petites créatures qui s'enfuyaient dans les fourrés, dérangées par leur passage.

– Oberon ! appela Tanya.

Une nuée d'oiseaux s'éparpilla en protestant.

– Tu crois qu'on fait bien de crier comme ça ? fit remarquer Fabian. Warwick va nous entendre.

Tanya le foudroya du regard en lançant :

– Tu as une meilleure solution pour retrouver mon chien ?

Un silence total régnait dans la forêt. Ils s'enfoncèrent toujours plus loin, appelant Oberon, sinuant parmi les arbres de plus en plus touffus, faisant craquer le bois mort sous leurs pieds. Des susurrements leur parvenaient de toutes parts, et ce n'étaient pas seulement les arbres que Tanya entendait. À chaque pas, elle sentait des yeux invisibles posés sur eux. Elle leva la tête et perçut un mouvement. Sur une branche basse, un être féerique sous forme d'oiseau était tapi sur le bord de son nid. Ses yeux noirs et luisants étaient fixés droit sur Fabian.

De l'intérieur du nid parvenaient les cris de ses petits qui réclamaient leur pitance. Tanya comprit vite que, comme pour les gobelins, elle était protégée de leur vue par son T-shirt rouge. La créature ne voyait que Fabian. Lorsque ce dernier, ignorant tout, se rapprocha d'elle, elle émit une série de pépiements d'avertissement.

– Je pense qu'il y a un nid par là, chuchota Fabian en tournant la tête en tous sens pour trouver la source du bruit, mais je ne vois rien.

Il était à présent tout près du nid, ce qui arracha à l'oiseau féerique des cris aigus et insistants. Tanya assistait à la scène, impuissante, se gardant bien de parler sous peine de se trahir et de renoncer à la protection de son T-shirt rouge. Mais ce qui suivit ne lui laissa pas le choix.

La créature quitta son nid momentanément et disparut dans un creux du tronc d'arbre. Elle réapparut quelques secondes plus tard, armée d'un assortiment de munitions qu'elle se mit à projeter violemment sur la tête de Fabian.

– Attention ! cria Tanya en s'élançant pour pousser son compagnon à l'abri.

Une volée de projectiles traversa les airs, les manquant de peu, et alla s'incruster dans le sol. Des cailloux, des glands, des pommes de pin, des déchets roulés en boule, une lourde broche d'argent, des morceaux de verre et des capsules de bouteilles jonchèrent bientôt le terrain tout autour d'eux.

– Qu'est-ce qui s'est passé ? souffla Fabian, ahuri, quand Tanya l'eut attiré hors de portée.

– Une pie, mentit-elle. On s'est approchés trop près. Elle a sans doute fait tomber le contenu de son nid quand elle s'est envolée.

Ils se hâtèrent de quitter le territoire de l'irascible créature. En se retournant, Tanya vit qu'elle l'observait avec froideur. Les pépiements avaient cessé, mais elle continuait à criailler. Inutile d'être devin pour comprendre qu'elle alertait tous les féeriques des alentours et leur communiquait sa présence. À présent, Tanya se retrouvait sans défense – et exposée.

– Allez, murmura-t-elle, on avance.

Ce qu'ils firent. Au-dessus d'eux, au sein des arbres, dans une frénésie de rumeurs et d'appels, on se passait le mot pour signaler son arrivée. L'adolescente avait beau s'efforcer de rester calme, la panique montait inexorablement en elle.

– Écoute ! dit Fabian en s'arrêtant brusquement. Tu entends ?

– Des voix ? interrogea Tanya en chuchotant.

Son compagnon fit non de la tête.

– Un chien ! rectifia-t-il – effectivement, on entendait faiblement des aboiements. Par là !

Tanya eut le plus grand mal à le suivre. Avec ses sandales qui n'étaient pas prévues pour courir dans les bois, elle s'écorchait les pieds ; les branches s'accrochaient à ses vêtements et lui tiraient les cheveux ; les fééeriques, dans les arbres, se moquaient d'elle.

– Il est parti par là ! cria l'un d'eux.

– Non, par là-bas ! ricana un autre.

– Je l'ai vu venir par ici ! renchérit un troisième.

Tanya se gardait bien de se retourner et conservait obstinément les yeux fixés sur Fabian.

Au bout d'un moment, ce dernier s'arrêta pour l'attendre et annonça :

– Il y a quelque chose, là-devant.

Elle allongea le pas et, quand elle l'eut rejoint, elle distingua à travers les arbres une affreuse barrière de métal. Sans mot dire, ils se dirigèrent vers elle et débouchèrent dans une petite clairière. La barrière formait un cercle d'environ quatre mètres de diamètre. Elle entourait un énorme trou, large d'environ trois mètres, à côté duquel poussait un petit arbre penché vers l'intérieur. Avec ses racines en partie à nu, il semblait si instable qu'on avait le sentiment qu'à la première rafale de vent, il serait expédié au fond de la cavité. Fixé sur la barrière, un panneau de bois usé signalait : DANGER. ENTRÉE INTERDITE.

Ils avaient trouvé l'une des catacombes.

Son esprit scientifique poussa Fabian à longer la barrière pour estimer la profondeur du trou. Quand il eut terminé un tour complet, il ramassa un caillou et le lança par-dessus la barrière en visant le trou. Ils eurent beau tendre l'oreille, ils ne l'entendirent pas toucher le fond.

Fabian émit un petit sifflement, puis il regarda Tanya avec une étrange expression.

– Qu'est-ce qu'il y a ? s'inquiéta cette dernière.

Elle suivit son regard et son cœur manqua un battement. Elle oublia tout, les menaces des gobelins, les féeriques et tout le reste. Tout, sauf...

Il y avait un espace vide dans la barrière, là où manquait un barreau métallique. Il était assez grand pour qu'une personne de petite taille puisse se glisser à travers. Assez grand pour permettre à un chien de passer.

– Non !

La voix de Tanya s'étrangla dans sa gorge. Ses jambes cédèrent sous elle. Elle se laissa tomber sur le sol, anéantie. Fabian resta sur place, comme enraciné, hypnotisé par l'espace dégagé par le barreau manquant.

– Il... il n'a pas pu passer par là... hein ? murmura-t-il.

– Oh, bien sûr que si ! S'il était en train de courir après un lapin...

Affolé, Fabian se mit à hurler à pleins poumons :

– Oberon ! Oberon !

Mais nulle réponse ne leur parvint des bois.

– On va continuer à chercher, proposa-t-il.

Tanya, qui pleurait silencieusement à chaudes larmes en se moquant bien de ce que pouvait penser son compagnon, refusa d'un signe de tête :

– Non, je ne peux pas partir d'ici. Et s'il était là en bas, blessé ? Non, je ne peux pas le quitter !

Tout au fond d'elle, elle savait que, si Oberon était tombé dans le trou, il ne pouvait pas avoir survécu. Pourtant, de tout son être, elle refusait l'idée de l'abandonner sous terre.

L'esprit scientifique de Fabian prit alors le dessus. Après avoir attentivement examiné le vide laissé par le barreau manquant, il affirma :

– Il n'est pas là-dessous.

Tanya le regarda à travers ses larmes et répondit en reniflant bruyamment :

– Tu dis ça comme ça…

– Non, dit-il en s'agenouillant à côté d'elle. Réfléchis. C'est un grand chien. L'espace est assez large pour le laisser passer, mais tout juste. S'il était venu jusqu'ici, il aurait dû ralentir pour se faufiler à travers, et il aurait vu le trou à temps. Les chiens sont des animaux intelligents, particulièrement les dobermans. Et autour du trou les feuilles et les branchages n'ont pas été dérangés. S'il était tombé dedans, il y aurait des traces de griffes sur le bord.

Un peu rassérénée par ses paroles et son sourire d'encouragement, Tanya lui rendit un sourire plutôt humide.

Il y avait une lueur d'espoir.

Elle se releva, s'essuya la figure, décorant sa joue d'une trace de terre.

– Bon, alors on y va, décréta-t-elle.

Ils marchaient depuis une vingtaine de minutes lorsque l'attention de Tanya fut attirée par un détail insolite.

– Écoute ! dit-elle.

Fabian s'arrêta et tendit l'oreille, mais en vain.

– Non, je n'entends rien, répondit-il.

– Justement. Il n'y a plus de coups de feu. Warwick a dû rentrer à la maison.

– Super ! se réjouit Fabian, visiblement soulagé. Ça veut dire qu'on peut crier aussi fort qu'on veut. OBERON !

Ils hurlèrent à pleins poumons et ne s'arrêtèrent que lorsqu'ils se retrouvèrent enroués, la gorge en feu, mais bredouilles. La lueur d'espoir qui s'était allumée en Tanya s'atténuait lentement, mais sûrement. Pourtant, il fallait retrouver Oberon le plus vite possible et filer : plus ils s'attardaient dans la forêt, plus les risques d'une nouvelle agression des féeriques augmentaient.

C'est alors qu'une nouvelle pensée inquiétante lui vint :

– Fabian, tu sais comment on sort d'ici ?

– Non, mais j'espérais que tu t'en souviendrais, toi…

Ils se dévisagèrent mutuellement sans mot dire.

– Euh… non, je ne connais pas le chemin, finit-elle par avouer. C'est la première fois que j'entre dans cette forêt.

– Moi aussi !

– Et voilà ! On s'est perdus !

En comprenant ce qui l'attendait, Tanya fut prise d'une nouvelle faiblesse dans les jambes : le chien allait errer dans la forêt toute la journée, se laisserait surprendre par la nuit… Tout à coup, elle fut heureuse de ne pas être seule, d'avoir Fabian auprès d'elle.

– On va suivre le ruisseau, suggéra ce dernier. Il va bien nous conduire quelque part.

– Quelque part ? Tu sais bien qu'elle est immense, cette forêt ! Il y a longtemps que je ne l'ai plus vu, le ruisseau ! s'emporta-t-elle.

Fabian s'échauffa à son tour :

– Tu as une meilleure solution ?

Tanya se renfrogna et fit non de la tête.

Ils se mirent à la recherche du ruisseau, se courbant pour éviter les branches basses, et l'oreille à l'affût du clapotis d'un cours d'eau. Au bout d'un certain temps, Fabian commença à montrer quelques signes d'inquiétude devant la vérité qui s'imposait : ils étaient perdus. Complètement, parfaitement et désespérément perdus.

– Ce n'est pas possible ! dit Tanya en s'asseyant sur une souche d'arbre pour examiner une magnifique ampoule qui ornait son pied. On ne va jamais retrouver notre chemin !

Elle n'avait pas fini sa phrase qu'elle vit avec effroi une petite motte de terre recouverte d'herbe trottiner sur le sol et se poser à la base d'un arbre tombé. Un peu plus tard, une touffe d'herbes et de fleurs sauvages traversa le chemin. L'adolescente retint un sanglot terrifié. Les féeriques étaient en train de les perdre délibérément, de les attirer de plus en plus profondément dans les bois pour brouiller les pistes. Ils avaient sûrement commencé dès le moment où elle avait pénétré dans la forêt avec Fabian.

– Nous sommes perdus, dit-elle d'une petite voix. Nous ne trouverons jamais le moyen de sortir d'ici !

– Mais si ! la rassura son ami. Ça prendra juste un peu plus de temps que prévu.

– Tu ne comprends pas, répliqua-t-elle en s'efforçant vainement de ne pas élever le ton. Bientôt, on va avoir un commando de recherches à nos trousses, et c'est là que les vrais ennuis commenceront !

Avec un soupir, Fabian regarda sa montre, puis s'exclama d'un ton encourageant :

– Oh là ! La nuit n'est pas près de tomber, on a encore plein de temps devant nous !

Tanya se releva péniblement et le suivit en clopinant. Soudain, un éclat argenté capta son regard.

– Attends ! dit-elle.

Son compagnon s'arrêta, l'air un peu mécontent.

Elle montra un point au loin :

– Regarde, je pense qu'il y a une autre catacombe là-bas !

Ils s'avancèrent dans la direction qu'elle avait indiquée et une barrière de métal apparut. Le trou était beaucoup moins grand que le premier et semblait présenter moins de risques. Tanya constata avec soulagement que la clôture était intacte, sans interstice dangereux pour un chien ou un autre animal.

– Je me demande combien il y en a exactement, de ces trucs-là, réfléchit-elle à haute voix.

– Sept, répondit Fabian en se tordant le cou pour essayer de scruter l'intérieur de la cavité. J'aimerais bien voir jusqu'où ça descend.

Tanya fit la grimace.

– Pas moi, dit-elle. Pense à tous les…

– Chut ! lança Fabian en posant un doigt sur ses lèvres. Il y a quelqu'un là-bas. Regarde… là, dans la clairière !

Effectivement, une fille en robe verte et aux longs cheveux bruns s'avançait lentement dans leur direction, en se baissant de temps à autre pour ramasser une fleur sauvage qu'elle ajoutait à son bouquet. Tout d'abord, Tanya crut que l'inconnue ne s'était pas encore aperçue de leur présence, mais elle fut détrompée : la fille dirigea son regard droit sur elle et se rapprocha en souriant. Tanya se dit qu'elle pourrait sans doute leur venir en aide. Mais le soulagement qu'elle ressentit fut de courte durée, car elle se souvint alors du passage sur le glamour qu'elle avait lu dans le fameux livre de sa grand-mère. Elle regarda attentivement la nouvelle venue, à la recherche d'un indice trahissant la supercherie… prouvant qu'il s'agissait d'une créature féerique déguisée… Mais rien, dans son apparence, ne semblait anormal.

– À ton avis, qu'est-ce qu'elle fait ici toute seule ? demanda-t-elle à voix basse.

Fabian réfléchit un peu avant de répondre :

– Je ne sais pas. Elle a un peu l'air d'une bohémienne… Elle est peut-être de la famille de la vieille gitane. Elle vit dans cette forêt.

– Morag la Folle ?

– Oui. Celle qui t'a donné la boussole. Au fait, j'ai vérifié dans un livre sur les objets anciens. Elle n'a aucune valeur.

Tanya jeta un regard en coin vers la fille et proposa :

– On lui demande si elle a vu Oberon ?

Fabian signifia son accord d'un signe de tête :

– Oui. Même si elle ne l'a pas vu, elle va peut-être pouvoir nous aider à le retrouver. Elle a l'air de bien connaître son chemin.

Sur ce, il se dirigea vers l'inconnue. Tanya lui emboîta le pas.

La fille les regarda venir et leur adressa un nouveau sourire. Elle pouvait avoir treize ou quatorze ans et elle était très jolie avec son teint de pêche et ses yeux marron frangés de cils épais.

– Vous êtes perdus ? s'enquit-elle d'une voix douce.

– Nous sommes à la recherche de notre chien, répondit Fabian, d'une voix tremblante et anormalement timide. Il s'est sauvé et nous ne le retrouvons pas. Et maintenant… oui, nous sommes perdus, avoua-t-il.

La fille hocha la tête.

– Effectivement, j'ai vu un chien par ici, annonça-t-elle de sa voix douce.

Sa prononciation très correcte avait quelque chose de démodé ; elle ne correspondait pas à celle d'une adolescente de son âge.

– Quand ? la pressa Tanya.

– Il n'y a pas longtemps, répondit la fille. Quelques minutes à peine.

– Il allait bien ? Il n'avait pas l'air d'être blessé, au moins ?

La fille posa ses yeux marron sur Tanya.

– Non, dit-elle, il avait l'air d'aller bien. Venez, suivez-moi, je vais vous aider à le trouver. Je connais bien les environs. Quand nous aurons retrouvé votre chien, je vous ferai sortir de la forêt.

Tanya lança un regard soulagé à Fabian et ils suivirent l'inconnue qui marchait en tête d'un pas rapide et dansant entre les arbres. À une ou deux reprises, Tanya crut déceler des visages dans l'écorce de certains troncs, ou voir bouger une branche qui ressemblait à un bras, mais elle n'était plus en état de faire la distinction entre la féerie et le produit de son imagination. Elle remarqua que cette partie de la forêt était très calme et que les arbres semblaient plus grands et plus vieux, les couleurs plus riches et les bois plus odorants. Ils s'approchèrent d'un arbre immense dont le tronc avait un trou assez grand pour leur permettre de s'y engouffrer.

– Je me demande si c'est cet arbre, dit Fabian. Il est assez solide pour ça.

– Quel arbre ?

– Mais tu sais bien, le fameux arbre ! rétorqua-t-il, l'air lugubre. Celui où on pendait les gens. Il existe sûrement, parce que, si la forêt s'appelle le Bois du Bourreau, c'est qu'il y a une raison. Allez, vas-y en premier. Oberon est peut-être là-dedans.

– Non, non, toi d'abord ! protesta-t-elle, mais déjà Fabian avait posé les mains dans son dos et la poussait.

À l'intérieur, il faisait sombre et cela sentait le renfermé et l'humidité. De plus, elle entendait s'agiter les créatures qui y nichaient. Dans sa précipitation, elle se prit le pied dans une racine et faillit tomber en arrière à l'instant même où elle retrouvait la lumière.

Une main rude l'attrapa par les épaules.

Surprise, Tanya poussa un cri et distribua des coups de pied au hasard. Elle entendit un bruit sourd au moment où elle atteignait son assaillant, lequel émit un grognement. Fabian avança dans le noir en tendant les mains vers elle à l'aveuglette, puis s'arrêta net.

– Warwick, souffla-t-il.

Tanya leva la tête et vit l'intendant en train de frotter son tibia de sa main libre. Assis docilement derrière lui, Oberon la regardait, une ficelle attachée à son collier en guise de laisse.

– Tu m'as fait mal, siffla Warwick entre ses dents, ne recommence pas !

Se tournant vers Fabian, les yeux luisants de colère, il ajouta :

– Et toi, tu m'appelles *papa* !

Tanya se libéra de sa poigne et se précipita sur Oberon, transportée de bonheur. Le chien la lécha avec amour sans comprendre ses démonstrations d'affection, mais très content quand même. Fabian s'avança pour le caresser, soulagé lui aussi.

– Comment avez-vous fait pour le retrouver ? demanda Tanya.

– Vous ne perdez rien pour attendre, vous deux ! gronda Warwick pour toute réponse.

Visiblement, il était hors de lui. Tanya prit peur. Jamais elle ne l'avait vu aussi furieux.

– Combien de fois je te l'ai dit, mon gars ? aboya-t-il. Ces bois sont dangereux !

– C'est ma faute, intervint Tanya avant de laisser à son ami le temps d'ouvrir la bouche. Oberon s'est sauvé, et j'ai paniqué. C'est moi qui... c'est moi qui ai demandé à Fabian de m'accompagner.

Warwick lui décocha un regard froid.

– Tu aurais dû m'attendre, dit-il. On n'entre pas dans cette forêt quand on ne la connaît pas.

– Excusez-moi, répondit-elle en baissant la tête, ce qui sembla l'adoucir un peu.

– Heureusement que tu as mis ça, dit-il avec un mouvement de tête vers son T-shirt rouge.

Puis, avec un coup d'œil virulent à son fils, il ajouta :

– Si tu avais porté du vert comme cet idiot, je ne vous aurais pas repérés aussi facilement... même si vous faisiez assez de bruit pour réveiller un mort.

– Oh..., murmura Tanya.

Elle avait cru un instant que l'intendant connaissait la raison pour laquelle elle portait du rouge.

Fabian, penaud, baissa la tête sur sa tenue marron et verte.

– Bon, on ferait bien de rentrer, décréta Warwick, d'un ton un peu moins rogue.

Sur ce, il se détourna et se mit en route.

Derrière son dos, Tanya échangea un regard avec Fabian, lequel arborait un air sinistre. Elle regretta de l'avoir mis dans cette fâcheuse situation… même si elle avait été contente de l'avoir à ses côtés pendant toute l'aventure.

– Arrête-toi une seconde, lui dit-il soudain, en se retournant pour scruter le chemin qu'ils venaient d'emprunter. Où est passée la fille ?

Warwick fit aussitôt volte-face.

– Quelle fille ? s'enquit-il.

– Il y avait une fille…, répondit Tanya. Elle avait vu Oberon… Elle nous a proposé de nous aider à le retrouver.

– Elle ne peut pas l'avoir vu. Il y a presque une heure qu'il est avec moi… Elle est où ? demanda l'intendant en examinant les environs.

– Je ne sais pas, répondit Tanya. Elle ne nous a sans doute pas vus nous arrêter et elle a continué à marcher.

– Elle était comment ?

– Jolie, dit Fabian l'air rêveur. Vraiment jolie.

Warwick n'insista pas. Il se retourna et se remit en route en zigzaguant d'un pas lourd à travers les arbres, suivi péniblement par les deux amis silencieux. Tanya vit une minuscule fée qui ressemblait beaucoup à celle qu'elle avait enterrée atterrir doucement sur le dos de Warwick et attraper une plume duveteuse qui s'était prise dans ses cheveux, puis s'envoler vers les arbres pour faire son nid. Tanya restait tout près de l'intendant, par sécurité, mais elle ne l'aimait pas du tout, ce Warwick. Elle se demandait pourquoi, tout en s'en voulant de cette antipathie.

Le trajet de retour vers Elvesden Manor fut long et fatigant, mais, par bonheur, les féériques ne vinrent plus les ennuyer. Pour la deuxième fois en deux jours, Tanya fut heureuse de retrouver la maison de sa grand-mère.

7

Dès que Warwick eut refermé la porte du jardin derrière eux, Tanya dénoua la ficelle du collier d'Oberon et tous les quatre se frayèrent un chemin à travers les herbes hautes pour rejoindre le bâtiment.

– Je suppose que vous allez tout raconter à ma grand-mère, marmonna Tanya au moment où ils entraient dans la cuisine, dont elle trouva l'odeur familière bizarrement réconfortante.

Warwick se tourna vers elle, l'expression grave.

– Normalement, je devrais le faire, dit-il. Mais j'ai compris que tu es allée dans la forêt uniquement pour retrouver ton chien, et pas pour désobéir. Ça restera donc entre nous.

Tanya le dévisagea, surprise. Fabian, lui aussi, eut l'air estomaqué.

– À une condition, poursuivit Warwick en les transperçant du regard. Vous me promettez tous les deux que plus jamais vous ne remettrez les pieds dans cette forêt.

Ils promirent tous deux de bonne grâce, trop refroidis par leur mauvaise expérience pour avoir envie de recommencer. Apparemment satisfait, Warwick monta le son du petit transistor posé sur le rebord de la fenêtre.

«Voici les autres nouvelles. Nous venons d'apprendre qu'un enlèvement a eu lieu à la maternité d'un hôpital de l'Essex. Les vidéos intérieures ne peuvent fournir aucun renseignement car les caméras de surveillance avaient été trafiquées au préalable. Il a été confirmé que l'enfant – un petit garçon âgé de moins d'une semaine – avait été abandonné à proximité de l'hôpital peu après sa naissance et pris en charge par l'équipe soignante. La police a lancé un appel à la mère en lui demandant de se présenter et a également diffusé la description d'une adolescente qui avait attiré l'attention par son comportement suspect dans le hall de réception avant l'enlèvement. Elle est actuellement recherchée pour être interrogée. Un témoin la décrit comme…»

Warwick éteignit la radio et frotta son menton hérissé de poils durs.

– Je déteste les informations, marmonna-t-il, avant de quitter la pièce, laissant les deux aventuriers en tête à tête.

– Oh, non ! s'exclama Fabian d'un ton exaspéré en examinant sa manche. Mon T-shirt préféré ! Il est déchiré !... Regarde !

Il poussa un soupir, puis leva sur Tanya un regard plein d'espoir :

– Tu es bonne en couture ?

– Très mauvaise, répondit-elle.

– Je vais le laisser là tout à l'heure, réfléchit-il, et peut-être que Florence le remarquera et qu'elle me le réparera.

– Merci de m'avoir accompagnée, dit Tanya, quand les pas de Warwick se furent éloignés.

Avec un haussement d'épaules, son ami rétorqua :

– C'est un peu de ma faute aussi. Si je n'avais pas fait peur au lapin, ça ne serait pas arrivé.

– Tout de même, tu es venu avec moi, alors que tu savais que c'était risqué.

Elle frissonna en pensant à la rapidité avec laquelle ils s'étaient égarés, et elle revit les mystérieux trous noirs creusés dans la terre.

– Je ne pouvais pas te laisser partir toute seule, dit Fabian, dont le regard s'assombrit. Il y a des gens qui ont disparu là-dedans.

– Je sais. J'ai lu quelque chose là-dessus, une fille qui avait un drôle de nom. Bloom quelque chose.

– Morwenna.

– Oui, c'est ça. Morwenna Bloom. J'ai lu ça dans une coupure de journal qui est tombée d'un livre dans la bibliothèque.

– Qu'est-ce qu'on disait dans l'article ? demanda Fabian, soudain intéressé.

– Juste qu'elle avait disparu dans les bois et qu'on pensait qu'elle était tombée dans les catacombes. Tu connais sûrement l'histoire, puisque tu sais son nom.

– Je voulais simplement savoir si c'était la même. Il y a tellement de gens qui ont disparu qu'on ne peut pas se souvenir de tout le monde, dit-il tout en nettoyant ses lunettes sur son T-shirt sali. Elle était la plus jeune de tous ceux qui se sont volatilisés dans cette forêt. C'est à cause d'elle qu'on a mis les barrières.

Il se tut et remit ses lunettes. Puis il reprit au bout de quelques secondes :

– Je suppose que tu sais que c'était la meilleure amie de Florence ?

– Quoi ? Mais je lui ai montré l'article... Elle ne me l'a pas dit ! s'exclama Tanya, avant de se rappeler l'étrange expression qu'avait eue sa grand-mère. Elle a dit qu'elles avaient été amies, mais qu'elles s'étaient éloignées l'une de l'autre. Tu es sûre que c'était sa meilleure amie ?

– Absolument, affirma Fabian. Je l'ai souvent entendue en parler avec Warwick, mais, dès que j'entrais dans la pièce, ils se taisaient. Sans doute que ça leur rappelait trop de souvenirs. Peut-être qu'elle a été traumatisée... peut-être que ça lui fait trop de mal d'en parler.

Tanya ne dit rien, se sentant très coupable.

– Tu sais combien de gens ont disparu dans les bois ? demanda-t-elle finalement, incapable de réfréner sa curiosité.

– Des tas. Je crois qu'il y en a moins depuis qu'on a mis les barrières, mais ça arrive encore. Surtout des braconniers de Tickey End, ou des gens qui traversent la forêt. Des voyageurs, des gitans, des gens comme ça. Et tellement de chats et de chiens qu'on ne peut même pas les compter.

Fabian se dirigea vers l'évier pour se laver les mains et poursuivit :

– Et les trous, ce ne sont pas vraiment des catacombes. Une catacombe, c'est une ancienne chambre mortuaire, mais ces trous sont en fait des cavités qui ont été creusées dans le sol autrefois. Il y en a pas mal dans toute l'Angleterre, surtout dans le sud. On a fini par les appeler « les catacombes » parce que beaucoup de gens ont disparu au fond.

– C'est horrible, dit Tanya, qui l'avait rejoint près de l'évier.

Dans le miroir posé sur le rebord de la fenêtre, elle saisit son reflet. Son visage était sale, barbouillé de traces de larmes et de terre, et ses cheveux étaient emmêlés.

– Écoute, poursuivit Fabian à voix basse, j'ai une chose à te montrer, mais promets-moi de ne rien dire à Warwick, ni à Florence.

– Qu'est-ce que c'est ?

– J'ai trouvé quelque chose là-haut, au deuxième étage. Je ne savais pas si je pouvais te faire confiance, mais maintenant je sais.

– Qu'est-ce que c'est ?

Fabian secoua la tête en disant :

– Promets d'abord.

– Très bien, je te le promets, jeta Tanya avec impatience. De toute façon, je ne leur parle pratiquement jamais !

Fabian vérifia dans le couloir si la voie était libre, puis proposa :

– Viens, on monte. Warwick a l'air d'être ressorti.

– Fabian, après tout ce qu'on a subi aujourd'hui, je préférerais que tu me dises simplement ce que c'est, et je déciderai si ça vaut le coup que je monte ou non. Je suis crevée, je n'ai pas envie de me lancer dans un truc farfelu avant d'avoir pris une douche et de m'être changée.

Dans les yeux bleus de Fabian s'alluma une lueur espiègle.

– Je t'assure que ça vaut le coup ! affirma-t-il.

– Bon, alors donne-moi cinq minutes, dit-elle avec un soupir. On se retrouve là-haut.

Le second étage était encore moins bien entretenu que le reste de la maison, car Amos et Warwick étaient les seuls à s'y aventurer. Au sommet de l'escalier, accrochée au mur, trônait une majestueuse tête de cerf. Tanya ne la voyait que très rarement, mais à chaque fois qu'elle regardait ses beaux yeux tristes, elle avait envie de pleurer. Elle se détourna pour ne pas la voir.

Fabian l'attendait dans un petit renfoncement où une chaise était placée devant une tapisserie défraîchie.

– Voilà, c'est ça ! annonça Fabian.

Tanya regarda la vieille tapisserie abîmée qui couvrait le mur du sol au plafond. À part sa taille, elle n'avait rien de particulier. De plus, elle était si passée et si poussiéreuse qu'il était impossible de voir le dessin.

– Oh, mais c'est magnifique ! s'exclama-t-elle avec ironie.

– Mais non, imbécile, pas la tapisserie ! Ce qu'il y a derrière !

Elle souleva la tapisserie et découvrit alors qu'elle dissimulait une solide porte de chêne.

– Quand est-ce que tu as trouvé ça ? s'étonna-t-elle.

– Hier. Quand je pense que je ne savais même pas qu'elle existait, cette porte !

– C'est normal, puisque personne ne monte jamais là-haut, répondit-elle. Même quand on s'amusait à fouiller la maison pour trouver les passages secrets, on avait bien trop peur pour venir jusqu'ici ! Et tu sais où ça mène ?

– Justement, c'est ce qu'on va voir.

– Ah, d'accord ! Je comprends ! Tu as la trouille d'aller voir tout seul !

– Mais non, pas du tout ! répondit Fabian sans s'offusquer. Le truc, c'est qu'elle est fermée à clé.

– Et, à ton avis, on va l'ouvrir comment ?

– Avec ça, déclara Fabian en sortant de sa poche une clé qui avait l'air d'une antiquité. C'est un passe-partout, ça ouvre toutes les portes de la maison.

– Je sais ce que c'est, un passe-partout ! répliqua Tanya. Mais toi, qu'est-ce que tu fais avec ?

– Je l'ai emprunté. À Warwick.

– Tu l'as volé, tu veux dire ! Jamais de la vie il ne te l'aurait prêté !

– D'accord, d'accord. Bon, maintenant, on se dépêche d'y aller avant qu'il s'aperçoive qu'il manque.

Il introduisit la clé dans la porte. Il y eut un léger *clic* quand il la tourna.

– Tu vois ? chuchota-t-il d'un ton triomphant. Ça marche au quart de tour. Allez, viens !

Il ouvrit la porte et un souffle d'air humide accompagné d'une odeur de moisi vint les frapper au visage. Le jeune garçon s'avança en faisant signe à Tanya de le suivre.

– Qu'est-ce qu'il y a derrière ? demanda-t-elle. Une pièce ?

Fabian posa un doigt sur ses lèvres. Tanya franchit la porte à son tour et se retrouva dans le noir complet. Elle attendit sagement pendant qu'il remettait la tapisserie en place et refermait doucement la porte derrière eux.

– On est bien avancés, grogna-t-elle. Il fait noir comme dans un four !

– Attends !

Elle entendit Fabian fouiller dans ses poches. Il y eut un petit déclic, suivi de l'apparition d'un rayon de lumière. Avec un large sourire, Fabian montra sa lampe de poche.

– Petite, mais efficace ! Je savais qu'elle pourrait me servir un jour ou l'autre ! plastronna-t-il.

Lorsque ses yeux se furent accommodés, Tanya constata qu'ils ne se trouvaient pas dans une pièce, mais dans un étroit corridor qui se scindait en deux. À droite, un escalier menait plus haut.

Fabian balaya les murs avec sa torche.

– Il fait drôlement humide là-dedans, déclara-t-il.

– C'est vrai, ça se sent, confirma Tanya en fronçant le nez. Je me demande à quoi servait ce couloir... Peut-être que c'est l'un des couloirs secrets.

– Il aurait été beaucoup mieux caché, s'il avait dû rester secret, objecta Fabian d'un ton dédaigneux. Je pense que c'est l'ancien escalier de service.

– Mais je croyais qu'il avait été fermé !

– Oui, c'est vrai. En tout cas, l'entrée principale est condamnée, dans la cuisine. C'est Florence qui l'a fait boucher il y a des années en disant que ça ferait des économies de chauffage.

– On va par où ? s'enquit-elle.

Fabian dirigea la torche vers l'escalier.

– On est au dernier étage, donc ces marches doivent mener au grenier. Je crois qu'on va aller par là, dit-il en désignant le couloir qui partait à gauche.

Il tourna sa lampe dans cette direction en balayant le mur, qui se révéla constellé de grosses taches de moisi apparues au fil des années. Un éclair lumineux éblouit Tanya.

– Qu'est-ce que c'est que ça ? s'étonna-t-elle en clignant des yeux.

– C'est une fenêtre qui s'est reflétée dans la lumière de la torche.

– Une fenêtre ?

– Regarde bien. Tu vas voir, il y a une fenêtre recouverte de lierre. Ça empêche la lumière de passer.

Il disait vrai. Il y avait là une fenêtre noircie par des années de crasse et recouverte à l'extérieur par une masse de feuilles entrelacées qui obstruaient la lumière du jour.

Fabian décida de poursuivre l'exploration, non sans recommander la prudence à son amie.

Ils avancèrent à tâtons dans le noir. Le sol de bois craquait sous leur poids. Dans le plancher, il y eut du remue-ménage, et Tanya se demanda si le bruit venait des souris ou des féeriques... sans savoir ce qu'elle craignait le plus.

Ils n'étaient pas encore arrivés bien loin lorsque le chef de l'expédition s'arrêta.

– Il y a une porte sur ma gauche, annonça-t-il.

Il essaya d'ouvrir, secoua la poignée. En vain. Elle était verrouillée.

– Essaie avec la clé, suggéra Tanya.

Fabian se pencha pour éclairer la serrure avec sa lampe de poche.

– J'ai l'impression que la clé est dans la serrure, de l'autre côté.

– Repousse-la avec le passe-partout !

– Ça ne marchera pas. Il faut peut-être avoir la clé qui est de l'autre côté pour pouvoir ouvrir. Il y a des serrures qui ont été remplacées.

– Bon, tant pis… On va continuer et voir s'il y a d'autres portes plus loin, proposa Tanya.

– Attends !

Fabian lui remit la torche et farfouilla de nouveau dans sa poche.

– Qu'est-ce que tu fais ? s'étonna Tanya en le voyant sortir une feuille de papier pliée et une petite bobine de fil de fer.

– Un vieux truc, marmonna Fabian en dépliant le papier.

– Ça sert à quoi ? insista-t-elle.

Mais il ne répondit pas, trop occupé à dérouler le fil de fer et à le tordre pour lui donner la forme d'une dent d'environ dix centimètres. Enfin, il annonça :

– Ça devrait aller.

Il plaça le papier sous la porte et le fit glisser lentement de l'autre côté en le laissant dépasser d'environ trois centimètres. Ensuite, il introduisit tout doucement le fil de fer dans la serrure. Il le tortilla pendant quelques secondes et il y eut un petit bruit sourd. Fabian attira alors la feuille de papier, qui réapparut sous la porte… avec la clé posée proprement au milieu.

– Génial ! applaudit Tanya en braquant des yeux incrédules sur la clé.

– Pas vraiment, tempéra Fabian avec un sourire fier, mais modeste quand même. J'ai lu ça un jour dans un polar. Il faut juste un peu d'esprit pratique…

Tanya regarda la feuille de papier portant la trace de nombreuses pliures :

– Ce n'est pas la première fois que tu fais ça !

Fabian ramassa son matériel, replia le papier et rangea le tout soigneusement dans sa poche.

– C'est vrai, je l'ai déjà fait une ou deux fois… Mais il faut que la clé tombe pile sur le papier. Elle peut aussi rebondir et tomber ailleurs. Cette fois, on a eu du bol.

Il mit la clé dans la serrure et la tourna. La porte s'ouvrit et ils pénétrèrent dans une petite pièce plongée dans le noir.

Tout comme dans l'escalier secret, la fenêtre était entièrement obstruée à l'extérieur par le lierre. Un coffre en bois sculpté recouvert d'une couche de poussière grise était placé en dessous. Une imposante armoire occupait un angle. L'une de ses portes était entrouverte, comme si quelqu'un avait quitté la chambre précipitamment et n'était jamais revenu. Au centre se trouvait un magnifique berceau, dont les couvertures au crochet avaient été hâtivement retournées. Un petit ours en peluche élimé avait été abandonné dans le berceau. Tanya le ramassa doucement et vit alors qu'il était éventré, laissant échapper un peu de rembourrage sale.

– C'était une chambre d'enfant, dit-elle.

Quelque chose bougea dans le rembourrage de l'ours en peluche. Avec un cri de surprise horrifié, elle jeta le jouet dans le berceau.

– Qu'est-ce qui se passe ? demanda Fabian.

– Je crois qu'il y a des souris là-dedans !

– Pas très riant, comme atmosphère !...

Le jeune garçon souleva le couvercle du coffre. Un gros nuage de poussière s'envola, le faisant éternuer trois fois de suite.

À l'intérieur du coffre se trouvaient un autre ours en peluche, plusieurs poupées et une vieille toupie. Un diable à ressort gisait au fond, cassé, le ressort rouillé.

– Tu as raison, renchérit Tanya avec un frisson, c'est sinistre, là-dedans.

– Je ne savais même pas qu'il y avait une chambre ici, dit Fabian en se dirigeant vers la porte principale. Je me demande qui l'occupait.

Il ouvrit précautionneusement la porte, puis poussa une exclamation étouffée.

– Viens voir ! souffla-t-il.

Elle s'approcha de lui et suivit des yeux le faisceau de lumière de la lampe de poche.

Le seuil était obstrué par un large panneau de bon bois solide.

– C'est le fond d'une commode… on l'a mise devant la porte. Quelqu'un a fait tout ce qu'il fallait pour qu'on ne trouve jamais cette chambre.

– *À cause de la vilaine chose*, dit soudain une voix assourdie, éraillée.

Tanya ne bougea pas, guettant la réaction de Fabian. Il n'y en eut pas ; il n'avait pas entendu.

Elle se retourna lentement et s'avança vers le berceau. Quand elle fut à proximité, elle papillota des yeux. Quelque chose bougeait dans le lit. Puis une petite figure pointue émergea du rembourrage de l'ours en peluche. Sa peau était poussiéreuse et grise. Impossible de dire si c'était un mâle ou une femelle. Mais ce qui attira irrésistiblement l'œil de Tanya, ce furent les dents protubérantes de la créature, des dents de rongeur.

– Vilaine chose, croassa la créature en la regardant d'un air suspicieux. La vilaine chose qui s'est passée ici.

Puis elle plongea dans les profondeurs de son nid et en sortit une forme indistincte en ajoutant :

– Il y a longtemps. Très, très longtemps.

Tanya sentit son estomac se soulever quand elle comprit que ce que la créature avait extrait de son nid était une souris à moitié dévorée.

– Quelle vilaine chose ? s'enquit-elle tout bas, de peur d'être entendue par Fabian.

– Le dirai pas, ricana la créature.

Il y eut alors un bruit d'os broyés, assorti d'une odeur de sang, métallique, acidulée.

Tanya recula prestement.

– Viens, on sort de cette horrible chambre, dit-elle à Fabian, pendant que la créature mâchait et suçait sa proie à grand bruit. Je ne me sens pas à l'aise là-dedans.

Fabian referma doucement la porte et ils s'acheminèrent vers l'escalier de service. Tanya poussait déjà un ouf de soulagement lorsque Fabian se retourna pour passer une dernière fois le rayon lumineux autour de la pièce.

Au grand dam de Tanya, il fit une nouvelle découverte.

– Qu'est-ce que c'est que ça ? s'exclama-t-il.

– Fabian ! On s'en va ! le pressa Tanya.

Mais il ne l'écouta pas et s'approcha du mur contre lequel était posé le berceau.

– Ah !... C'est une inscription brodée, c'est tout, dit-il enfin.

– Quelle inscription ?

– Je n'arrive pas à lire, je n'y vois pas assez clair, répondit Fabian en enlevant ses lunettes pour les essuyer.

Sans tenir compte des grommellements de protestation qui s'échappaient du berceau, Tanya retourna sur ses pas et plissa les yeux pour essayer de déchiffrer la broderie au point de croix appliquée contre le mur. Sur un fond de tissu jauni, elle distingua des roses et les mots : *Félicitations pour la naissance de votre fille*, ainsi qu'une date.

– Tiens, c'est drôle, dit Fabian après avoir remis ses lunettes, le bébé est né un 29 février, le jour supplémentaire d'une année bissextile.

Tanya fronça les sourcils.

– Le 29 février, c'est l'anniversaire de ma mère, dit-elle.

– Oh ! Donc, c'est la chambre de ta mère quand elle était bébé ! Ça veut dire que tu lui fais un cadeau d'anniversaire tous les quatre ans ? demanda-t-il en plaisantant.

– Non, rétorqua Tanya, on fête son anniversaire le 1er mars. D'ailleurs, elle dit toujours pour rire que je suis plus vieille qu'elle.

Ils se turent et regagnèrent le couloir plongé dans les ténèbres. Ils ne purent ouvrir la porte suivante, et la technique de Fabian se révéla inutile car il n'y avait pas de clé de l'autre côté. Ils parvinrent à ouvrir un certain nombre d'autres portes, mais la plupart donnaient sur des chambres vides ou qui ne contenaient rien d'intéressant.

Quand ils arrivèrent à la chambre d'Amos, ils entendirent hurler la télévision. Ils passèrent vite leur chemin en essayant d'ignorer les grognements et les imprécations du vieil homme.

Le premier étage ne recelait pas grand mystère, car c'était là que se trouvaient les chambres où dormait toute la maisonnée, à l'exception d'Amos. La dernière porte qu'ils ouvrirent se trouvait juste devant un escalier descendant au rez-de-chaussée, et elle n'était pas fermée à clé. Quand ils entrèrent, ils furent éblouis par la lumière qui coulait à flots par la fenêtre. Le lierre avait été taillé et la pièce était en bon état. Un énorme lit à quatre montants trônait au milieu, entouré de spectaculaires meubles de bois sculpté. Un luxueux tapis de fourrure était étendu devant la cheminée et un double portrait représentant un homme à l'air très sérieux et une jeune femme était suspendu au-dessus.

Les yeux de Tanya s'écarquillèrent :

– Qu'est-ce que c'est que cette chambre ?

– C'est sans doute celle des Elvesden, supposa Fabian. J'ai entendu Florence en parler, mais je n'ai jamais eu le droit d'y entrer. Ça, c'est le portrait de Lord et Lady Elvesden.

Tanya contempla la peinture surplombant la cheminée et s'arma de courage avant de regarder dans les yeux ces gens qui étaient ses ancêtres. C'était la première fois qu'elle voyait leur portrait.

Edward et Elizabeth Elvesden, disait l'inscription gravée sur une plaque de laiton. Les yeux à l'expression revêche de l'homme semblaient transpercer les siens et la femme avait l'air de ne pas se trouver très à l'aise en la présence de son mari. Tanya sursauta : le poignet de la femme était orné d'un bracelet à breloques, celui-là même qu'elle avait attaché au sien, deux siècles plus tard. Elle regarda le bijou. Il étincelait au soleil, maintenant qu'elle l'avait nettoyé et fait briller. Mais, même s'il était très beau, elle éprouvait un sentiment étrange à l'idée de porter le bijou d'une ancêtre morte depuis si longtemps.

– On se demande pourquoi cette chambre a été aussi bien conservée, réfléchit Tanya. Avec les meubles d'origine et tout le reste...

– Je ne sais pas. Je suppose que c'est parce que c'étaient les premiers propriétaires de la maison. Elvesden était l'un des hommes les plus riches du comté. C'est lui qui a dessiné les plans du manoir. Pendant un certain temps, Florence l'a fait visiter aux touristes pour gagner un peu d'argent. C'est un monument classé, tu sais. Cette chambre devait être l'une des pièces les plus importantes de la maison.

Tanya examina le portrait et dit :

– Ils formaient un couple bizarre.

– Oui, je trouve aussi.

– Je me demande comment ils étaient... s'ils étaient heureux ici.

– Ça m'étonnerait.

Tanya lui jeta un regard intrigué :

– Qu'est-ce qui te fait dire ça ?

– Tu en as sûrement entendu parler. Ils n'étaient pas mariés depuis longtemps quand c'est arrivé.

– Quand quoi est arrivé ?

– Je croyais que tu savais… à propos de Lady Elvesden.

– Tout ce que je sais, c'est qu'elle habitait ici quand la maison a été construite et qu'elle et son mari avaient un fils, dit Tanya. Alors… qu'est-ce qui s'est passé ?

– Elle est morte dans un asile de fous à Londres, à l'âge de vingt-trois ans.

– Que… qu'est-ce qui l'a rendue folle ? demanda Tanya, incapable de quitter des yeux le portrait de cette jeune femme dont elle avait immédiatement senti le malaise.

– On ne sait pas vraiment si elle était folle ou non, expliqua Fabian. Les gens ne sont pas d'accord entre eux. Il paraît qu'elle écrivait son journal… Mais elle le découpait et le planquait par petits bouts dans toute la maison. Elle en mettait partout. On en a retrouvé une partie cousue dans l'une de ses robes et une autre derrière une plinthe. Mais il y en a qu'on n'a jamais découvertes. On dit que c'est son mari qui les a détruites.

– Qu'est-ce qu'elle racontait pour qu'il les ait détruites ?

Fabian haussa les épaules dans un geste d'ignorance et répondit :

– Florence ne l'a jamais dit, mais les gens ont parlé et on en a une petite idée. D'ailleurs, c'est justement à cause de ces journaux que Florence a arrêté de faire visiter le manoir au public. Tu te souviens qu'on a abattu les vieilles écuries, il y a quelques années ? Eh bien, figure-toi qu'un ouvrier du chantier a trouvé un morceau de journal coincé dans les pierres. Tout de suite, Florence a fait remplacer l'ouvrier en lui demandant de ne jamais répéter ce qu'il avait lu, et je suis sûr qu'elle l'a payé pour qu'il la ferme. Mais ça s'est su quand même, évidemment.

– Et qu'est-ce que c'était ?

– Mettons que ce n'était pas bon pour la réputation de la famille… Elizabeth était allée voir la guérisseuse du coin parce qu'elle avait envie d'apprendre à se servir des herbes et des médecines et tout ça. Il paraît qu'elle avait un don de guérisseuse, elle aussi, et qu'elle voulait le développer. Mais les gens de la ville ne voyaient pas ça d'un bon œil, vu que la guérisseuse avait une réputation de sorcière. À l'époque, les gens étaient superstitieux. La pire période était passée, mais il y avait encore des chasses aux sorcières et des persécutions. Lord Elvesden sentait qu'il fallait que sa femme arrête, qu'il finirait par lui arriver des bricoles, et il avait bien raison. Il lui a donc interdit de retourner voir la guérisseuse parce qu'il avait peur qu'on l'accuse de sorcellerie, et qu'on la condamne à être pendue. Mais Elizabeth n'en a fait qu'à sa tête. Elle se moquait des règles et se fichait pas mal de ce que pensaient les autres. Elle n'était pas comme tout le monde, et ça, ça n'a pas arrangé ses affaires.

Finalement, comme Elvesden l'avait prédit, il s'est passé une chose qui a mis le feu aux poudres. La guérisseuse était aussi sage-femme. Un enfant qu'elle avait mis au monde est mort peu de temps après sa naissance, et par la suite, des tas de gens sont tombés malades les uns après les autres. Ça a suffi pour qu'elles soient soupçonnées toutes les deux et accusées de sorcellerie. La guérisseuse a été chassée de la ville et a été forcée de vivre dans les bois. Après, elle a été abandonnée de tous, sauf de quelques habitants de la ville qui avaient pitié d'elle et lui apportaient de la nourriture quand ils le pouvaient. Sans leur aide, elle serait sans doute partie. On dit que Morag la Folle est l'une de ses descendantes.

– Et Elizabeth, qu'est-ce qu'elle est devenue ?

– Elle n'a pas eu autant de chance. Les enfants se sont mis à l'insulter dans la rue et les gens à faire le signe de croix quand ils la rencontraient. Et même à lui cracher dessus. Mais ça n'avait pas l'air de la perturber ; elle a continué à étudier les herbes toute seule. Son mari n'était pas comme elle, il était du genre à avoir les pieds sur terre et il lui demandait tout le temps d'être un peu plus raisonnable… Mais peine perdue, elle ne voulait rien entendre. Au contraire, plus il s'opposait, plus elle s'obstinait. Finalement, il a écouté ses conseillers qui faisaient pression sur lui et il l'a mise à l'asile.

Tanya, horrifiée, s'exclama :

– Il l'a fait enfermer dans un *asile* parce qu'elle ramassait des herbes ?

– À cette époque-là, il n'en fallait pas beaucoup pour que les femmes atterrissent à l'asile. Les femmes n'avaient aucun droit. Tout était décidé par leurs frères ou leurs maris. Elles pouvaient être considérées comme folles quand elles avaient un enfant en dehors des liens du mariage, par exemple. Il y avait des tas de femmes parfaitement saines d'esprit qui étaient envoyées à l'asile sur demande de leur mari et qui croupissaient là toute leur vie… Et, si elles n'étaient pas folles en entrant, elles le devenaient bientôt.

– Donc, c'est ça ? Elle est devenue folle et elle est morte à l'asile ?

Fabian la regarda et dit, presque en s'excusant :

– Florence ne t'a jamais parlé de tout ça ? C'est dingue, quand même !

Tanya eut du mal à respirer, tout à coup.

– Tout ça quoi ? demanda-t-elle.

– Tanya, Elizabeth Elvesden n'est pas simplement *morte* à l'asile. Elle s'est suicidée. Elle s'est pendue.

8

Le suicide d'Elizabeth Elvesden trotta dans la tête de Tanya pendant le restant de l'après-midi. Après l'exploration de l'escalier de service, elle abandonna Fabian en prétextant ne pas être en forme et résolut de descendre jusqu'au ruisseau pour s'éclaircir les idées.

Elle était dévorée de curiosité. Elle aurait tout donné pour lire les journaux intimes d'Elizabeth et découvrir les secrets que sa grand-mère cachait avec tant de soin. Avaient-ils un rapport avec la « vilaine chose » dont la créature féerique de la chambre d'enfant avait parlé ?

Elle passa devant la bibliothèque, si profondément plongée dans ses pensées qu'elle faillit ne pas entendre les voix étouffées qui chuchotaient derrière la porte… puis elle entendit prononcer son nom.

– … je ne veux pas la voir ici, vous savez bien, disait sa grand-mère.

– Plus vite elle partira, mieux ça vaudra, répondit une voix qui ne pouvait être que celle de Warwick. On ne peut pas la garder ici... pas question !

Le bruit d'un objet – sans doute une chaise – qu'on traînait sur le sol empêcha Tanya de comprendre les mots suivants. Puis elle entendit la voix courroucée de Florence :

– ... dans la forêt ce matin !

– J'ai eu du pot de les retrouver, dit Warwick.

Tanya resta pétrifiée derrière la porte. Sa grand-mère poursuivait à voix basse :

– J'aurais dû vous écouter.

– À quel propos ? demanda la voix rogue de Warwick.

– Déménager. Je vais le faire, cette fois... quand elle sera partie. Ça devient insupportable. Ça me ronge. J'ai été folle de rester ici.

– Vous allez vraiment déménager ? Laisser tout ça ?

– Je crois que je vais y être obligée, dit Florence, dont la voix semblait pleine de larmes. Je n'en ai pas envie, mais je ne vois pas d'autre solution.

– Mais vous aimez cette maison. Je pensais que vous ne vous en sépareriez jamais.

– Oui, j'aime cette maison et je l'aimerai toujours. Quand elle est née, j'ai fait tant de rêves pour elle... Tout cela lui appartiendrait plus tard... Mais maintenant...

comment serait-ce possible ? Comment laisser Tanya hériter ?

– Est-ce que vous avez pensé à lui dire la vérité un jour ? demanda Warwick.

– Comment le pourrais-je ? répondit Florence, d'une voix qui laissait percer un certain trouble. Je suis lâche. Je le sais. J'ai été lâche à l'époque et je le suis encore maintenant...

Des bruits de pas se rapprochèrent de la porte. Vite, Tanya retourna se réfugier dans l'escalier. Elle était assommée. On lui avait dit un jour que ceux qui écoutaient aux portes entendaient rarement des choses agréables à leur sujet, et c'était bien vrai. Elle regretta de tout son cœur d'avoir surpris la conversation de ces méchants personnages, mais maintenant elle savait, et elle n'oublierait jamais.

Elle n'était pas la bienvenue dans cette maison. Elle l'avait toujours senti, bien sûr, mais l'entendre prononcer tout haut, c'était autre chose. Il n'y avait plus de retour en arrière possible. Ce qui était dit était dit. On ne voulait pas d'elle. Elle était gênante. Incommodante. Sa grand-mère la détestait. Elle la détestait au point d'être prête à renoncer à une maison qu'elle aimait plutôt que de laisser son unique petite-fille en hériter.

Tanya n'avait plus envie de sortir. Lentement, elle remonta l'escalier et, quand elle arriva sur le palier, ce fut le silence. Les habitants de la pendule ancienne eux-mêmes s'abstinrent de lui lancer leurs insultes habituelles. À l'étage du dessus, on entendait Amos marcher de long en large comme il le faisait à cette heure de la journée.

Elle s'enferma dans sa chambre et s'allongea. Les paroles de sa grand-mère tourbillonnaient dans sa tête. Elle se pelotonna sur elle-même pour essayer de se réconforter, mais en vain. Le chagrin, et cette sensation qui la tourmentait depuis qu'elle était entrée avec Fabian dans les deux chambres condamnées, subsistèrent.

Malheureuse, elle regarda le bracelet qui entourait son poignet en se demandant pourquoi sa grand-mère le lui avait donné si elle l'aimait si peu. Elle avait précisé, en le lui remettant, que ce genre de bracelet à breloques était censé protéger la personne qui le portait.

Tanya examina les breloques les unes après les autres, en imaginant que chacune d'elles avait une histoire à raconter sur sa première propriétaire et lui ouvrirait une fenêtre sur le passé. Elle les prit une par une. Certaines étaient faciles à associer : un cœur avec l'amour, une bague avec le mariage. Une clé avec la maison, ou la sécurité, peut-être... Un masque... l'amour du théâtre ? La plupart, cependant, étaient bizarres et un peu troublantes : une épée et une dague... Et la vue de l'une d'elles lui serra la gorge comme si un filament de lierre était venu s'enrouler autour d'elle. Celle d'un minuscule chaudron gravé pour lequel il n'y avait qu'une association possible : la sorcellerie.

Tanya ignorait les mystères qui se cachaient derrière ce bracelet, mais elle était sûre d'une chose : il n'avait offert aucune protection à Elizabeth Elvesden et ne lui avait absolument pas porté chance.

Au dîner, Tanya mangea de bon appétit, ce qui était inattendu, compte tenu des évènements de la journée. Ensuite, sa grand-mère déposa les assiettes dans l'évier et les remplaça par un grand saladier de fraises fraîchement cueillies et un pichet de crème épaisse.

– Oh, grogna Warwick en se frottant le ventre, mais en regardant les fraises avec gourmandise, dommage, je n'ai plus de place !

– Mais si ! décréta Florence en posant devant lui une coupe de fraises qu'elle remplit de crème.

Du coin de l'œil, Tanya vit le couvercle de la boîte à thé s'ouvrir, laissant apparaître la tête du petit lutin qui vivait à l'intérieur. Sa figure de vieille noix ratatinée était à demi cachée derrière un amas de cheveux en bataille complètement emmêlés. Le bruit de vaisselle l'avait réveillé. Adressant un regard courroucé à Tanya, il se pencha et remua le contenu du sucrier avec sa canne avant de réintégrer prestement son logis.

Florence se retourna, attrapa le sucrier et saupoudra ses fraises, avant de le passer à sa petite-fille dégoûtée. Tanya qui, normalement, mettait des tonnes de sucre sur ses fraises, le tendit immédiatement à Fabian. Pas question qu'elle se serve de ce sucre trafiqué par le lutin !

Warwick fut le premier à fourrer une grosse cuillerée de fruits dans sa bouche. Aussitôt, son expression gourmande se mua en grimace de dégoût et il cracha dans sa serviette.

– C'est du sel ! s'exclama-t-il en attrapant la cruche d'eau.

– Vous êtes sûr ? s'étonna Florence.

– Évidemment, que j'en suis sûr !

Fabian laissa sa main en suspens, la bouche légèrement ouverte. Il regarda sa cuillère, déçu.

– Qui est la dernière personne à avoir rempli le sucrier ? enquêta Florence.

– C'est moi, répondit Tanya, l'air coupable. Je l'ai fait ce matin.

À gestes brusques, sa grand-mère débarrassa le dessert gâché et le jeta à la poubelle en grondant :

– Bonté divine, essaie de faire attention !

Tanya se mordit la lèvre, furieuse. Mais c'était bien fait pour Warwick, d'avoir eu droit aux fraises salées ! Il l'avait mérité, lui qui avait raconté à Florence ce qui s'était passé dans la forêt, alors qu'il avait promis que l'affaire ne s'ébruiterait pas. Elle n'était pas près de lui pardonner, ni à sa grand-mère, après les méchancetés qu'elle avait entendues !

Privé de son dessert, et donc de fort mauvaise humeur, Warwick quitta la table. Florence le suivit peu après.

Fabian se pencha vers Tanya et lui donna une bourrade dans le flanc.

– Eh, dis donc, ce matin, il y avait bien du sucre dans le sucrier. Je le sais, puisque j'en ai mis dans mes cornflakes !

Tanya le regarda sans répondre. Il lui rendit son regard avec un petit sourire entendu. Puis :

– Alors, quand est-ce que tu l'as échangé ?

– Quoi donc ?

– Ben, le sel ! Quand est-ce que tu l'as échangé ?

– Quoi ? Tu crois... tu crois que c'est moi qui l'ai fait ?

– Ce n'est pas toi ?

– Non, répondit Tanya d'un ton froid. Pour quoi faire ?

Fabian eut un petit sourire en coin :

– Pour t'amuser, peut-être.

Tanya se leva. Elle n'avait plus envie de dessert.

– Ouais, c'est ça, Fabian, répondit-elle. J'adore passer pour une idiote devant tout le monde, ça m'amuse beaucoup.

– En tout cas, la tête de Warwick quand il a enfourné ses fraises… ça m'a bien fait rire. En plus, tu n'as pas pris de sucre, toi…

– Non.

Tanya se dirigea vers le couloir, mais Fabian fut plus rapide et lui barra la route.

– Laisse-moi passer ! gronda-t-elle.

– Tu veux que je te dise ? C'est drôle, ce genre de chose arrive toujours quand tu es là.

Tanya plissa les yeux, menaçante, mais son cœur manqua un battement.

– Quel genre de chose ? demanda-t-elle.

– C'est comme la fois où tu es venue ici pendant que tes parents étaient en France. Le premier soir, on était tous ensemble en train de regarder un film, et, quand il a été fini, tu t'es levée et tu es tombée parce que tes lacets avaient été attachés ensemble. Tu m'as accusé, mais tu savais parfaitement que je n'y étais pour rien, puisque j'étais resté assis de l'autre côté de la pièce pendant toute la soirée et que je ne m'étais jamais trouvé à côté de toi… Et l'été dernier, quand tu as acheté des fleurs pour Florence au marché… Le lendemain matin, au petit déjeuner, elles étaient toutes fanées. Et l'eau du vase était verte comme si elle était vieille de trois semaines. Et il y a eu la fois où…

– Fabian, à quoi ça sert de ressortir les vieux dossiers ? l'interrompit Tanya en s'efforçant de contenir le tremblement de sa voix.

– Ça sert à quelque chose, parce que le problème, c'est *toi*. Les choses bizarres n'arrivent que quand tu es là. Tu crois que personne ne s'en aperçoit, mais moi, j'en suis convaincu.

Tanya eut un rire forcé et répondit :

– C'est dingue, l'imagination que tu as ! Bon, tu as fini ? Tu peux me laisser passer, s'il te plaît ?

Fabian fit un pas de côté, un sourire moqueur aux lèvres :

– Ce que tu racontes, ça ne tient pas debout. Tu caches quelque chose. Et je trouverai ce que c'est.

Tanya se raidit.

– Lâche-moi ! siffla-t-elle. Je te préviens, Fabian, je ne veux plus que tu me parles !

– Parfait, répliqua le jeune garçon d'un ton léger. De toute façon, Warwick n'aime pas que je te parle. Il dit que tu es une faiseuse d'histoires.

– Je me fiche de ce que dit ton cher papa ! lança-t-elle en partant, furieuse. Ce qu'il dit ou rien, c'est pareil. Il ne tient pas ses promesses. Je l'ai entendu raconter à ma grand-mère qu'il nous avait retrouvés dans la forêt aujourd'hui. Il a cafté. À ta place, je me demanderais qui est le vrai faiseur d'histoires, dans cette maison !

Tanya mit longtemps à s'endormir, ce soir-là, tant elle bouillait de colère contre Warwick et son fils. Elle se passa et se repassa la dispute, trouvant à chaque fois de nouvelles répliques, celles qu'elle aurait dû lui envoyer à la figure, à ce Fabian de malheur, et elle les prononçait à mi-voix dans le silence de la chambre. Comment Warwick *osait-il* la traiter de faiseuse d'histoires ? Et comment Fabian *osait-il* l'accuser d'avoir remplacé le sucre par du sel ?

Mais ce qui la tracassait le plus – la tracassait et l'énervait –, c'était que, depuis le début, Fabian avait noté les petites bizarreries qui se passaient autour d'elle. Tout ce qu'il avait dit était vrai, depuis les fleurs fanées jusqu'aux lacets attachés ensemble ; toutes les choses qu'avaient faites les féeriques... Dire qu'il avait tout remarqué sans jamais rien dire !

Tanya finit par s'apercevoir qu'elle s'échauffait de plus en plus et tenta de vider son esprit afin de pouvoir s'endormir. Mais, quand le sommeil arriva enfin, il ne dura pas.

Elle se réveilla en sursaut avec le sentiment obsédant qu'elle n'était pas seule dans la pièce. Elle pensa tout d'abord que les féeriques étaient revenus, mais, quand son cerveau ensommeillé se dégourdit, elle ne décela aucun signe de leur présence. C'était le silence complet dans la chambre. Pas de battements d'ailes, pas de chuchotements, pas d'étrange odeur de terre. Il n'y avait qu'elle dans cette pièce spartiate si peu accueillante.

Troublée, elle s'adossa contre son oreiller, s'efforça de chasser son malaise et de se calmer. Elle avait sûrement rêvé. Avec toutes les émotions des derniers jours, elle avait du mal à dormir, ce n'était pas étonnant. Elle ferma les yeux, inspira tant bien que mal et se força à expirer lentement.

Puis elle se figea dans le noir en percevant un son… Comme un léger sifflement de serpent… ou un glissement… quelque chose qui se déplaçait lentement, avec précision, avec précaution. C'était ce bruit-là qui l'avait réveillée, oui, sans aucun doute.

Incapable de bouger, incapable de respirer, elle se retrouva tétanisée par la peur, prisonnière de son propre corps, capable uniquement d'écouter l'étrange glissement qui continuait. Impossible d'en déterminer l'origine. Il semblait si proche qu'il ne pouvait venir que de sa chambre… et pourtant quelque chose lui disait que non. Mais ce bruit… peu importait ce que c'était, ce bruit était très proche. Tout proche.

Cette constatation la frappa de plein fouet et la sortit de sa paralysie. Retenant un cri de terreur, elle repoussa les couvertures et se leva d'un bond. Un léger bruit l'arrêta. Elle s'immobilisa pour la seconde fois… et cette fois ce n'était pas de terreur. C'était pour tendre l'oreille. Car ce qu'elle avait entendu était impossible à confondre. Le glissement avait cessé. Mais elle avait entendu quelque chose… distinctement.

Quelqu'un avait *éternué*.

Au même instant, Tanya comprit. Elle se précipita vers sa penderie, ouvrit les portes et repoussa le peu de vêtements qui y étaient suspendus, puis frappa un coup sec sur le fond de la penderie. Il était creux.

Ses soupçons se confirmèrent. Elle recula d'un pas.

Sa penderie avait été installée devant l'ancienne porte donnant sur l'escalier de service. Là, en ce moment même, quelqu'un était en train de marcher dans le corridor à pas de loup.

Soudain, Tanya sut qui était ce « quelqu'un ». Elle claqua la porte de la penderie à grand bruit.

– Je sais que tu es là, Fabian, gronda-t-elle. Et je vais te dire…

Ses mots se coincèrent dans sa gorge. Un bruit horrible monta de l'arrière de la penderie ; une sorte de miaulement haut perché, désespéré, un miaulement de chaton qu'on étrangle. Tanya sentit son sang se glacer dans ses veines. Puis il y eut un gargouillement et le bruit s'atténua peu à peu avant de cesser complètement. Et le glissement reprit, accompagné du bruit à peine audible des pas de quelqu'un qui essayait d'être très, très silencieux. Il s'éloigna progressivement dans le couloir et disparut.

Tanya ne devait jamais savoir comment elle avait atterri à l'autre extrémité de sa chambre, le dos appuyé contre le mur, le plus loin possible du corridor.

Quand elle se réveilla à quatre heures du matin à la pâle lueur de l'aube, elle était roulée en boule dans un angle, frissonnante et les membres raides. Et, quand elle rejoignit son lit, elle était toujours taraudée par la même et unique pensée : *la personne qui se promenait dans l'escalier de service n'était peut-être pas Fabian.*

9

À six heures du matin, toute la maison fut réveillée par le tapage d'Amos. Tanya se boucha les oreilles pour ne plus entendre le bruit des objets qui valdinguaient au-dessus de sa tête. Le vieil homme avait laissé tomber son petit déjeuner, ou alors l'avait envoyé valser. Ce fut cette dernière option qui s'avéra la bonne : peu après, elle entendit Warwick passer au galop devant sa porte en jurant dans sa barbe.

Quelques instants plus tard, le souvenir des évènements de la nuit afflua. Avec le jour, la frayeur qu'elle avait ressentie devant les bruits semblait ridicule, et même amusante. Oui, c'était sûrement Fabian. Ce ne pouvait pas être une coïncidence : ils avaient découvert le vieil escalier quelques heures plus tôt, et ils venaient de se disputer. Fabian avait voulu se venger, voilà tout. D'accord ! Il voulait jouer à ça ? Il trouverait à qui parler !

Elle se leva et s'habilla en réfléchissant à ce qu'elle allait mettre. Son T-shirt rouge était à la lessive et les perles du foulard de soie qu'elle avait acheté à Tickey End lui irritaient la nuque. Elle l'avait utilisé pour envelopper la boîte à chaussures cachée sous le parquet, contenant la liste des repoussoirs à féeriques, la boussole et le journal intime qui lui restait. Elle n'avait plus qu'à essayer l'une des autres méthodes de protection anti-féeriques qu'elle avait trouvées dans le fameux livre de la bibliothèque : elle mit ses chaussettes à l'envers en se disant que, de toute façon, personne ne les verrait sous ses baskets.

En bas, elle trouva sa grand-mère assise à la table du petit déjeuner, en face de Warwick qui ronchonnait en disant qu'on mangeait trop dans cette maison et qu'il serait encore de corvée de courses. Une énorme casserole de porridge fumait sur la cuisinière. Au moment où Tanya passait devant sans la regarder pour contrarier sa grand-mère, la fée du foyer jaillit de dessous la casserole et courut se cacher derrière le grille-pain.

– Bonjour, dit Florence.

– Tu parles d'un bon jour ! répliqua Tanya. En général, mon jour commence au moins une heure plus tard. Normalement, je devrais encore être au lit.

Warwick leva la tête. Il semblait ne pas avoir remarqué sa présence jusque-là.

– Qu'est-ce que tu fais debout, alors ? demanda-t-il.

– On m'a empêchée de dormir !

Florence, qui s'apprêtait à porter sa tasse de thé à sa bouche, proposa alors :

– Nous pourrions peut-être te mettre dans une autre chambre, si Amos te dérange. Je suis sûre que Warwick ne verrait pas d'inconvénient à te préparer une chambre de l'autre côté du palier.

– C'est bon, marmonna Tanya, je m'en voudrais de vous causer de nouveaux *problèmes*.

Elle insista sur le dernier mot en fixant sa grand-mère directement dans les yeux. Elle eut la satisfaction de voir la tasse à thé trembler un peu dans sa main.

– Ce n'est pas un problème, affirma Florence doucement sans la regarder.

« Quelle menteuse ! » pensa Tanya. Mais elle se garda bien de formuler cette pensée à voix haute.

Elle prit une tranche de pain grillé qui était en train de refroidir dans le porte-toast et entreprit de la recouvrir de pâte à tartiner.

– Il y a du porridge chaud. Il vient d'être fait, proposa Florence.

– Je n'aime pas le porridge.

– Bizarre, dit Warwick, toujours aussi bourru, je me souviens que, l'année dernière, tu en mangeais des kilos !

– Justement, c'est peut-être pour ça que je ne peux plus voir le porridge, maintenant.

Il y eut un silence de quelques secondes, finalement rompu par Florence :

– Donc, tu as envie de changer de chambre ?

Tanya mâcha à grand bruit et prit son temps pour répondre. Elle commençait à apprécier la situation. Si sa grand-mère et Warwick l'avaient considérée comme une peste jusqu'alors, ils pouvaient se préparer… Elle allait leur montrer ce qu'était une *vraie* peste. Elle allait les faire tourner en bourrique. Et, avec un peu de chance, on la renverrait à Londres… et alors… au tour de sa mère de la supporter. Elle retint un sourire méchant à cette idée.

– Non, non, pas la peine, répondit-elle enfin.

Elle avala sa bouchée de pain grillé et en prit une autre. Bien sûr, elle aurait adoré voir Warwick nettoyer l'une des vieilles chambres poussiéreuses, mais mieux valait ne pas prendre le risque d'être encore plus mal logée. Du coin de l'œil, elle vit le soulagement visible de l'intendant et lutta contre le rire qui montait.

Elle prit un deuxième toast et se dirigea vers la porte de la cuisine, s'attendant à être rappelée à l'ordre par sa grand-mère. Mais non. Personne ne prononça un mot.

Plus tard dans l'après-midi, Tanya, par la fenêtre de la cuisine, vit soudain remuer quelque chose au loin. Elle se dépêcha de sortir par la porte donnant sur le jardin pour découvrir ce qui avait bien pu bouger là-bas, derrière la jungle des buissons et des broussailles.

Elle trouva Brunswick, le gobelin, installé sur la rocaille. Il était seul. Elle le rejoignit sans se presser et s'assit auprès de lui. Il était recroquevillé, la tête enfouie dans les mains, les yeux rivés au sol, visiblement malheureux comme une pierre. Il suffisait de regarder son visage pour comprendre qu'il avait de nouveau été battu, et encore plus sauvagement que la dernière fois. Son œil droit enflé, violet, était complètement fermé. Le lobe de l'une de ses oreilles semblait avoir été arraché à coups de dents. Tanya vit rouler une larme sur son nez boursouflé.

Elle sortit son carnet de notes, dans lequel elle avait écrit quelques questions à poser aux gobelins si d'aventure elle les rencontrait.

Une nouvelle grosse larme glissa le long de la joue de Brunswick. Il marmonna quelques mots qu'elle ne saisit pas, et c'est alors qu'elle remarqua qu'il lui manquait des dents. Elle voulut lui demander de répéter, mais il plongea à ses pieds et ramassa quelque chose par terre.

Elle eut le temps de voir une chenille se tortiller frénétiquement entre le pouce et l'index du gobelin, avant de disparaître dans sa bouche. Il mastiqua avec un léger bruit de succion, puis déglutit bruyamment et toussa. En proie à un mélange de pitié et de dégoût, elle le regarda sortir des poils de chenille coincés entre les dents qui lui restaient, barbouillées de vert.

– Attends un instant, dit Tanya, et ne bouge pas. Je vais voir si je trouve à manger.

Elle retourna au pas de course à la cuisine, ouvrit les placards et le réfrigérateur dans l'espoir d'y dénicher de la nourriture dont l'absence passerait inaperçue. Sa grand-mère avait raison : il ne restait plus grand-chose. Elle dut se contenter d'un peu de pain, de fromage et d'une grappe de raisin.

Au moment de refermer la porte du réfrigérateur, elle entendit un clapotis et se retourna. Elle eut le temps de voir brièvement la fée du foyer disparaître derrière l'une des bottes de Warwick. Curieuse, elle s'approcha pour voir d'où venait la petite créature et aperçut un bol posé sur le sol de terre cuite. Il contenait du lait où flottaient des poils roux et une araignée à moitié dévorée. La surface était encore animée et quelques gouttes révélatrices menant à la botte de Warwick désignaient la coupable.

Attendrie par la petite fée qui bravait le courroux de Spitfire pour quelques gouttes de lait – Oberon lui-même se tenait prudemment éloigné de la pitance du chat –, Tanya prit une soucoupe et versa un peu de lait frais dedans, avant de la poser près du seau à charbon, sa cachette préférée. Puis elle se dépêcha de sortir.

Brunswick se jeta sur la nourriture, hésitant entre le rire et les larmes. Tanya le regarda engloutir son festin jusqu'à la dernière miette. Puis il s'assit et émit un rot de satisfaction. C'était à coup sûr son repas le plus copieux depuis plusieurs jours. Elle patienta un peu, se demandant s'il répondrait à ses questions.

Le gobelin la regarda, dans l'expectative.

– Brunswick, permets-moi de te le demander : pourquoi, sous ces arbres, suis-je en danger ? interrogea-t-elle en désignant la forêt.

Brunswick remua les pieds avec embarras. Puis il se décida.

– À regret, je ne peux dire mieux, protège-toi et évite ces lieux, répondit-il avant de sauter à bas de sa pierre et de se diriger vers les buissons.

– Pourquoi donc pars-tu si vite ? Tu ne peux me laisser ainsi déconfite !

Brunswick tourna vers Tanya des yeux pleins de larmes :

– Brunswick t'est fort reconnaissant de ta bonté ! Mais il ne peut, hélas, rien ajouter !

Sur ce, il sauta dans les buissons.

Tanya s'élança à sa poursuite sans se soucier des orties, en criant :

– Je t'en prie, reste là ! Brunswick, ne te sauve pas !

Mais, déjà, le gobelin avait disparu.

En grimaçant de douleur, Tanya inspecta les petites cloques rouges qui lui brûlaient les chevilles. Elle retourna vers la rocaille, déçue, et aperçut une dent cassée qui gisait au milieu de quelques miettes de pain. Cette dent ne pouvait avoir appartenu qu'à Brunswick. Elle la ramassa et la mit dans sa poche en prenant le chemin du retour. C'était très bien d'être mise en garde par ce gobelin, mais comment allait-elle pouvoir se protéger, si elle ne savait pas de quoi ?

– Tu parlais à qui ?

– Quand ?

– Tu parlais à quelqu'un, tout à l'heure, près de la rocaille !

Comme d'habitude, Fabian rôdait autour d'elle, et il avait surgi par surprise. On était en fin d'après-midi, et Tanya était en train de promener Oberon près du ruisseau. Cette fois, elle avait pris la laisse et la secouait de temps à autre comme pour lui signifier qu'il n'avait plus intérêt à se sauver. Elle n'avait nulle envie de se perdre à nouveau dans les bois, et encore moins de recourir à l'aide de Warwick.

– Non, je ne parlais à personne, mentit-elle.

Elle jeta un coup d'œil sur l'éternel carnet marron que transportait Fabian et y aperçut un croquis inachevé.

Le jeune garçon capta son regard et referma son carnet d'un geste brusque.

– Si ! Je t'ai vue, insista-t-il.

Tanya haussa les épaules, contrariée par son attitude, par les mystères qu'il faisait à propos de son carnet ridicule, et parce qu'il passait son temps à observer ses faits et gestes.

– Sans doute que je me parlais à moi-même, répondit-elle.

Fabian leva les sourcils et la considéra avec pitié, comme si elle était un animal malade qu'il valait mieux abattre.

– D'accord, fit-il.

Il tourna les talons, son carnet à la main.

– Oui, ça vaut mieux que de te parler à toi ! cria Tanya. Et, au fait, si tu as absolument besoin d'aller zoner dans l'escalier de service au milieu de la nuit, aie au moins la politesse de ne pas faire de bruit. Je suis déjà réveillée tous les matins par Amos, ça me suffit largement !

Puis, imaginant avec jubilation la tête dépitée de Fabian recevant cette flèche, elle se mit à courir derrière Oberon qui tirait sur sa laisse.

Mais Fabian fit semblant de ne pas comprendre :

– J'aimerais bien savoir de quoi tu parles !

Tanya s'arrêta et fit volte-face.

– Tu sais parfaitement ce que je veux dire, répliqua-t-elle. Tu t'amuses à ramper en pleine nuit comme un serpent en faisant des bruits bizarres devant ma chambre, dans l'escalier de service ! Il te faudra un peu plus d'imagination pour me faire peur !

Avec un signe de dénégation, Fabian rétorqua :

– Je ne sais pas ce que tu as entendu, mais je n'y suis pour rien.

Il s'éloigna et elle le suivit des yeux, pensive. Il avait l'air sincère, mais elle n'avait pas le choix : elle ne pouvait pas le croire ! Car, si ce n'était pas Fabian, qui d'autre ?

La journée s'étirait, ennuyeuse à mourir. Par pur désœuvrement, Tanya décida de monter faire un tour au second étage. Après avoir fouiné un peu dans deux chambres vides, elle finit par trouver quelque chose d'intéressant : une boîte remplie de photos dans un tiroir plein de vieilleries.

Elle emporta la lourde boîte dans sa chambre, puis vida son contenu en vrac par terre.

Elle prit une poignée de photos et les passa en revue. Il y en avait beaucoup d'elle et de sa mère à des âges différents. Elle sourit en se voyant, toute petite et potelée, la figure barbouillée de glace au chocolat, puis, quelques années plus tard, en train de faire coucou à l'appareil, au volant d'une petite voiture dans un manège.

Il y avait plusieurs portraits de ses parents le jour de leur mariage. Tanya les mit toutes du même côté.

En tombant sur des photos de Fabian et de Warwick, elle fit la grimace et les remit aussitôt dans la boîte. Elle commença alors à constituer des tas selon les sujets et remarqua bientôt que l'un d'eux grossissait plus vite que les autres : c'étaient les photos qu'on avait prises d'elle-même. Pour la première fois, elle se fit la réflexion que pas une n'était exposée en évidence au manoir, chez sa propre grand-mère. Aucune photo encadrée, accrochée au mur dans le salon, à côté de celle de Fabian ou de sa mère. Elles étaient toutes là, dans une boîte cachée au fond d'un vieux tiroir qui sentait le renfermé.

Au bout d'une heure, elle n'avait toujours pas terminé son tri. Au milieu du tapis jonché de photos, elle contempla avec une attention spéciale celles de son grand-père, mort avant sa naissance. C'était un personnage à l'air heureux, gai, à l'œil brillant. Une fois de plus, elle regretta de ne pas l'avoir connu.

Avec un soupir, elle prit la photo suivante, cornée et sans grand intérêt… sauf qu'on y voyait Florence, guère plus âgée qu'elle-même. Tanya la regarda attentivement et fronça les sourcils. Sa grand-mère n'était pas seule. C'était une photo sépia de deux adolescentes, debout côte à côte devant la porte du jardin de derrière. Une Florence jeune souriait à l'appareil, heureuse et détendue. À côté d'elle se tenait une fille d'une beauté saisissante, à peu près du même âge, une fille aux longs cheveux bruns. Tanya regarda ses yeux foncés et la reconnut immédiatement. Elle retourna la photo. Il y avait une inscription au dos.

Florence et Morwenna à quatorze ans.

Tanya sentit les battements de son cœur s'accélérer et le souffle lui manquer. Impossible de se tromper. La fille de la photo était celle qu'elle avait vue, avec Fabian, dans le Bois du Bourreau, le jour où ils s'étaient perdus. Mais c'était incompréhensible.

La fille de la forêt était Morwenna Bloom… l'amie d'enfance de sa grand-mère, disparue depuis plus de cinquante ans.

Tanya se précipita vers la porte, glissant sur les piles de photos éparpillées par terre.

Elle dévala les escaliers et s'élança dans le jardin. L'air du soir était chaud et doux, mais elle n'en claquait pas moins des dents.

– Fabian ! Tu es là ? appela-t-elle.

Quelques secondes s'écoulèrent. Puis elle entendit un léger bruissement venant du chêne.

– Fabian ! répéta-t-elle, plus fort cette fois. Il faut que je te parle !

– Alors, comme ça, tu as envie de me parler maintenant ? persifla Fabian, dont la tête apparut au milieu des branches. Je croyais que tu préférais parler toute seule !

– Fabian, il n'y a pas de quoi rire ! C'est très sérieux !

Au son de sa voix, le jeune garçon comprit qu'elle ne plaisantait pas. Il descendit de son arbre sans se presser, pendant que Tanya l'attendait en tremblant de tous ses membres.

– Qu'est-ce qui se passe ? s'enquit-il.

Sans mot dire, elle lui tendit la photo.

– Et alors ? fit-il. C'est Florence... sauf qu'elle a moins de rides.

– Non, pas elle... L'autre !

Fabian pâlit.

– La fille... la fille... dans la forêt... mais on lui a *parlé*... ! balbutia-t-il.

– Ce n'est pas tout ! dit Tanya en reprenant la photo et en la retournant. Regarde le nom qui est écrit. C'est elle ! La fille qui a disparu !

– Non..., souffla Fabian. Ça s'est passé il y a *cinquante* ans ! C'est impossible ! Il doit y avoir une explication logique.

Ils baissèrent le nez sur la photo et la regardèrent, hypnotisés. Tanya savait avec certitude que la fille photographiée à côté de sa grand-mère était celle qu'ils avaient vue dans la forêt, et l'expression de Fabian lui révélait qu'il en était aussi convaincu qu'elle.

Enfin, elle leva les yeux sur son ami, qui croisa son regard et lui dit avec embarras :

– Il faut... il y a... j'ai quelque chose à te dire.

– Quoi ? demanda-t-elle d'une voix faible.

Au même moment, la voix de Warwick résonna dans le couloir :

– Fabian !

– Pas ici, dit ce dernier à Tanya. On se retrouve sur le palier du second dans une demi-heure.

10

Les trente minutes suivantes lui parurent interminables.

Après que Fabian l'eut quittée pour rejoindre son père, Tanya glissa la photo dans sa poche et gravit l'escalier dans un état second, proche de la transe. Elle se sentait comme prise au piège dans un rêve dont elle ne pouvait se réveiller. Sauf que ce n'était pas un rêve. C'était réel, et elle était terrorisée.

Son esprit travaillait à toute vitesse. Qui était Morwenna Bloom ? Que lui était-il arrivé vraiment ce soir-là, dans la forêt ? Et Fabian ? Que savait-il d'autre à propos de sa disparition ?

Pendant qu'elle montait l'escalier à pas de loup, elle entendit sa grand-mère tousser dans le salon où elle regardait la télévision. Arrivée dans sa chambre, elle s'assit et attendit silencieusement que le temps s'écoule, mais il passait avec une lenteur d'escargot. Au bout de vingt minutes, le parquet, devant sa porte, craqua comme si on y marchait. Tanya s'approcha de la porte et tendit l'oreille. Elle n'entendit rien. Ni bruits de pas ni voix.

Elle ouvrit imperceptiblement la porte et jeta un coup d'œil dans le couloir vide.

– Fabian ? murmura-t-elle.

Il n'y eut pas de réponse. Elle se glissa hors de sa chambre et décida de monter au second. Fabian allait sûrement arriver d'une minute à l'autre.

Le silence régnait au deuxième étage, mais elle n'en était pas moins nerveuse. Elle se dirigea vers le renfoncement sombre recouvert de la tapisserie qui cachait l'escalier de service et s'assit.

Quelques secondes plus tard, une porte s'ouvrit brutalement à l'autre bout du couloir. Des pas lents, irréguliers, s'avançaient dans sa direction. Elle supposa que c'était Amos ; la respiration laborieuse qui devenait de plus en plus audible lui donna raison. Cachée dans l'angle, elle vit la longue ombre du vieil homme s'étendre, puis sa silhouette voûtée passer devant elle.

Elle n'était pas préparée à cette apparition. Depuis la dernière fois qu'elle l'avait vu, il paraissait avoir pris plus de dix ans. Il avait la figure ratatinée, les joues creusées, le corps rabougri... Il portait une barbe grise de plusieurs jours, et ses cheveux blancs en broussaille n'avaient pas dû voir un peigne depuis longtemps. Il se déplaçait avec difficulté en regardant fixement devant lui. De vrais yeux de malade mental. Il ne la vit pas. Elle se cachait dans l'ombre, immobile, en retenant son souffle sans s'en apercevoir. À peine entré dans la salle de bains, il claqua violemment la porte pour la refermer. Elle se demanda comment quelqu'un d'aussi frêle pouvait avoir en lui autant d'agressivité.

– Tanya ! Par ici !

C'était la voix de Fabian.

Tanya quitta sa chaise avec précaution, osant à peine bouger.

– Tu es où ? demanda-t-elle.

– Là-haut, vite !

Sa voix venait d'un corridor sinistre situé juste derrière la salle de bains. Tanya passa devant la pièce en toute hâte, sur la pointe des pieds, sachant qu'Amos pouvait ouvrir la porte à tout moment. Elle retrouva Fabian qui l'attendait en piaffant derrière une porte adjacente.

– Entre ! dit-il en l'ouvrant plus grand pour lui permettre de passer.

Il la referma au moment où la chasse d'eau se déclenchait dans la salle de bains.

– Qu'est-ce que tu fais dans le noir ? lui demanda Tanya en clignant nerveusement des yeux.

– Chut ! lui recommanda Fabian pour toute réponse.

Ils entendirent le parquet craquer sous les pas d'Amos qui regagnait sa chambre.

Quand ses yeux se furent accoutumés à l'obscurité, Tanya embrassa la pièce du regard. Cette chambre n'avait pas été utilisée depuis longtemps. Il n'y avait ni tapis ni rideaux, et l'ampoule du plafond était nue. Les seuls meubles étaient un lit délabré et une vieille armoire de guingois.

– Il faut vraiment qu'on reste dans le noir ? répéta Tanya, qui tremblait toujours légèrement et avait l'impression de ne jamais pouvoir se réchauffer.

– Théoriquement, on n'a rien à faire là-haut, répondit Fabian, et, si j'allume la lumière, ça se verra sous la porte ou par la fenêtre...

Il s'assit par terre en lui faisant signe de l'imiter.

– Qu'est-ce qui se passe ? s'enquit Tanya.

Fabian ferma les yeux. Puis il lui demanda :

– La coupure de journal que tu as trouvée... qu'est-ce qu'il y avait écrit dessus, exactement ?

– Je te l'ai déjà dit.

– Redis-le-moi.

– Qu'une fille de quatorze ans appelée Morwenna Bloom avait disparu dans le Bois du Bourreau et qu'on croyait qu'elle était tombée dans les catacombes. Ah oui... et que c'était la fille d'un pasteur.

– C'est tout ? On ne parlait pas d'un garçon… un garçon qui l'aurait vue ?

Tanya réfléchit un instant. Puis :

– Si. Ça me revient. On parlait d'un garçon de la région. On disait qu'il était la dernière personne à l'avoir vue et qu'elle se trouvait près des catacombes. Et on disait aussi qu'il avait été entendu par la police mais qu'il avait été relâché car aucune charge ne pesait contre lui.

Elle se tut et observa Fabian à la lueur tamisée de la lune dont les rayons filtraient par la fenêtre. Il avait l'air très perturbé.

– Qu'est-ce que ça signifie, Fabian, tout ça ? Tu sais qui c'était ?

Fabian baissa la tête et fit un imperceptible geste de confirmation.

– Oui. Mais je préférerais te dire que non. C'est… c'était mon grand-père. C'était Amos.

Un silence effrayant s'installa. Dehors, une chouette ulula. En bas, une porte se ferma avec fracas dans le couloir. Aussitôt après, on entendit aboyer la voix de Warwick :

– Fabian !

Tanya regarda son ami, affolée. Il mit un doigt sur ses lèvres. Ses yeux luisirent dans la semi-obscurité.

– Fabian ! répéta la voix de Warwick.

Des bruits de pas résonnèrent dans l'escalier du premier. Une porte claqua. Puis une autre.

– Qu'est-ce qu'il veut ? chuchota Tanya. Il t'a vu il y a quelques minutes à peine !

– T'inquiète ! Il ne va pas monter.

Le craquement de l'escalier du second le contredit. Des clés cliquetèrent et de nouvelles portes furent ouvertes, puis refermées brutalement. La voix de Warwick se rapprocha… de plus en plus fâchée.

– FABIAN !

Amos, dérangé par le bruit, se mit à pousser des cris perçants dans sa chambre.

– On se met sous le lit ! décréta Fabian.

Sitôt dit, sitôt fait. Ils se faufilèrent avec peine sous le lit et s'y recroquevillèrent. Le plancher, dans cet espace étroit, était recouvert d'une épaisse couche de poussière et, au grand effroi de Tanya, une énorme araignée noire était tapie dans sa toile juste devant son nez.

– Je ne veux pas rester ici ! gémit-elle.

– On n'a pas le choix, répliqua Fabian d'un ton ferme.

– Mais…

– *Chut !*

Tanya se mordit la lèvre et s'efforça de détourner le regard. Sa tête toucha un ressort cassé qui se prit dans ses cheveux, et, au-dessus, le matelas sentait le moisi. Il sentait le pipi aussi… pipi d'animal ou d'humain, impossible de le dire. Elle sentit Fabian se raidir en entendant Warwick entrer dans la pièce voisine et ressortir au bout de quelques secondes. Les bruits de pas se rapprochèrent, ralentirent, puis s'arrêtèrent devant leur porte. Tanya retint son souffle. La porte s'ouvrit brutalement et la lumière du couloir entra à flots.

Warwick pénétra dans la chambre en respirant bruyamment et s'approcha si près de leur cachette que Tanya distingua les mottes de terre collées à ses bottes. Il actionna l'interrupteur. Par bonheur, il ne fonctionnait pas. L'intendant poussa un juron et s'approcha encore plus près. Tanya sut alors ce que voulait dire « être paralysé de peur ». Elle n'avait plus aucune sensation. La seule chose qu'elle sentait, c'était son cœur qui battait à tout rompre dans sa cage thoracique, si fort qu'elle croyait l'entendre. Pendant une fraction de seconde, elle eut même le sentiment ridicule que Warwick pouvait l'entendre aussi. Elle s'attendit à le voir s'agenouiller et les découvrir. Mais, par bonheur, il se détourna brusquement et partit en claquant la porte derrière lui.

Tanya lâcha le souffle qu'elle avait retenu et sentit Fabian se détendre à côté d'elle. Ils écoutèrent Warwick parcourir l'étage de pièce en pièce et les vérifier l'une après l'autre. Enfin, il redescendit et le bruit de ses pas s'éloigna. Il ne subsista plus que le vacarme d'Amos qui tempêtait dans sa chambre.

Tanya s'extirpa de la cachette, très contente : Warwick était momentanément hors d'état de nuire. Mais son malheureux fils, loin de partager son soulagement, passa une main nerveuse dans ses cheveux couleur de paille en faisant remarquer :

– On n'a pas beaucoup de temps. Il va continuer à chercher jusqu'à ce qu'il me trouve.

– Alors dépêche-toi de me raconter tout ce que ça signifie, répondit Tanya, en recommençant à claquer des dents.

– OK, OK ! Voilà..., commença Fabian avec embarras. Le... le soir où Morwenna a disparu, les gens ne se sont pas étonnés de ne pas la voir rentrer à la même heure que d'habitude. Comme elle avait toujours vécu dans cette région, elle connaissait bien la forêt et ne risquait pas de s'y perdre. En tout cas, c'est ce que tout le monde a pensé. C'est seulement quand la nuit est tombée que ses parents ont commencé à s'inquiéter, parce que Morwenna avait peur du noir et qu'elle ne restait jamais dehors la nuit.

Quand ils ont vu qu'elle n'était pas chez Florence, là, ils ont paniqué. Ils ont appelé des amis et des voisins et ils sont tous partis à sa recherche dans la forêt. Ils se disaient qu'elle s'était peut-être blessée et qu'elle ne pouvait plus rentrer toute seule.

Après des heures et des heures de recherches, ils ont abandonné. Le lendemain, des sauveteurs sont descendus dans les catacombes, mais ils n'ont rien trouvé. Ensuite, quelqu'un est allé témoigner à la police. Un fidèle du pasteur avait vu Morwenna entrer dans la forêt le soir de sa disparition avec un garçon un peu plus âgé qu'elle.

Fabian s'interrompit, puis reprit, la voix un peu nouée :

– Amos correspondait exactement à la description. Il portait les mêmes vêtements quand les policiers sont allés le chercher.

Il se tut à nouveau et baissa les yeux sur ses mains. Tanya suivit son regard et remarqua pour la première fois qu'il se rongeait les ongles.

– Ils l'ont interrogé, reprit-il. Ils lui ont demandé pourquoi il ne s'était pas présenté. Il leur a dit qu'il avait eu peur de ce que penseraient les gens, de ce qu'ils diraient. Qu'il avait traversé la forêt et qu'il l'avait vue, mais que c'était tout. Il n'en savait pas plus que les autres. À la fin, ils ont dû le relâcher, parce qu'ils n'avaient aucun élément prouvant qu'il avait un rapport quelconque avec la disparition.

Et pour Morwenna, eh bien... tu connais la suite. C'est comme si elle avait tout simplement disparu de la surface de la Terre. Ses parents ont déménagé quelques années plus tard, quand ils ont compris qu'elle ne reviendrait plus. Et Amos... cette histoire a détruit sa vie. Les gens se sont mis à l'éviter.

– Mais pourquoi ? s'enquit Tanya. Tu dis qu'on n'avait aucune preuve contre lui.

– Ce n'est pas ça qui empêche les gens de parler. Il y a eu des rumeurs, on insinuait qu'il était certainement impliqué d'une façon ou d'une autre... qu'il l'avait poussée... ou tuée, et qu'il avait ensuite jeté son corps dans les catacombes.

– Mais pourquoi ? répéta Tanya. Il aurait pu avoir un mobile ?

– Tout le monde savait qu'Amos... qu'elle lui plaisait. Il paraît qu'ils sont sortis ensemble pendant quelques semaines. Mais Morwenna avait rompu... et ça lui avait brisé le cœur.

Fabian se tut un instant, puis poursuivit, en baissant la tête d'un air malheureux :

– Les gens disaient qu'il était en colère, qu'il était déçu, qu'il l'avait peut-être suivie, qu'il avait essayé de la faire changer d'avis. Qu'ils s'étaient peut-être disputés. Ou que peut-être il avait voulu... qu'il avait essayé... ah, je ne sais pas. Non, non, je ne sais pas.

Il savait parfaitement, et Tanya aussi. Mais ni l'un ni l'autre n'avait envie de prononcer les mots.

– À Tickey End, une accusation, c'est carrément comme une preuve... parce qu'une accusation, ça reste. Les gens continuent à vous regarder en se demandant si, des fois, vous ne l'auriez pas *vraiment* fait.

– Il aurait dû partir, dit Tanya. Il aurait très bien pu recommencer sa vie ailleurs.

– Je ne vois pas pourquoi il serait parti ! Il n'avait aucune raison, s'il n'avait rien fait de mal. Sans compter que ça n'aurait servi qu'à renforcer les rumeurs. Il n'avait pas envie de s'enfuir comme un coupable ! plaida Fabian en la regardant avec des yeux qui la suppliaient de comprendre. Tu imagines ce qu'il a pu ressentir ? Tu imagines ce que Warwick a vécu ? Il a grandi en étant considéré comme le fils d'un assassin. J'ai bien vu comment les gens le regardent à Tickey End. Toute sa vie, il a été obligé de supporter les regards... et les commentaires. Encore aujourd'hui, les gens continuent à en parler.

C'était terrible. Tanya ressentit soudain une petite pointe de pitié pour Warwick. Voilà pourquoi il était si brusque, si désagréable ! C'étaient les gens qui l'avaient rendu ainsi. Et maintenant elle comprenait aussi pourquoi Fabian n'avait jamais amené de copains au manoir : les autres enfants n'avaient pas envie d'être vus avec lui ou avec sa famille.

– Amos n'a jamais trouvé d'autre boulot après, reprit Fabian. Personne ne voulait l'embaucher. C'est pour ça qu'il est resté à Elvesden Manor pendant toutes ces années. Quand il a fini par se marier, c'est avec une Danoise appelée Elsa qui ne parlait pas bien l'anglais. Elle l'a quitté juste après la naissance de Warwick. Dès qu'elle a appris les rumeurs, elle est partie en le laissant élever mon père tout seul. Et maintenant il vieillit et devient un peu plus fou tous les jours.

Tanya sentit sa gorge se serrer brusquement.

– Le pire, poursuivit Fabian, c'est que j'ai toujours été convaincu de son innocence. Mais maintenant... je ne sais plus ce que je dois croire.

Tanya le dévisagea, horrifiée :

– Non, pas possible ? Tu crois... tu crois qu'il l'a fait ? Qu'il l'a tuée ?

– J'en sais rien. Depuis que j'ai vu cette photo, il y a toutes sortes de choses qui me turlupinent.

– Quelles choses ?

Fabian se mordit les lèvres, puis répondit :

– Des choses horribles. Tu... tu crois aux... aux fantômes, toi ?

– Tu penses que la fille de la forêt était un fantôme ?

– Tout ce que je sais, c'est que la fille de la forêt était la même que celle de la photo... Et ça, c'est impossible. Parce que, si Morwenna Bloom était vivante, elle aurait soixante-cinq ans maintenant.

– Peut-être que c'était juste une fille qui lui ressemblait, suggéra Tanya, refusant d'accepter l'explication de Fabian.

Même très inquiet, Fabian réussit à lui décocher ce regard dédaigneux qui lui donna l'impression qu'elle avait toujours cinq ans.

– Il aurait fallu qu'elle soit sa *jumelle* pour lui ressembler à ce point ! lança-t-il. Et ça non plus, ce n'est pas possible… Mais bon, on ne va pas discuter. Admettons que c'était un fantôme.

– OK, accepta Tanya de mauvais gré.

– Elle a voulu nous emmener quelque part, réfléchit-il. Peut-être qu'elle essayait de nous montrer quelque chose ?

– Elle nous a dit qu'elle allait nous aider à retrouver Oberon.

– Mais elle n'aurait pas pu, puisqu'il était déjà avec Warwick.

– C'est donc qu'il y avait un autre chien… Elle s'était trompée…

Déjà, Fabian ne l'écoutait plus, continuant son raisonnement :

– Les fantômes s'attardent sur Terre parce qu'ils n'ont pas fini certaines tâches, d'accord ? dit-il. Morwenna Bloom a disparu depuis toutes ces années, et on ne sait toujours pas ce qui lui est arrivé… Et si elle était vraiment morte dans cette forêt ? Et si la fille qu'on a vue était le fantôme de Morwenna ? Et si elle essayait de nous dire ce qui s'était passé… ou de nous emmener jusqu'à ses… ses restes ?

– Elle n'avait pas l'air d'un fantôme, objecta Tanya. Elle avait l'air aussi réelle que toi et moi. Et d'ailleurs pourquoi maintenant ? Pourquoi *nous* ?

– J'ai réfléchi à ça aussi, répondit Fabian d'une petite voix. Si ça se trouve, elle se montre simplement parce que… je suis le petit-fils d'Amos. Peut-être que les rumeurs sont vraies. Peut-être qu'elle essayait de nous dire qu'il l'avait tuée. Peut-être qu'elle ne peut pas partir tant que justice n'est pas faite.

Tanya ne dit rien. C'était terrible, mais ce que disait Fabian se tenait. De plus, elle ne trouvait aucune autre explication. Un frisson lui parcourut l'échine.

– Qu'est-ce qu'on va faire ? demanda-t-elle.

Fabian serra les dents.

– On va retourner dans la forêt ! décida-t-il. Si elle nous a trouvés une fois, elle nous retrouvera.

Tanya pâlit.

– Non ! protesta-t-elle. On aura des problèmes si on se fait attraper ! Tu as vu comme ton père était en colère !

– On ne se fera pas attraper, parce qu'on va tout planifier avant, décréta Fabian.

– Écoute, je ne sais pas si…

– Tu as une meilleure idée ?

Tanya fit non de la tête.

– Je ne serai pas tranquille tant que je n'aurai pas trouvé la vérité, déclara Fabian. On va retourner dans la forêt dès qu'on en aura l'occasion. Et, cette fois, on va découvrir ce qui lui est *vraiment* arrivé !

11

Les rayons de lune entraient à flots dans la chambre par les rideaux ouverts, trouant l'obscurité et la peignant d'argent. La nuit était devenue plus chaude au cours des dernières heures et la fenêtre était grande ouverte pour permettre à la brise de rafraîchir la pièce, mais il n'y avait pas un souffle de vent. Le parfum des roses, lourd et doux, montait des jardins et stagnait dans l'atmosphère.

Tanya était couchée sur ses draps, vêtue d'un pyjama léger – mis à l'envers – qui collait désagréablement à la peau. Elle était tout à fait réveillée, mais ce n'était pas à cause de la chaleur. C'était à cause de ce que Fabian lui avait appris au cours de la soirée. De plus, Warwick avait réparé pour la énième fois l'horloge ancienne du palier, qui sonnait à chaque heure comme pour la narguer. La dernière fois, c'était à deux heures, et Tanya se dit que, même si elle parvenait à s'endormir, il ne lui resterait plus que quatre heures environ avant d'être réveillée par Amos.

Ce pauvre Amos, qui passait sa vie à arpenter le plancher de son pas traînant, en marmonnant et en faisant Dieu savait quoi d'autre... Elle avait la chair de poule quand elle pensait à ce malheureux vieillard qui n'avait plus aucun contact avec le monde extérieur depuis des années.

D'horribles pensées commencèrent à s'insinuer dans son esprit. Et si Amos était vraiment impliqué dans la disparition de Morwenna Bloom ? Et si le vieil homme qui vivait à l'étage du dessus était un assassin ?

Puis une autre pensée la frappa. Peut-être qu'elle et Fabian n'avaient pas été les seuls à explorer l'escalier de service récemment. Peut-être qu'Amos avait compris que Tanya était là et que c'était lui qui avait fait une petite balade, l'autre nuit...

Elle eut peur, tout à coup, dans cette chambre qui n'était éclairée que par la lune. « Je me conduis comme un bébé, mais tant pis, je mets la lumière ! » résolut-elle. Mais sa lampe de chevet ne marchait pas. En pestant, elle se leva pour allumer le plafonnier, quitte à laisser passer la lumière sous la porte. Elle actionna l'interrupteur. Toujours rien !

Ce n'était pas la première fois que cela arrivait. Les pannes de courant étaient très fréquentes au manoir, et il fallait parfois attendre des heures avant le retour de l'électricité. Sa grand-mère, prévoyante, préparait toujours des bougies dans les pièces régulièrement utilisées, mais Tanya savait d'avance qu'elle n'en trouverait pas dans cette chambre si peu habitée. Elle n'en avait pas vu quand elle avait rangé ses affaires en arrivant.

Elle ferma les yeux et essaya de réfléchir. Il y avait des bougies en bas, dans la cuisine. Florence en mettait toujours sous l'évier, avec quelques boîtes d'allumettes.

Tanya décida de descendre en chercher, car elle avait l'intention de lire au lit jusqu'à ce que le sommeil vienne. Et elle y resterait le temps qu'il faudrait, que cela plaise ou non à sa grand-mère. Amos pourrait bien faire tout le foin qu'il voudrait, elle ne se lèverait pas tant qu'elle n'en aurait pas envie. Elle dirait simplement qu'elle ne se sentait pas bien. Cela lui permettrait de se reposer et, par la même occasion, de les éviter tous : sa grand-mère, Warwick et Fabian.

Maintenant qu'elle avait un plan, elle y voyait plus clair, au propre et au figuré. Elle put donc localiser ses pantoufles et sortir de la pièce à pas de loup. Dans le silence de la maison endormie, le moindre bruit semblait tonitruant. À chaque pas, à chaque craquement du parquet, elle grimaçait et s'arrêtait.

Oberon, installé sur sa couverture devant la cuisinière, l'accueillit en remuant la queue et se leva. Tanya, un peu réconfortée, se pencha pour lui faire des mamours. Il sentait l'os à moelle et, dans son panier, elle vit quelques morceaux mâchouillés d'une botte appartenant à Warwick. Elle lui donna une caresse supplémentaire en notant mentalement de faire disparaître les preuves de sa culpabilité, puis alla chercher des bougies et des allumettes sous l'évier. Elle dénicha aussi un chandelier de laiton au fond du tiroir, y plaça une bougie et l'alluma. Aussitôt, la cuisine se revêtit d'une lumière dorée. Elle s'apprêtait à remonter, mais s'arrêta dans son mouvement, intriguée. Elle souleva le chandelier pour mieux voir.

Sur le plan de travail, elle distingua quatre morceaux de pain sur la planche à découper. Trois d'entre eux avaient été beurrés. À côté se trouvait le beurrier, un couteau posé sur le bord. En s'approchant, elle aperçut une feuille d'aluminium recouvrant partiellement un reste de viande. Une tomate mûre était posée à côté, prête à être découpée sur la planche. Tanya tâta la feuille d'aluminium. Elle était froide, comme si on venait de la sortir du réfrigérateur.

Elle prit son courage à deux mains et leva le chandelier pour inspecter la cuisine. Sa venue avait dérangé quelqu'un, c'était évident. Et cette personne avait eu le temps de s'éclipser. Mais pourquoi avait-elle éprouvé le besoin de se cacher pour préparer quelque chose d'aussi banal qu'un sandwich ?

– Qui est là ? appela-t-elle à voix basse. Fabian ?

Une silhouette sombre jaillit du renfoncement où se trouvait l'escalier de service condamné et sortit de la cuisine comme une flèche. Sans réfléchir, Tanya, munie de sa bougie qui diffusait des ombres dansantes sur les murs, s'élança à sa poursuite vers le couloir plongé dans le noir total. Soudain, la flamme s'agita dans tous les sens, puis s'éteignit. Stoppée net dans sa course, l'adolescente s'efforça de s'orienter dans l'obscurité. Elle entendit un bruit de pas légers qui s'éloignaient furtivement, puis celui d'une porte qui s'ouvrait non loin de là et se refermait doucement. La bibliothèque. Tanya ralluma la bougie et poussa la porte, osant à peine respirer. À présent, elle savait que l'intrus n'était pas Fabian, et qu'en principe elle aurait dû aller réveiller quelqu'un. Mais elle savait aussi qu'elle n'en avait pas le temps.

D'un pas hésitant, elle pénétra dans la bibliothèque, examina les étagères vidées et la table de travail, près de la fenêtre. La porte se referma derrière elle et il y eut un grattement de griffes accompagné d'un petit gémissement. C'était Oberon, qui l'avait suivie et avait trouvé porte close.

Elle se baissa, regarda sous la table… et sauta en l'air. Un œil jaune, seul de son espèce, la regardait fixement. Spitfire ! Le chat cracha, puis se transforma en une boule de poils roux hérissés. Tanya recula prestement et scruta la pièce. Elle était vide et nue. Il n'y avait pas d'autre cachette possible.

Elle posa le chandelier sur une étagère. Peut-être s'était-elle trompée. L'inconnu avait dû se réfugier ailleurs. C'était le moment d'aller réveiller sa grand-mère et Warwick, mais… et si l'intrus était là, dehors, en train de l'attendre ? Elle resta plantée sur place, ne sachant que faire.

Quelque chose brilla à la lueur vacillante de la bougie. Elle souleva le chandelier. Sur le bord de l'étagère, à hauteur d'yeux, une minuscule trace claire et brillante était incrustée dans le motif compliqué du décor travaillé dans le bois. Tanya mit un moment à reconnaître ce que c'était. Du beurre.

Du bout du doigt, elle suivit les dessins gravés dans le vieux bois sombre. Au milieu d'un décor de lierre, elle sentit plusieurs petits motifs circulaires. C'était dans l'un d'eux que s'était niché le beurre. À l'intérieur du motif, trois petites entailles formaient un triangle. Instinctivement, elle plaça son pouce, son index et son majeur dans les entailles puis, sans réfléchir, tourna son poignet dans le sens des aiguilles d'une montre.

Silencieusement, sans qu'elle ait fait le moindre effort, le motif tourna avec sa main. Après un demi-tour à droite, elle retira ses doigts, puis les replaça de manière à pouvoir le refaire tourner. Après un nouveau demi-tour, le motif résista légèrement avant de se mettre en place avec un déclic. Plusieurs secondes passèrent. Puis, lentement, le dernier élément de la bibliothèque commença à pivoter dans le mur.

Tanya entendit alors son sang affluer dans ses oreilles. Sous ses yeux incrédules, la bibliothèque révéla un étroit interstice dans le mur. L'autre côté était plongé dans un noir d'encre. Elle leva la bougie. Elle savait déjà que ce n'était pas l'escalier de service. Non, c'était un autre escalier, raide, qui descendait en spirale. L'air était froid, humide et sentait le moisi. Elle se pencha un peu, pour voir, et cet escalier lui parut très dangereux.

Tanya fit quelques pas en avant et s'approcha des marches. Fabian avait parfaitement raison. Elvesden Manor recelait des mystères qu'elle n'aurait jamais imaginés. Oui, il y avait des galeries souterraines secrètes... et, d'évidence, l'intrus qui s'était glissé dans la maison les connaissait et les utilisait. Mais pourquoi ?

Trop tard, elle entendit le léger bruit de l'élément qui se remettait en place, commandé par le mécanisme qui le contrôlait. Il y eut un déclic final, et la galerie se retrouva scellée comme une tombe... avec elle à l'intérieur.

Affolée, elle fouilla désespérément les parois à la lueur de la bougie, recherchant un éventuel loquet, ou un levier... mais il n'y avait rien. Elle introduisit ses ongles dans le minuscule espace entre la porte et le mur, pour vérifier si la porte était fermée. Comme elle s'y attendait, elle l'était. Elle était solidement, hermétiquement close. Sans doute cette galerie permettait-elle de sortir de la maison, et d'autres d'y entrer.

Plus moyen de retourner en arrière. Elle était prise au piège avec, pour seule source de lumière et de réconfort, une simple bougie.

Tanya s'apprêta à hurler pour appeler à l'aide. Sa grand-mère, Warwick, n'importe qui... Mais, au moment où elle prenait son souffle, son cerveau lui lança un avertissement. La personne la plus proche, celle qui entendrait ses cris, serait l'intrus. Et cette personne ne savait sans doute pas qu'elle avait été suivie dans la galerie par l'entrée secrète. Tanya se dit que sa seule chance de trouver la sortie était de la suivre de loin.

Elle n'avait pas le choix. Il fallait y aller.

Son cœur battait à tout rompre et elle avait du mal à contrôler sa respiration. En proie à une terreur indescriptible, elle entreprit la descente de l'interminable escalier en colimaçon qui s'enfonçait dans les profondeurs du sous-sol. Au fur et à mesure de sa progression, la température tombait. Uniquement vêtue de son pyjama léger, elle sentait la chair de poule recouvrir sa peau tout entière. La bougie commença à trembler dans sa main.

Enfin, elle arriva au bas de l'escalier et un espace s'ouvrit devant elle, mais une mauvaise surprise l'attendait :

quatre galeries partaient de là, chacune dans une direction différente, et toutes semblaient effrayantes. La roche grise dans laquelle elles étaient creusées apparaissait par endroits sous une épaisse couche de moisissure verte. Tanya distingua alors, posée par terre, une grande pierre plate entourée d'une corde sale qui menait dans l'une des galeries. Sans doute servait-elle à indiquer le chemin dans ce labyrinthe souterrain.

À présent, le plus difficile restait à faire. Sa bougie risquait d'avertir l'intrus de son approche, et, de toute façon, n'allait pas tarder à s'éteindre. Tanya décida donc de se servir de la corde attachée à la pierre. Elle la souleva et la garda entre ses doigts. Rassemblant tout son courage, elle souffla la bougie et commença à avancer dans l'obscurité complète, cramponnée à la corde froide et humide, et suivit le seul chemin possible, dans l'espoir qu'il déboucherait sur la sortie. Fabian avait dit que les galeries menaient à deux endroits, quelque part à Tickey End, dans un pub, et dans la petite église.

« Faites que ce soit la petite église ! » pria-t-elle intérieurement.

Elle marcha pendant de longues minutes, voyant en pensée la galerie rétrécir et l'obscurité s'épaissir. L'odeur de moisi la prenait à la gorge et descendait dans ses bronches. Le silence n'était interrompu que par le bruit de son souffle haletant.

Puis la qualité de l'air changea, il devint plus respirable, plus frais... et plus froid encore. Elle sentit que la galerie avait débouché sur une ouverture, une pièce souterraine... ou peut-être une sortie. Elle essaya fébrilement d'attraper ses allumettes... puis sauta en l'air en entendant un *clic* résonner dans ses oreilles. Une lumière crue l'aveugla et elle leva faiblement la main pour se protéger les yeux.

– Sympa d'être venue nous rejoindre ! prononça une voix, terriblement proche.

La torche s'éteignit et des pas légers s'éloignèrent. Puis lui parvint le son d'une allumette qu'on grattait. Tanya cligna des yeux à plusieurs reprises devant des lumières blanches qui dansaient en laissant entrevoir une caverne souterraine. À présent éclairés par des bougies, les contours d'une silhouette se dessinaient à environ trois mètres d'elle. Éblouie, elle ferma les yeux pour ajuster sa vision, puis les rouvrit au bout de quelques instants. La silhouette bougea légèrement près du mur, mais le visage restait caché dans l'obscurité.

– Qui êtes-vous ? demanda-t-elle.

Elle regarda autour d'elle. À l'autre bout se trouvait un vieux lit sur lequel s'entassaient des couvertures et une maigre pile de vêtements, ainsi qu'un sac foncé dont le contenu avait été à moitié vidé. Une minuscule table de bois et une chaise étaient placées à côté du lit. Sur la table, la flamme d'une unique bougie tremblait, prise dans un courant d'air souterrain.

L'inconnu délaissa sa place près du mur et s'avança vers elle. La lueur de la bougie chassa les ombres et un visage apparut.

C'était une jeune fille, guère plus âgée qu'elle-même. Elle était grande et athlétique, plate de poitrine et d'allure garçonnière. Son expression était indéchiffrable. Malgré le peu de lumière, Tanya distingua une longue chevelure rousse et indisciplinée qui descendait jusqu'à sa taille et flamboyait à la lumière.

La fille fit un nouveau pas dans sa direction, un pas de chat, silencieux et assuré. Elle portait une robe simple, courte, de couleur sombre, ainsi que des chaussures de marche usées, mais solides. Attaché à sa cuisse mince et couverte de taches de rousseur, il y avait un couteau. Tanya rencontra le regard de la fille et eut la certitude qu'en cas de besoin, celle-ci l'utiliserait.

– Qui es-tu ? répéta Tanya. Et qu'est-ce que tu fais dans la maison de ma grand-mère ?

L'inconnue se contenta de la dévisager en dardant sur elle des yeux verts.

– C'est moi qui pose les questions. D'abord, ton nom ?

– Mais tu te prends pour qui ? s'insurgea Tanya. Qu'est-ce que tu t'imagines… ?

D'un bond, l'autre fut sur elle, un rictus aux lèvres, le visage à quelques centimètres du sien, et Tanya se retrouva le dos collé au mur glacial de la caverne. Il ne subsistait plus rien du calme que la fille avait affiché. Son regard était celui d'une folle, d'une sauvage. Son haleine était aigre, fétide, et ses vêtements puaient la sueur. Elle ne s'était pas lavée depuis des jours, c'était clair.

– Tu m'as fait perdre du temps cette nuit, et ça, je ne peux pas me le permettre. Je peux utiliser la manière forte, mais je te déconseille de m'y obliger. Alors je te le demande gentiment pour la dernière fois : ton nom ?

– Tanya.

– Bien. Dis-moi, Tanya, est-ce que quelqu'un d'autre m'a entendue cette nuit ?

Tanya hésita. Quelque chose dans le regard ferme de la fille lui disait qu'elle commettrait une erreur en mentant.

– Non, je ne crois pas.

L'inconnue se détendit et recula d'un pas.

– Tu connais les passages secrets ? interrogea-t-elle. Tu les as déjà utilisés avant ?

Tanya eut un geste négatif de la tête.

– Non… je… j'en avais entendu parler…, dit-elle, mais je ne croyais pas qu'ils existaient vraiment.

– Tu as fait comment, alors, pour trouver celui-là ?

– Je t'ai suivie. Tu as laissé un peu de beurre sur le panneau qui commande le mécanisme. C'est par hasard…

La fille la considéra avec un sourire froid.

– Donc tu m'as suivie et tu t'es retrouvée coincée dans la galerie, déduisit-elle. Un vrai petit détective ! Qui d'autre est au courant, pour les galeries ? Tu viens de dire que c'est la maison de ta grand-mère.

Tanya sentait la tête lui tourner, et la nausée monter. L'haleine de cette fille lui donnait envie de vomir.

– Je ne sais pas, répondit-elle. Ma grand-mère ne m'a jamais parlé de ça. S'il te plaît… tout ce que je veux, c'est sortir d'ici. Dis-moi comment je peux remonter… je ne dirai rien à personne.

Sans prendre la peine de répondre, la fille poursuivit son interrogatoire :

– Ta grand-mère va remarquer que tu n'es pas là. À partir de quand ?

– Quand elle ne me verra pas au petit déjeuner. À huit heures environ.

La rouquine répondit par un juron.

– Tu as besoin de quoi ? demanda Tanya. Si c'est de l'argent, peut-être que je pourrais…

– De l'argent ? répéta la fille d'un ton incrédule. Je ne suis pas ici pour demander de l'argent ! Tu me prends pour une voleuse ?

– Tu as bien pris de la nourriture !

– J'ai pris seulement ce qu'il me fallait. Je n'ai pas le choix.

– Parce que tu te caches ici, hein ?

La fille tressaillit.

– C'est ça, hein ? insista Tanya. Tu utilises cet endroit pour te cacher !

Avec un regard circulaire sur la caverne, elle ajouta d'une voix tremblante :

– Et tu n'es pas seule.

– Quoi ?

Tanya plongea le regard dans les yeux d'émeraude de l'inconnue.

– « Sympa d'être venue nous rejoindre », répéta-t-elle. *Nous* ! Voilà ce que tu as dit quand je t'ai trouvée. Il y a quelqu'un d'autre avec toi.

Elle n'avait pas encore fini sa phrase qu'un cri terrible, un cri à glacer le sang, résonna dans la caverne. Tanya en fut paralysée d'effroi. Le son augmenta encore... un son affreux qu'elle avait déjà entendu.

Quelque chose bougea sur le lit, sous la pile de vêtements. Non. *Dans* les vêtements. Après avoir poussé brutalement Tanya contre le mur, la fille aux cheveux roux se dirigea sans bruit vers le lit et prit le ballot de tissu dans ses bras. Tétanisée, Tanya vit une minuscule menotte sortir du ballot et se tendre vers le visage de la fille, un petit poing s'ouvrir… mais le hurlement ne s'arrêta pas.

– Un bébé ? dit-elle, stupéfaite. Tu te caches ici avec… avec un bébé ?

La fille ne répondit pas. Elle s'assit sur le lit en parlant à voix basse au bébé, qui ne se calma pas pour autant.

– Qu'est-ce qu'il a pour crier comme ça ? demanda Tanya en faisant la grimace, assourdie par le vacarme.

Les sons plaintifs s'étaient à présent transformés en cris perçants qui se faisaient écho dans la caverne et la remplissaient d'effroi.

– Il crie parce qu'il est malade, répondit tout à coup l'inconnue. Il a besoin de médicaments. Et je n'en ai pas.

Tanya sentit la curiosité l'emporter momentanément sur la peur. Abandonnant le mur glacial, elle risqua un pas en avant et se rapprocha doucement du lit.

La fille ne le remarqua pas. S'enhardissant, Tanya s'avança encore.

– S'il est malade, qu'est-ce qu'il fait ici au lieu d'être à l'hôpital ? s'enquit-elle.

– Il était à l'hôpital, marmonna la fille, mais il n'était pas en sécurité.

– C'est le tien ?

La fille ne répondit pas. Tanya progressa encore d'un pas. Le bébé continua à se tordre dans les bras de la fille, en agitant ses petits membres à l'intérieur de son ballot de tissu. Mais on ne voyait rien de lui, en dehors de sa toute petite main.

– Comment ça, il n'était pas en sécurité ? Tu trouves que l'hôpital, c'est un endroit moins sûr que ce... cette espèce de donjon souterrain pas chauffé, pas éclairé, sans air...

– Tu la fermes ! ordonna la fille. Retourne où tu étais !

Tanya recula. Mais elle ne pouvait pas se taire. Il y avait quelque chose d'anormal là-dedans. Il fallait qu'elle sache.

– Quand un bébé est malade, on le laisse à l'hôpital ! Pourquoi...

– Je t'ai dit de la fermer ! Tu la fermes !

Le visage de la fille se plissa, et, l'espace d'une seconde, elle parut sur le point de fondre en larmes. Mais elle se reprit.

Des profondeurs de sa mémoire, Tanya sentit remonter quelque chose... un souvenir qui ne demandait qu'à resurgir... Elle rassembla toute son énergie et, peu à peu, le souvenir commença à se matérialiser, lentement d'abord, puis, sans prévenir, il jaillit, l'atteignant comme un coup de poing.

– Je m'en souviens ! s'exclama-t-elle. Je l'ai entendu à la radio. On a volé un bébé dans un hôpital... C'était toi, hein ! C'est toi qui l'as fait !

Tanya avait prononcé ces derniers mots d'une voix tremblante. La fille lui décocha un regard furibond.

– C'est toi qui as enlevé ce bébé, murmura Tanya, horrifiée. Et maintenant tu le séquestres, alors qu'il est malade et qu'il a besoin d'être soigné…

La nausée qu'elle réprimait depuis le début prit le dessus. Elle se courba en deux, tordue par un spasme, et vomit. La peur continua à la secouer de hoquets même après que son estomac fut vide : elle savait que, pour s'échapper, il lui faudrait être plus maligne que la fille, ou se battre avec elle.

Les minutes passèrent, et la nausée aussi ; mais Tanya resta penchée en avant en faisant semblant de s'étrangler et de cracher pour essayer de gagner du temps. Son cerveau travaillait à toute allure, s'efforçant de trouver des solutions. Du coin de l'œil, elle surveillait la fille. Celle-ci s'était levée et mettait des vêtements dans son sac. L'enfant, épuisé par ses cris, reposait en silence dans ses couvertures. La fille ferma le sac et prit une bouteille d'eau sur la table. Elle la déboucha et alla la tendre à Tanya, qui l'examina avec méfiance.

– Prends-la, dit la fille d'un ton impatient, à moins que tu préfères le goût de ton vomi ?

Tanya s'exécuta et commença par se rincer la bouche. Puis elle but une bonne gorgée d'eau.

– Je sais ce que tu penses, dit brusquement la rouquine.

Tanya reposa la bouteille et la regarda.

– Qu'est-ce que je pense ? demanda-t-elle.

– Tu penses que je suis une délinquante. Et tu essaies sans doute de trouver une solution pour t'échapper. J'ai raison ?

Tanya acquiesça d'un mouvement de tête.

L'inconnue ne dit rien pendant quelque temps. Puis elle reprit :

– Et si je te disais que je ne suis pas une délinquante ? Que j'ai simplement commis de mauvais actes pour essayer de faire quelque chose d'autre, quelque chose de bien ? Tu changerais d'avis ?

– Je ne sais pas. Dis-moi pourquoi tu as volé le bébé. Je pourrais peut-être comprendre.

– Non, je ne crois pas. Tu me prendrais pour une folle, encore plus que maintenant.

Elle dévisagea Tanya longuement, durement. Puis :

– Tu es en train d'essayer de me faire parler pour me distraire et pour pouvoir t'échapper. Je ne t'en veux pas. Je vais faire tout ce que je pourrai pour sortir d'ici avec ce bébé... et personne ne pourra m'en empêcher. Je suis prête à tout.

– Si tu es si convaincue que ce que tu fais est bien, tu pourrais peut-être me dire ce qui se passe ?

– Non, parce que tu ne me croirais pas. Et parce qu'il faut que je parte maintenant. Avant le jour.

– Et moi, qu'est-ce que je deviens là-dedans ?

– Rien de spécial. Quand je serai à bonne distance, j'enverrai un message chez toi pour dire où tu es.

– Tu ne peux pas me laisser ici ! Est-ce que je sais si tu tiendras parole ? Ou si tu ne te feras pas attraper par la police ? Ou… si tu ne te feras pas attaquer… tuer ! Il peut arriver n'importe quoi ! Et personne ne me retrouvera !

– C'est vrai, ça, personne ne te retrouvera. Mais peut-être que ça te servira de leçon et que tu arrêteras de fourrer ton nez dans les affaires des autres. Après tout, tu sais ce qu'on dit : la curiosité est un vilain défaut ! Et, si tu as dans la tête de me suivre ou d'essayer de sortir toute seule de ces galeries, je te le déconseille. Si tu me suis, je t'entendrai et je t'en empêcherai. Et trouver le moyen de sortir d'ici toute seule, n'y pense même pas ! Ces galeries sont un vrai labyrinthe, et elles sont en partie effondrées. Et, parmi celles qui restent, il y en a peu qui mènent quelque part.

Elle se tut et regarda Tanya droit dans les yeux avant de poursuivre :

– Beaucoup sont des leurres qui reviennent au point de départ pour empêcher qu'on soit suivi. C'est comme ça qu'elles ont été conçues quand la propriété a été construite. Assez astucieux, comme système.

Tanya ravala ses larmes en même temps qu'un flot d'insultes.

– Qu'est-ce que tu vas faire avec le bébé ? Tu vas le vendre ? Tu vas demander une rançon ?

– Pas du tout. C'est un enfant abandonné, alors qui paiera la rançon ? Et le vendre, ce serait impossible, parce qu'on en a parlé dans tous les médias.

Tanya sursauta. Le bébé avait soudain recommencé à hurler, avec un son plaintif, affreux, étranglé.

– Tu ne peux rien faire pour qu'il s'arrête ? demanda-t-elle à la fille.

– On sera partis dans une minute.

Le bébé hurla encore plus fort. Cette fois, même la rouquine tressaillit. Elle leva les yeux et s'élança vers le lit avec un petit cri. On voyait la main du bébé entre les plis de la couverture. De petits filets de sang qui grossissaient à vue d'œil coulaient dans sa paume. Il s'était ouvert la main avec ses ongles.

Au contact de la fille, il se calma un peu et les cris diminuèrent. La rouquine l'enveloppa étroitement et le prit au creux de ses bras et accrocha le sac en bandoulière. Elle se dirigea d'un pas vif vers Tanya.

– Il me faudra environ deux heures avant de pouvoir signaler que tu es ici, dit-elle. Je te le répète : fais bien attention, n'essaie pas de me suivre. Si tu te perds, tu mourras.

En jetant une couverture par terre, elle ajouta :

– Tiens, tu auras besoin de ça pour te tenir chaud.

Tanya ne répondit pas. Elle regardait le bébé couché calmement dans les bras de la fille. Ce fut à ce moment que tout bascula. Le moment où elle vit ce qu'était réellement l'enfant.

L'enfant la regardait aussi de ses yeux inexpressifs. Tanya sentit soudain la peur lui soulever le cœur. Les traits du bébé se déformèrent, puis se transformèrent. La pointe de ses oreilles s'allongea et sa peau prit une teinte verdâtre. Ses yeux s'inondèrent de noir, comme baignés d'encre, et luisirent bizarrement. Tout cela ne dura qu'une fraction de seconde, puis la sinistre vision s'effaça. Mais Tanya comprit ce qu'elle avait vu.

Et l'intruse aux cheveux roux aussi.

– Tu as vu, chuchota-t-elle d'une voix rauque.

Tanya, les yeux rivés sur la chose nichée au creux de ses bras, ravala un cri.

– Incroyable, murmura la fille. Tu as *vu* ! Toi aussi, tu les vois !

Il y eut entre elles un échange muet au cours duquel elles se comprirent, et la fille prononça doucement quelques mots :

– Tu as le don de double vue.

Tanya recula et demanda :

– Qui es-tu ?

Il y eut un bref silence. Puis :

– Tu peux m'appeler Red.

Tanya désigna l'enfant-féerique d'un signe de tête :

– Qu'est-ce que tu fais avec ce bébé ?

– Bonne question, répondit Red. Assieds-toi. Je vais te raconter mon histoire. Je suis sûre qu'elle va t'intéresser.

Deuxième partie

12

Red était penchée au-dessus de la table, les yeux fixés sur la bougie, offrant ses mains à la chaleur de la flamme qui faisait danser la lumière et l'ombre sur son visage. Tanya observait en silence le mouvement de ses doigts pâles et effilés qui absorbaient la chaleur, gracieux comme des papillons voletant au soleil. C'étaient des doigts de pianiste. De musicienne ou de peintre. Mais il n'était question ni de musique ni de peinture...

Elle ne faisait pas confiance à cette fille. Pas une seconde !

– Comment as-tu fait pour passer devant Oberon ? demanda-t-elle avec hésitation. Je... je ne comprends pas. Il aurait dû aboyer.

– Le chien ? Facile ! Il a commencé par gronder la première fois que je suis entrée dans la cuisine, mais je l'ai vite calmé en lui donnant un peu de nourriture. Après, on a été les meilleurs amis du monde.

Tanya ouvrit de grands yeux pleins d'effroi.

– Tu n'aurais pas dû... pas dû...

– Quoi ? Le droguer ? L'empoisonner ? termina Red. Non, non, je ne te raconte pas d'histoires. Je l'ai amadoué en lui donnant à manger. C'est tout simple. Et de toute façon j'aime les animaux. Beaucoup plus que les gens, tu peux me croire.

Tanya ne réagit pas.

– Donc, dit Red, c'est la première fois que tu tombes sur quelqu'un qui a le don de double vue comme toi. Ça, au moins, c'est clair.

Tanya osa regarder son interlocutrice en face, sans croire tout à fait que ce qui arrivait était bel et bien réel.

– J'ai toujours pensé... toujours espéré que je n'étais pas la seule, dit-elle. Mais je ne me suis jamais autorisée à le croire ; enfin, pas complètement.

– Il y en a des tas d'autres ! rétorqua Red. Des comme moi. Des comme toi. Qui pensent tous qu'ils sont seuls, qu'ils sont anormaux. Qu'ils sont des monstres. Pour reconnaître les signes, il faut du temps, mais on finit par capter les signaux. Quand quelqu'un possède le même don, on apprend à le voir.

– Mais pourquoi ? s'enquit Tanya en tremblant.

Red la regarda sans comprendre.

– Pourquoi quoi ? demanda-t-elle.

– Pourquoi pouvons-nous les voir ? Qui sommes-nous ? *Que* sommes-nous ?

– Tu sais ce que c'est qu'un changelin ?

Un frisson de terreur parcourut Tanya au souvenir du fameux passage du livre qu'elle avait trouvé à la bibliothèque.

– C'est un enfant qui a été volé par des féeriques, répondit-elle.

Red acquiesça :

– C'est ça. L'enfant humain volé est remplacé par un enfant-féerique qui lui ressemble. En général, les enfants sont trop jeunes pour qu'on puisse remarquer qu'il y a quelque chose d'anormal. Personne à part la mère, éventuellement, n'est capable de s'en apercevoir, et encore. (Red désigna de l'œil le bébé, qui dormait à présent paisiblement.) Les féeriques emportent de préférence les orphelins, ou les bébés abandonnés, comme lui. Quand il a été trouvé, l'échange avait sans doute déjà eu lieu.

Red se leva et se mit à faire les cent pas, en proie à une agitation manifeste.

– Je pense que l'enfant humain a disparu depuis longtemps maintenant, volatilisé dans le royaume des féeriques, poursuivit-elle. Parfois, les féeriques rendent les enfants, parfois non. Tout dépend de la raison pour laquelle ils ont été enlevés. Cela peut être pour remplacer des enfants-féeriques qui sont nés malades, ou laids, ou alors un enfant-féerique en bonne santé est substitué à un enfant humain exceptionnel, un enfant qui sera magnifique plus tard, ou qui possède un don. Et quelquefois ils sont enlevés simplement pour le plaisir de faire du mal.

Ici, la fille rousse cracha par terre pour manifester son mépris. Tanya sursauta.

– Dans tous les cas de figure, poursuivit Red, plus le temps passe après l'échange, moins il y a de chances pour que les enfants retrouvent leur foyer. On sait très tôt s'ils sont capables de s'adapter ou non.

– Qu'est-ce qui se passe quand ils ne s'adaptent pas ?

– En général, les enfants humains sont rendus. La plupart du temps, on les retrouve à l'endroit où ils ont été volés. Mais, pour un enfant-féerique, ce n'est pas aussi simple.

Elle ferma les yeux un long moment, avant de reprendre :

– Là aussi, ça dépend des circonstances. Et surtout du glamour. Du temps pendant lequel il dure. Pour cet enfant-là, je ne pense pas qu'il va durer longtemps.

Elle se tut de nouveau. Puis elle demanda avec une certaine ironie :

– Tu sais ce que c'est, le glamour, ou est-ce que, ça aussi, il faut que je te l'explique ?

– Non… enfin, oui, bafouilla Tanya. Le glamour, je sais ce que c'est.

Red montra l'enfant d'un signe de tête.

– Ce petit être, là, on a l'impression qu'il est humain. Mais toi, tu as vu comme moi ce qui se cache vraiment en dessous. Et les deux raisons pour lesquelles toi et moi, nous avons pu le voir, c'est que nous avons le don de double vue, et que le glamour n'a pas été créé par l'enfant lui-même. Une personne ordinaire ne verrait aucune différence, sauf si le glamour disparaissait. Là, elle verrait exactement ce que nous avons vu. L'enfant serait exposé tel qu'il est réellement, parce qu'il n'a pas la connaissance ou la faculté nécessaires pour se protéger lui-même. Et je ne peux pas laisser faire ça.

– Que… qu'est-ce qui lui arriverait ?

– À ton avis ? Si les gens le voyaient tel qu'il est en réalité, on le mettrait en observation dans un laboratoire pour être analysé, charcuté, soumis à des expériences. Comme toujours… (La voix de Red faiblit.) C'est toujours ce qu'ils font, les humains, dès qu'ils tombent sur quelque chose de différent. Sur quelque chose qu'ils ne comprennent pas. Et une fois qu'ils sont dans les labos… les enfants n'en ressortent jamais. Et personne ne dit rien. Les grands pontes, les grands responsables, tout le monde se tait.

– Tu veux dire… tu veux dire qu'il mourrait sans doute dans un laboratoire parce qu'on ferait des expériences sur lui ? demanda Tanya, la gorge nouée.

– Oh oui, c'est plus que probable ! s'écria Red d'une voix dure. Maintenant, tu sais pourquoi j'ai fait ça. Pourquoi je fais ce que je fais.

Bouleversée, Tanya ferma les yeux.

– Ce n'est pas la première fois que tu fais ça, dit-elle.

Red confirma d'un lent mouvement de tête, et précisa en la regardant bien en face, de ses yeux de chat :

– Et ce n'est pas la dernière.

– C'est… c'est ce qui t'est arrivé à toi, non ? demanda doucement Tanya. Ils ont pris quelqu'un qui t'est proche. Quelqu'un que tu aimais.

Red acquiesça.

– Oui, murmura-t-elle, James. Mon petit frère.

Tanya détourna le regard en voyant se voiler les yeux de Red.

– Et maintenant qu'est-ce qui va se passer ? s'enquit-elle.

– J'attends.

– Quoi ?

– J'attends de voir si le glamour est prévu pour durer sur cet enfant-là.

– Quand est-ce que tu le sauras ?

– Si ce n'est qu'un glamour superficiel – qui n'est pas destiné à durer – il va s'atténuer et laisser entrevoir très vite des signes de la vraie nature de l'enfant. Ça peut se passer dans deux heures, comme dans quelques jours. Dans une semaine tout au plus.

– Quelle sorte de signes ?

– Ce sont les yeux qui changent en premier. Ils commencent par se ternir et ils finissent complètement noirs. Ensuite, les oreilles s'allongent et deviennent pointues. Et, à la fin, la peau prend une teinte verdâtre. Ces changelins au glamour superficiel sont prioritaires. Il faut absolument qu'ils retournent au royaume des fée-riques le plus tôt possible.

– Et si le glamour n'est pas superficiel ?

– Dans ce cas, l'illusion a été créée pour durer toute une vie. Mais, même si les enfants-féeriques ont toutes les caractéristiques d'un être humain, ils ont certaines... propriétés qui sortent de l'ordinaire. Ils ont beau faire des efforts pour mimer les comportements humains, ils sont toujours considérés comme différents. Sans compter que la longévité des changelins ne correspond pas à la norme de notre monde. Un humain qui vit au royaume des féeriques dépasse l'espérance de vie normale de plusieurs années, alors qu'un féerique a une vie beaucoup plus courte dans le monde des mortels.

– Plus courte de combien ?

Red eut un petit sourire sans joie.

– S'il dépasse les trente ans, on peut dire qu'il aura eu de la chance, dit-elle. Il vivra juste le temps d'avoir un métier et peut-être de fonder une famille.

Elle se tut, puis précisa au bout de quelques instants :

– Fonder une famille avec un *humain*. Ce qui m'amène à ta question : *et nous, qu'est-ce que nous sommes ?*

À ces mots, Tanya sentit son cœur s'emballer.

– Ça y est, tu commences à comprendre ? demanda Red.

Tanya avala sa salive et balbutia :

– Je… je crois. Tu dis que nous… les gens comme nous…

– Oui ! Quelque part en cours de route, dans ta famille, et dans la mienne, quelqu'un a été échangé. Quelqu'un était un changelin. Ça peut être aussi bien du côté de ton père que du côté de ta mère. Si nous avons le don de double vue, c'est que nous avons du sang de féerique. Mais, comme pour les gènes, ça ne se transmet pas à tous les descendants du changelin. Les yeux bleus, par exemple, ne se transmettent pas à tous les membres d'une même famille, juste à quelques-uns. Pareil pour le don de double vue.

– Du sang de féerique…, répéta Tanya, sidérée. Du sang de féerique…

Instinctivement, elle sentit que c'était vrai. Tout ce que Red lui avait dit était vrai. Du sang de féerique coulait dans ses veines !

– Voilà, maintenant, tu sais ce que tu es, dit Red.

Puis elle jeta un coup d'œil à sa montre et attrapa son sac en annonçant :

– Le jour va bientôt se lever. Il faut que je parte.

Tanya la regarda, assommée, s'efforçant d'absorber cette vérité qui peinait à entrer en elle, comme l'huile qui flotte à la surface de l'eau sans s'y mélanger. Il y avait si longtemps qu'elle attendait ce moment, ce moment où quelqu'un, enfin, la croirait, la comprendrait ! Et plus longtemps encore qu'elle cherchait désespérément à savoir, à connaître. Quand on savait ce qui se passait, on pouvait agir. Et c'était cette fille qui lui avait donné cela... cette étrange fille déséquilibrée, obsédée par la mort de son frère au point de commettre ces actes désespérés. Tanya sut qu'elle ne pouvait pas se permettre de la laisser partir.

– Attends..., dit-elle, je...

Red, sur le point de s'éloigner, s'arrêta.

– Je voulais te dire que je te crois, répondit Tanya doucement. Oui, je crois tout ce que tu m'as dit.

– Qu'est-ce que tu veux que ça me fasse ?

– Eh bien, ça veut dire que tu n'es pas obligée de t'enfuir... pas encore...

Une idée avait germé dans l'esprit de Tanya.

Elle vit que ses paroles avaient touché leur but. Dans les yeux de Red s'alluma une petite lueur d'intérêt. D'intérêt et d'autre chose aussi. Quelque chose comme de l'espoir.

– Vas-y, continue, dit-elle.

– Tu es obligée de faire la morte. Il y a des gens qui te recherchent… la police. Ça a été diffusé partout. Je suis la seule à savoir que tu es ici. Et, si je ne dis rien, personne d'autre ne le saura. Je peux t'aider.

– M'aider ? Pourquoi ? demanda Red, soupçonneuse.

Du regard, Tanya désigna le changelin.

– Parce que je sais que tu ne lui veux pas de mal, répondit-elle. Et parce que tu possèdes quelque chose que tu peux me donner.

Red la dévisagea, incrédule :

– Moi ? Qu'est-ce que je pourrais bien te donner ?

– Des informations, répliqua Tanya. Tu sais des choses… des choses sur les féeriques. Je veux que tu me les apprennes. Si tu acceptes, je ne dirai à personne que je t'ai vue. Tu seras mon secret. Et je peux t'apporter de la nourriture et de l'eau. Comme ça, tu n'auras pas à courir le risque d'être surprise à l'intérieur de la maison. Avec un peu d'organisation, tu pourras même monter prendre une douche.

Au mot « douche », les yeux de Red luisirent d'envie.

– Ah, une bonne douche chaude…, murmura-t-elle. Ce serait le paradis ! Et en plus ça devient urgent !

Elle avait prononcé ces derniers mots avec une grimace en humant son aisselle. Puis elle reprit :

– Si j'accepte, il faudra que tu me paies pour avoir ces informations.

Red sortit un petit bout de papier de sa poche.

– Il me faut ce qui est écrit sur cette liste. Tout ce que tu pourras te procurer. Tu me le déposeras en même temps que la nourriture, derrière l'ouverture du passage par où tu es entrée. *N'entre surtout pas* dans la galerie. Si j'entends du bruit, j'en déduirai que tu m'as dénoncée, et je me sauverai immédiatement. Quand tu m'auras donné ce qu'il y a sur la liste, je te donnerai les informations que tu veux. Et je partirai après.

– D'accord, répondit Tanya, un peu méfiante malgré tout. Mais, de ton côté, tu n'entreras pas à l'intérieur de la maison avant mon signal. Tu resteras bien cachée ici jusqu'à ce que je te dise que la voie est libre.

Red acquiesça d'un bref signe de tête et lui tendit le papier d'une main sale et poisseuse. Puis :

– Je te raccompagne. C'est assez long, comme trajet, et ce n'est pas le même chemin que pour quitter le manoir.

– Comment as-tu fait pour trouver ces galeries ? C'est par hasard ? s'enquit Tanya.

– Non. Quelqu'un m'en a parlé, quelqu'un en qui j'ai confiance. J'ai un certain nombre de contacts... des gens qui font la même chose que moi. On se signale les cachettes comme celles-ci. Il y en a pas mal. Elles sont réparties à travers tout le pays... sous des maisons, des églises, des auberges. Certaines sont assez proches et raccordées entre elles.

– On m'a dit qu'il existe un souterrain qui relie la maison à un pub de Tickey End, et un autre qui mène à l'église. C'est vrai ?

– Oui. Je suis entrée par celui de l'église. L'entrée est dans une tombe.

– Hein ? Une tombe ?

– C'est une fausse tombe. Personne n'a jamais été enterré dedans. Elle a été construite uniquement pour servir d'entrée aux galeries.

– Les galeries sont toutes en sens unique ? s'enquit Tanya en se levant. Pour entrer dans la maison ou pour en sortir ?

– Non, il n'y en a qu'une seule à sens unique, celle qui est derrière la bibliothèque. Il y a eu une erreur : normalement, on aurait dû pouvoir entrer et sortir par là.

– Comment fait-on pour rentrer au manoir ? demanda Tanya, frissonnante, en s'enlaçant le torse pour se réchauffer.

– Le chemin le plus rapide mène à une chambre au premier étage, à une chambre d'amis qui n'a jamais été prévue pour être occupée. La porte qui n'a pas de serrure. On y arrive en se faufilant dans un petit espace entre les panneaux de bois. C'est par là qu'on va passer.

Red se dirigea vers la sortie de la caverne. Puis elle s'arrêta brutalement et se retourna en ajoutant :

– Il y a une chose que j'ai oublié de te dire. Ça te fera peut-être changer d'avis.

– Qu'est-ce que c'est ?

– Si tu m'aides, les féeriques ne vont pas aimer. Je crois même qu'ils ne vont pas aimer du tout.

– Et comment ils l'apprendraient ?

– Tu n'es quand même pas naïve à ce point ? Ils sont sans doute ici, en ce moment, en train de nous observer ! s'exclama Red avec un geste de la main pour désigner la pénombre qui les entourait.

– Je suis tout à fait capable de me protéger, affirma Tanya. Je n'ai pas peur.

Red la toisa avec une expression mi-admirative, mi-méprisante. Sans mot dire, elle pivota sur elle-même et, repoussant ses épais cheveux roux emmêlés, elle fit glisser sa robe pour dénuder le haut de son dos.

Même dans la semi-obscurité, on distinguait sous la peau la ligne de sa colonne vertébrale et, au sommet de son dos, une marque affreuse grande comme le poing qui ressemblait à une brûlure. Ce n'était pas n'importe quelle marque. Car la cicatrice argentée était d'une forme curieusement familière. *Des ailes de féerique*. Brûlées dans la peau.

Horrifiée, Tanya poussa une exclamation étouffée. Red remit sa robe en place et se retourna pour lui faire face.

– Voilà ce qui s'est passé le jour où j'ai commis l'erreur de les sous-estimer, dit-elle d'un ton amer. J'ai de la chance de m'en être tirée avec cette seule cicatrice.

– C-comment… Ils t'ont fait ça comment ? demanda Tanya, en qui toute velléité de bravoure s'était évanouie.

– J'espère pour toi que tu ne le découvriras jamais, répondit la rousse d'un air grave. Tu dis que tu n'as pas peur d'eux, mais tu devrais.

13

Éviter Fabian le lendemain se révéla plus difficile que Tanya ne l'avait prévu. Depuis qu'elle avait découvert Red et connaissait la vérité qui se cachait derrière son don, Tanya avait des choses à faire, et son emploi du temps ne prévoyait pas d'aller vagabonder avec Fabian dans la forêt. Lorsque, enfin, elle sortit de sa chambre peu après midi, épuisée et les membres raides, la première chose qui lui occupa l'esprit fut l'affaire du changelin. Mais elle ne savait par quel bout commencer son enquête. Qui, dans sa famille, avait bien pu être le changelin ? Un ancêtre du côté de sa mère ou du côté de son père ? Et cela s'était-il passé longtemps auparavant, ou cette personne était-elle encore vivante, était-ce quelqu'un qu'elle connaissait ? Cette dernière possibilité la troublait profondément.

Sa deuxième préoccupation était la liste des objets que Red lui avait demandés. Ce serait problématique, car il ne lui restait plus que quelques livres dans son porte-monnaie. Elle avait dépensé presque tout son argent de poche à Tickey End. Sauf si elle trouvait un moyen de garnir sa bourse, il lui faudrait prendre le risque de subtiliser la plus grande partie des objets dans la maison, et cela demanderait du temps et de l'organisation. En attendant, elle ne pourrait pas faire grand-chose pour Red, à part lui fournir à boire et à manger par le passage de la bibliothèque.

En bas, sa grand-mère restait invisible, mais Tanya trouva sur le réfrigérateur un mot disant que sa mère avait téléphoné dans la matinée. Elle le roula en boule et le jeta à la poubelle. Elle n'avait pas encore digéré le fait d'avoir été déposée au manoir comme un paquet encombrant. Si sa mère essayait de soulager sa conscience, il ne fallait pas qu'elle compte sur elle pour lui faciliter les choses.

L'adolescente remplit un bol de cornflakes et prit place à table. Florence avait été très contrariée quand sa petite-fille avait refusé de descendre pour le petit déjeuner. Elle avait passé plusieurs minutes à taper contre la porte de sa chambre avant de baisser les bras et de redescendre lourdement l'escalier.

Au milieu de son repas, Tanya alluma la radio pour écouter les informations. On parla brièvement de l'enfant volé, et on fit une nouvelle description de Red, ce qui mit

Tanya assez mal à l'aise. L'idée que Red se cachait dans les souterrains du manoir n'était pas très rassurante. Une fois de plus, elle se demanda si, en se taisant, elle ne commettait pas une erreur qu'elle regretterait par la suite. Un flot de pensées contradictoires se livraient bataille dans sa tête. Red était une fille instable, aux abois, désespérée. Les gens désespérés faisaient des choses désespérées. Des choses *dangereuses*. Rien ne disait qu'elle tiendrait parole et qu'elle ne pénétrerait pas dans la maison. Mais, en même temps, Red était la seule personne de sa connaissance à posséder le même don qu'elle, et ça, c'était un lien qui les unissait, un lien qu'elle ne pouvait ignorer. Elles avaient souffert toutes les deux entre les mains des féeriques, mais avec une différence : jusqu'à présent, ce que Tanya avait subi était du harcèlement, alors que Red avait été carrément torturée.

Elle éteignit la radio au milieu d'un bulletin météo qui prévoyait des tempêtes d'été. Elle était plongée dans ces noires pensées, le nez baissé sur son petit déjeuner ramolli, quand Fabian se glissa dans la cuisine. Sans mot dire, il attrapa la boîte de céréales, et introduisit sa main dedans pour prendre une poignée de cornflakes qu'il enfourna dans sa bouche.

– Mais tu es dégoûtant ! l'apostropha Tanya. Tu ne peux pas prendre un bol, du lait et une cuillère comme tout le monde ?

– C'est meilleur comme ça, marmonna Fabian, la bouche pleine.

Au moment où il se retournait pour sortir, Tanya aperçut un vilain bleu sur sa tempe, un bleu qui tranchait sur la pâleur de sa peau.

– Qu'est-ce que tu t'es fait ? s'inquiéta-t-elle. Qu'est-ce qui t'est arrivé ?

– Rien, répondit-il d'un ton maussade, en baissant les yeux. Je suis tombé.

– Ah bon ? Tu es *tombé* ?

– Oui, je suis tombé, d'accord ?

Tanya lui jeta un regard suspicieux mais n'ajouta rien.

– Oh, merci d'avoir recousu mon T-shirt, dit-il sans transition, visiblement pressé de changer de sujet. Bravo, c'est drôlement bien fait. Je croyais que tu ne savais pas coudre ?

– C'est vrai, je ne sais pas coudre ! Ce n'est pas moi qui l'ai fait !

Fabian ouvrit de grands yeux derrière ses lunettes qui lui donnaient l'air d'une chouette.

– Ben… qui, alors ? Florence dit que ce n'est pas elle non plus. Et une chose est sûre, ce n'est pas Warwick.

Du coin de l'œil, Tanya vit alors les doigts monstrueusement longs de la fée du foyer se placer autour du seau à charbon. Ce geste fut suivi d'un petit soupir affecté. L'adolescente braqua les yeux sur ces doigts. Aussitôt, ils disparurent, et une bobine de fil vert roula le long de la cuisinière avant d'être rattrapée en toute hâte.

Tanya haussa les épaules. Elle n'allait pas s'attribuer le mérite du travail d'une fée, même si cela l'empêchait de donner une explication plausible à Fabian.

– De toute façon, il faut qu'on parle, dit ce dernier.

Tanya oublia la fée du foyer et regarda le bleu qui décorait sa tempe.

– De quoi ?

– De ce qu'on a dit hier soir... On a dit qu'on retournerait dans la forêt.

– Ah, de ça ! répondit Tanya, incapable de cacher son manque d'enthousiasme.

– Il faut qu'on s'organise, dit Fabian. Qu'on emporte un peu de matériel. Des vêtements chauds, une carte, une torche, une boussole, de la nourriture, de l'eau...

– De la nourriture et de l'eau ? Tu veux faire un pique-nique ?

– Mais non ! C'est juste par précaution, au cas où on se perdrait encore. Bon. J'ai déjà une gourde, une carte, une torche, donc...

– Attends une seconde, l'interrompit Tanya. Qu'est-ce que tu veux faire d'une torche ? J'espère que ce n'est pas pour ce que je pense !

Il s'abstint de répondre, confirmant ainsi ses soupçons.

– Tu plaisantes, ou quoi ? Ne compte pas sur moi pour aller me balader dans la forêt en pleine nuit !

– Doucement ! Parle moins fort !

– Je te le répète, ne compte pas sur moi !

Les narines de Fabian se mirent à frémir de contrariété.

– Écoute, moi non plus, je ne suis pas spécialement chaud, répliqua-t-il. Mais, au cas où tu ne l'aurais pas remarqué, Warwick ne m'a pas quitté d'une semelle pendant toute la journée d'hier… C'est comme s'il savait qu'on mijote quelque chose. La seule chance qu'on a, c'est d'agir pendant qu'il ne nous surveille pas. Et le seul moment où il ne nous surveille pas, c'est quand il dort.

Fabian la regardait d'un air furieux, mais dans ses yeux luisait aussi un soupçon de désespoir.

– Il faut que je découvre ce qui s'est passé, ajouta-t-il. Il faut que je *sache*. Si tu viens avec moi, dis-le. Si c'est non, ne me fais pas perdre mon temps.

– Et si on découvre que ton grand-père a vraiment… a vraiment fait quelque chose à Morwenna Bloom ? demanda Tanya à voix basse. Tu as déjà pensé à ce que tu ressentirais ? Ça pourrait tout changer. Jusqu'à présent, tu as vécu sans savoir. Peut-être que tu ferais mieux de rester comme ça.

Elle regretta immédiatement ses paroles devant l'expression tourmentée de Fabian.

– Je serais sans doute d'accord avec toi si on ne l'avait pas vue dans la forêt... elle, ou ce que c'était, murmura-t-il. Mais maintenant... je ne peux tout simplement pas oublier. Et je ne sais pas ce qui s'est passé, mais ça ne peut pas être pire que ce que j'ai déjà imaginé dans ma tête. Il n'y a rien de pire que de ne pas savoir.

Tanya se mordit les lèvres. Et, alors que sa raison lui criait le contraire, elle s'entendit répondre :

– Je... je veux bien. Je viens avec toi.

Fabian la regarda et son cœur lui dit qu'elle avait bien fait.

– Donc... on y va quand ? demanda-t-elle.

Fabian annonça, l'air grave :

– Ce soir.

C'était la première fois que Tanya voyait la chambre de Fabian. Il gardait sa porte jalousement fermée, et maintenant elle comprenait pourquoi. C'était en quelque sorte un hybride de laboratoire scientifique et de petit musée. Sur le bureau, près de la cheminée, trônait un énorme globe terrestre entouré d'une série de papiers revêtus de gribouillis. Les étagères étaient encombrées de crânes et de dents d'animaux voisinant avec de gros livres traitant de tous les sujets scientifiques et historiques connus d'elle, et d'un grand nombre d'autres dont elle n'avait jamais entendu parler.

Il y avait des dessins bourrés de détails, des diagrammes et des observations sur les espèces animales et végétales, ainsi que la bizarre loupe dont Fabian était affublé le jour où elle était arrivée au manoir. Elle vit aussi avec dégoût un verre rempli de lait tourné qui commençait à se transformer en fromage, et se demanda s'il s'agissait d'une expérience ou si cette chose repoussante était là simplement parce que Fabian avait un sens très particulier de la propreté.

Un angle de la chambre était occupé par un squelette humain grandeur nature qui aurait sans doute eu l'air inquiétant s'il n'avait pas été vêtu de la cravate et du blazer de l'uniforme que Fabian portait à l'école.

– Ce n'est pas un vrai, hein ? s'enquit Tanya.

– Non, il est en plastique.

– Tu l'as eu comment ?

– À l'école, répondit laconiquement Fabian. Bon, à propos de la carte…

– Tu ne l'as pas volé, j'espère ? insista Tanya en retenant un rire.

Elle imaginait très bien son ami passant en contrebande un squelette sanglé dans son uniforme, en faisant semblant d'accompagner une personne réelle.

Les narines de Fabian se mirent à palpiter, comme à chaque fois qu'il était contrarié.

– C'est pour une recherche, dit-il. Bon, maintenant tu la fermes une seconde et tu m'écoutes.

Il prit la carte et l'étala. Après avoir envoyé valser une chaussette sale, Tanya s'assit au pied du lit.

– Sur cette carte, tu as la totalité du Bois du Bourreau et ses environs, expliqua le chercheur en herbe, le doigt pointé sur l'église et Tickey End. Toutes les catacombes y sont, on les voit très bien. Et là, c'est l'endroit par où on est entrés dans la forêt. (Il tapota la clairière près du ruisseau.) Et ça, c'est la première catacombe qu'on a vue, d'accord ? La grande. La plus petite, ici, c'est là qu'on a vu la fille. En fait, elle n'est pas très loin de la première... Mais on était tellement perdus ce jour-là qu'on a dû tourner en rond. Il faudrait qu'on suive le même chemin que l'autre fois. Ce sera plus facile avec la carte. J'ai réuni tout ce qu'il faut, sauf la boussole, mais Warwick en a une, donc je dois juste trouver un moyen...

– Moi, j'en ai une, l'interrompit Tanya, songeant à celle que lui avait donnée la gitane.

C'était une coïncidence assez troublante, finalement. Jamais elle n'avait pensé en avoir besoin un jour...

– Tu ne veux pas parler de cette cochonnerie que t'a donnée Morag la Folle, j'espère ? s'écria Fabian en levant les yeux au ciel. Bon, d'accord. Ça pourra peut-être nous servir si je n'arrive pas à mettre la main sur celle de Warwick. Puisque personne ne traîne dans les parages en ce moment, je vais en profiter pour aller cacher mon sac à dos et tout le matériel dans le jardin. On se retrouvera là-bas et tu me donneras la boussole. J'arriverai sans doute à la réparer.

– Ce n'est peut-être pas une bonne idée...

Fabian lui jeta un regard dur.

– Tu n'es pas en train de changer d'avis, hein ? lui lança-t-il.

Tanya se tortilla, mal à l'aise.

– Non... C'est juste que... eh bien... j'ai entendu la météo pour ce soir. Pas terrible ! Il paraît qu'il va y avoir une tempête. Il faudrait peut-être remettre à une autre fois.

Fabian eut un geste de refus.

– Non ! De toute façon, à la météo, ils se trompent tout le temps. Sans compter qu'une tempête, ça pourrait très bien être un atout pour nous.

– Pourquoi ?

– Parce que personne, même pas Warwick, ne s'attendra à ce qu'on sorte au beau milieu d'une tempête. S'il a deviné qu'on prépare quelque chose, il se dira que la tempête nous a dissuadés.

Tanya ne répondit pas. Elle réfléchit à ses paroles. D'une certaine façon, il avait raison, même si cela ne la rassurait pas vraiment.

– Si ça se trouve, on ne découvrira rien du tout, objecta-t-elle d'une petite voix. Peut-être que la fille qu'on a vue, ce n'était pas elle...

Fabian se rembrunit.

– Cette fille, c'était bien Morwenna Bloom, affirma-t-il. Tu le sais aussi bien que moi.

Il replia la carte et la fourra d'un geste violent dans son sac à dos, puis marcha vers la fenêtre, visiblement furieux.

Sur le rebord de la fenêtre – Tanya venait juste de le remarquer – était posée une photo encadrée de Warwick enlaçant une femme qui portait un petit bébé. Pour une fois, l'intendant avait l'air heureux.

– C'est ta mère ? demanda-t-elle.

Fabian ne la regarda pas.

– Tu ferais mieux d'aller chercher la boussole, dit-il abruptement. On se retrouve au jardin dans cinq minutes.

Tanya sortit sans rien dire, se sentant stupide d'avoir évoqué sa mère. Visiblement, ce sujet était toujours brûlant...

Elle prit la boussole cachée sous le parquet de sa chambre et l'emporta dans le jardin. Il lui fallut piétiner bon nombre de mauvaises herbes avant de retrouver Fabian assis sur une souche, la tête entre les mains. En équilibre sur ses genoux, il y avait son carnet de cuir marron. Il était tellement plongé dans sa lecture qu'il n'avait pas remarqué que ses lunettes menaçaient de quitter la pointe de son nez. Il sauta en l'air en la voyant approcher et referma son carnet d'un geste sec.

– Tu l'as apportée ? interrogea-t-il aussitôt.

Tanya, contente de constater qu'il semblait de meilleure humeur, plongea la main dans sa poche et en sortit la boussole.

– Tiens. Mais je ne crois pas qu'elle nous sera très utile.

Fabian examina l'instrument.

– Elle a l'air de marcher, maintenant, dit-il en jetant un regard étrange à Tanya. Peut-être qu'elle était simplement humide, l'autre jour, ou quelque chose comme ça. Finalement, tu as bien fait de ne pas la vendre à ce drôle de type.

– Mais l'aiguille ne marchait pas, objecta-t-elle en la lui reprenant. Elle… oh… C'est marrant, ça !

Effectivement, l'aiguille ternie de la vieille boussole restait pointée obstinément vers le bas, indiquant la direction d'où Tanya arrivait.

– Au fait, qu'est-ce que tu as fait du billet que le vieux bonhomme a laissé tomber ? demanda Fabian.

– Rien, répondit-elle.

En réalité, elle avait complètement oublié qu'elle avait mis l'argent dans sa poche… et elle était sur le point de sauter au cou de Fabian pour le remercier de le lui avoir rappelé. Elle pourrait donc acheter à Red tous les objets de sa liste ! Elle sourit à cette pensée. Quand elle s'en rendit compte, elle s'empressa de changer son expression, de peur d'éveiller l'attention de Fabian.

– C'est la première fois que je vois une boussole pareille, dit-elle. Qu'est-ce que ça veut dire, ce *M* ? Et je ne vois pas les autres directions, le nord, l'est, le sud, l'ouest...

Fabian lui prit l'instrument des mains et l'examina.

– C'est bizarre, effectivement. Ce *M*, il est là où devrait se trouver le *N* du nord... Quand on se tourne de ce côté, vers la maison, c'est exactement la direction que montre l'aiguille.

– Et alors ?

– Et alors c'est faux ! répliqua Fabian. Je sais très bien que la maison est orientée au nord quand on se place face à la forêt depuis la porte de derrière. Donc, quand on se retourne, la boussole devrait indiquer le sud, mais non ! Elle indique le nord.

Il plaqua l'instrument dans la main de Tanya en disant :

– Tu as raison, elle ne nous sert à rien. Et de toute façon, comme c'est Morag la Folle qui te l'a donnée, elle est sans doute maudite. Moi, à ta place, je la jetterais.

– Oh, arrête tes bêtises ! Si les gens la traitent de sorcière, c'est sans doute pour empêcher les enfants d'aller vagabonder dans la forêt.

– Oh non, moi, je ne crois pas, non !

Tanya lui décocha un regard furibond et s'insurgea :

– N'importe quoi ! C'est juste une rumeur ! Et toi, jamais je n'aurais pensé que tu étais du genre à croire les rumeurs, surtout après ce que tu m'as raconté sur Amos.

– Amos est innocent, il s'est simplement trouvé au mauvais endroit au mauvais moment. Mais cette gitane… ça fait des années que ça dure, des années qu'on raconte des choses sur elle.

– Moi, je crois au contraire qu'elle a essayé de m'aider.

Mais Fabian n'était pas d'accord.

– Pas plus tard que la semaine dernière, dit-il, la vieille Rosie Beak, la propriétaire du salon de thé, eh bien, elle a raconté à mon père que Morag l'a débarrassée de ses verrues l'hiver dernier. Elle en avait trois, et Morag les lui a fait partir toutes les trois. Quinze jours après, Ned Baker est allé la voir pour qu'elle lui dise la bonne aventure, mais elle a refusé. Du coup, il s'est fâché et il l'a traitée de vieille arnaqueuse. Eh bien, tu le croiras ou pas, il s'est retrouvé avec trois verrues quelques jours après ! Alors qu'il n'avait jamais eu de verrues de sa vie !

– Oh, ça va ! jappa Tanya, exaspérée.

Elle souleva la boussole et la tourna face à la maison. Sous ses yeux, l'aiguille se plaça sur *M* et y resta, parfaitement immobile.

– Elle savait, murmura Tanya, songeuse.

– Qu'est-ce qu'elle savait ?

– Que j'aurais besoin de cette boussole.

Car, enfin, elle comprenait ce que signifiait le *M*.

Maison.

14

Il était minuit moins dix. Dehors, un vent violent hurlait et une pluie torrentielle martelait les fenêtres de la chambre. Tanya était de plus en plus fébrile. Elle s'était habillée chaudement en passant un pull de laine, un jean, deux paires de chaussettes et des baskets, ainsi qu'un vieil imperméable qu'elle avait laissé au manoir lors d'un précédent séjour. Par un coup de chance, il se trouvait qu'il était rouge. Elle espérait que ce vêtement rouge, combiné avec le clou en fer rouillé qu'elle avait retiré du cadre de sa porte, la protégerait de la malveillance éventuelle des fées-riques. Mais cela ne l'empêcherait pas de se faire tremper. Dans les poches, elle avait retrouvé un vieux biscuit pour chien, un bonbon tout rabougri et un billet de dix livres chiffonné dont elle avait complètement oublié l'existence. Elle l'avait aussitôt rangé dans son porte-monnaie, avec l'argent destiné à payer les objets demandés par Red.

Depuis deux heures, elle ne cessait de se demander ce qu'elle espérait exactement trouver dans les bois, en dehors de sept catacombes et d'une vieille sorcière qui distribuait des boussoles magiques. Mais, surtout, avait-elle vraiment envie de retrouver un squelette vieux de cinquante ans ? Car, si Morwenna Bloom était là-bas, il ne devait plus rester d'elle que ses os.

La boussole était dans sa poche. Elle la caressa du pouce. Quand elle lui avait appris sa véritable utilité, Fabian était resté curieusement silencieux. Ensuite, il avait marmonné des paroles hermétiques sur les anomalies dans le champ magnétique de la Terre. Tanya, quant à elle, était de plus en plus troublée par l'implication de la vieille gitane et se demandait quel était son but.

Les minutes s'écoulaient lentement. Au bout d'un moment, elle n'y tint plus. Le cœur battant, elle sortit de sa chambre à pas de loup et se retrouva dans la pénombre du couloir, avec le sentiment aigu que, si elle se faisait surprendre, son séjour au manoir deviendrait vraiment désagréable.

Elle descendit l'escalier sans bruit avec, pour la guider, le faible éclairage d'une petite lampe posée sur la table du téléphone.

– Y-a-quelqu'un-qui-a-les-chocottes ! chantonna une petite voix à l'intérieur de l'horloge ancienne.

– Oh, tais-toi ! lui ordonna Tanya à voix basse.

Elle regretta aussitôt d'avoir parlé, car une lumière s'alluma au-dessus. On marchait dans le couloir du deuxième étage en traînant les pieds.

Amos !

Instinctivement, elle s'accroupit et resta cachée dans l'ombre. Les pas lents du vieil homme se dirigèrent vers l'escalier. Arrivé au sommet, il s'arrêta un court moment, puis se remit en marche clopin-clopant. Elle guetta le bruit de la porte de la salle de bains qui se refermait, puis dévala silencieusement le reste des marches.

Elle se passa la main sur le front. Sa peau était froide et poisseuse.

La porte de la cuisine donnant sur le jardin était secouée par le souffle de la tempête. Tanya regarda avec envie le parapluie posé contre le mur. Mais, vu les rafales, pas la peine de l'emporter !

Oberon abandonna sa couche et la rejoignit en faisant doucement cliqueter ses griffes sur le carrelage.

– Viens, mon garçon..., chuchota-t-elle. On va faire une petite promenade, d'accord ?

Aussitôt, le chien dressa les oreilles, puis baissa docilement la tête pour lui permettre d'attacher sa laisse.

La porte n'était pas verrouillée, conformément au plan de Fabian.

– On y va, murmura-t-elle pour se donner du courage.

Puis elle se jeta à l'eau.

Même si elle s'y était préparée, la pluie et le vent la frappèrent avec une force si brutale qu'elle faillit être soulevée de terre. Son imperméable lui évita de se retrouver trempée jusqu'aux os en quelques secondes, mais, comme il s'arrêtait aux genoux, ses jambes furent offertes au déluge. Oberon, lui, ne parut pas spécialement gêné par l'atmosphère ambiante. Il semblait simplement content de cette petite sortie supplémentaire.

Elle pataugea à travers le jardin, glissant dans les flaques de boue quasiment à l'aveuglette, dans une obscurité rendue encore plus opaque par les effets combinés du vent et des arbres. Quand elle atteignit la grille, elle était trempée, gelée, et malheureuse. Déjà, elle savait qu'en acceptant de participer à cette aventure, elle avait commis une erreur.

– Tu en as mis, un temps ! l'admonesta Fabian, les lèvres bleues de froid.

– Amos, articula Tanya en claquant des dents. Il a décidé de faire une petite promenade dans le couloir au moment où j'étais en train de descendre l'escalier. Il a fallu que je me cache en attendant qu'il soit passé.

– Et à quoi il va nous servir, lui ? interrogea Fabian en regardant Oberon d'un air dégoûté.

– De protection ! Je me sens toujours plus en sécurité quand il est avec moi.

– Il va plutôt se cacher derrière toi, tu veux dire, ce trouillard !

– Il me défendra si j'en ai besoin !

Fabian n'eut pas l'air convaincu.

Il se tourna vers la forêt en louchant à travers le rideau d'eau et décréta :

– Allons-y ! Pas la peine de s'éterniser ici. On sera peut-être plus protégés de la pluie dans les bois.

Ils se mirent en route, avançant avec difficulté sur le sol détrempé, assourdis par le bruit de succion de leurs pas et le vacarme des trombes d'eau qui s'abattaient sur les arbres. Il n'y avait pas de lune, pas d'étoiles pour les guider ; pas de lampadaires comme en ville. L'obscurité n'était qu'un vide lourd, suffocant. Seuls les contours de la forêt, d'un noir plus sombre encore que le ciel, se profilaient vaguement devant eux.

Tanya sentit son courage vaciller.

– C'est idiot, ce qu'on fait, déclara-t-elle en s'arrêtant soudain. Il peut se passer n'importe quoi, en pleine nuit, par un temps pareil ! Et si on se fait pincer ? Et si l'un de nous se blesse ? Le temps que les secours arrivent, on sera en hypothermie ! Et si la terre s'effondre, comme à Tickey End ?

– Qu'est-ce que tu racontes ? La terre ne va pas s'effondrer ! protesta Fabian.

– Si ! Elle peut très bien s'effondrer ! C'est toi-même qui me l'as dit !

Fabian perdit patience.

– Je me demande pourquoi tu es venue, si c'est pour pleurnicher comme un bébé ! Si c'est ça, tu n'as qu'à rentrer ! Mais, si tu restes, tu te tais ! On y est presque !

Tanya ouvrit la bouche pour répondre, mais la referma aussitôt car une grande forme noire et silencieuse se dirigeait sur eux en vol plané. Elle poussa un petit cri et se baissa vivement, évitant de justesse d'être heurtée par l'objet volant. Mais elle entendit Fabian émettre un gémissement. L'objet avait éraflé sa tête avant de disparaître, avalé par la nuit.

– Qu'est-ce que c'est que ça ? s'exclama-t-il en se frottant le crâne.

– Je ne sais pas ! souffla Tanya, en scrutant le ciel noir.

Mais elle était aveuglée par la masse tourbillonnante de la pluie, et ses cheveux lui fouettaient le visage.

– C'est une chauve-souris, je pense..., ajouta-t-elle.

Elle n'avait pas fini sa phrase qu'il y eut une nouvelle descente en piqué... Et, cette fois, Fabian hurla en se tenant la tête.

– Qu'est-ce que tu as ? cria Tanya.

Fabian lâcha son cuir chevelu. Ses doigts étaient barbouillés de sang. Il regarda fixement sa main. Le sang disparut bien vite, lavé par la pluie battante.

– Mais ça m'attaque ! dit enfin Fabian. Je ne sais pas ce que c'est… mais *ça m'attaque* !

– Attention ! cria Tanya, voyant l'objet volant revenir silencieusement à la charge, surgi de nulle part.

Oberon bondit avec enthousiasme en ouvrant grand les mâchoires, mais la créature disparut avant de lui laisser le temps de faire claquer ses dents. Fabian se baissa, trébucha, et s'étala de tout son long sur la terre détrempée. Il se releva, recouvert de boue, tremblant des pieds à la tête. Mais, déjà, la créature lançait un nouvel assaut… et cette fois elle ne s'envola pas. Elle se posa sur le dos maculé de boue du malheureux Fabian et y accrocha de longues serres noires avant d'attaquer frénétiquement l'arrière de sa tête. Tanya parvint enfin à voir exactement ce qu'était cette chose : ce n'était pas une chauve-souris, c'était un oiseau. Un grand oiseau noir. *Un grand corbeau*. Et il se plantait dans le cuir chevelu de Fabian, et il lui tirait les cheveux tant et plus… car, elle le comprit tout à coup, il ne pouvait pas s'en prendre à elle. En parlant, elle avait annihilé la protection de l'imperméable rouge, mais elle était toujours protégée par le clou en fer qu'elle avait dans la poche.

– Débarrasse-moi de ça ! braillait Fabian en se donnant de grands coups sur la tête. Arrête-le !

Oberon gronda et sauta sur Fabian pour tenter d'attraper l'oiseau. Mais cela ne servit qu'à empirer les choses. Son énorme masse heurta lourdement le corps frêle de Fabian… qui tomba à terre pour la seconde fois, bousculé par le vent. Le corbeau, sentant sa position vulnérable, abandonna sa proie et s'éleva dans les airs. Tanya extirpa de la boue un garçon qui tremblait de rage, ou de froid, ou de terreur, ou peut-être des trois à la fois. Il avait le front barré d'une mince rigole de sang. Avec un regard apeuré vers le ciel, Tanya sortit vivement son bras gauche de son imperméable et enroula la manche autour des épaules maculées de Fabian… C'était tout ce qu'elle pouvait faire pour partager avec lui la protection de son imperméable. En même temps, elle se creusait désespérément la tête pour inventer un mensonge qui convaincrait peut-être son ami de suivre ses instructions.

– Qu'est-ce que tu fais ? demanda celui-ci d'une voix faible.

– Mets ça, lui dit-elle. Passe ton bras gauche dedans, voilà, comme ça, et maintenant passe ton autre bras autour de moi.

– À quoi ça va servir ? Ce n'est pas le moment de se faire des mamours, tu sais !

– C'est pour tromper l'oiseau, espèce d'idiot ! Tu ne vois pas ? La tempête l'a rendu fou, et il a décidé de s'en prendre à toi, va savoir pourquoi ! Peut-être que, si on lui fait croire que toi et moi nous ne sommes qu'une seule personne, tu réussiras à rentrer à la maison avec toute ta tête ! déclara-t-elle d'un ton qui se voulait convaincant.

– Rentrer à la maison ? répéta-t-il en louchant vers la forêt.

Tanya, le dos ruisselant et les cheveux plaqués contre les tempes, suivit son regard et reprit d'un ton pressant :

– Non, Fabian, on ne peut pas continuer. Pas cette nuit, ce n'est pas possible. Il faut rentrer.

Tous les deux, ils se tournèrent vers la masse sombre de la forêt, et Tanya sentit flancher la détermination de son compagnon.

Ils étaient en train de rebrousser chemin lorsqu'un éclair jaillit, illuminant le ciel. Au même instant, ils la virent tous les deux. Une ombre chinoise se tenait près du ruisseau, parfaitement immobile. Cela ne dura qu'une fraction de seconde, mais les contours de la silhouette étaient impossibles à confondre.

– Warwick, chuchota Tanya.

La peur les pétrifia sur place.

– Qu'est-ce qu'on fait ?

– On fiche le camp d'ici, et vite ! dit Fabian d'une voix étranglée. Et on fait une petite prière pour qu'il ne nous ait pas vus !

Ils prirent leurs jambes à leur cou, en se bousculant mutuellement, en bondissant, emprisonnés dans l'imperméable, semblables à une sorte de monstre mythologique à quatre pattes et à deux bras. Oberon galopait joyeusement à leurs côtés, la langue pendante. Pour lui, tout cela n'était qu'un jeu.

Tanya regarda en arrière. Le corbeau avait disparu. Sa ruse avait réussi. Ne restait plus que le danger plus imminent nommé Warwick, mais impossible de le détecter. Avec les hallebardes qui tombaient, on ne distinguait que les contours de la forêt contre le ciel.

– Tu crois qu'il nous a vus ? demanda-t-elle.

– Je ne sais pas, souffla Fabian. Mais nous, on l'a vu, alors il y a de fortes chances pour qu'il nous ait vus aussi !

– Je te l'avais bien dit, que c'était une mauvaise idée ! s'emporta Tanya. On n'aurait jamais dû sortir !

Ils s'approchaient de la grille, hors d'haleine. Fabian s'extirpa de l'imperméable et s'activa sur le loquet. Un coup de tonnerre les fit sursauter.

– Vite ! cria Tanya. Vite, avant qu'il y ait un nouvel éclair !

Le loquet se souleva et Fabian ouvrit la porte d'un geste rapide, puis la franchit avec Oberon. Ensuite, ce fut au tour de Tanya, mais celle-ci s'arrêta à mi-chemin pour se retourner vers la forêt.

– Allez, allez ! s'exclama Fabian en l'attirant à l'intérieur du jardin. Dépêche-toi !

– Attends !

Tanya fouilla des yeux les environs de la grille. Un nouvel éclair jaillit, illuminant le ciel, assez pour leur permettre de constater que Warwick avait disparu de la circulation.

– Je ne le vois nulle part, dit-elle en refermant la grille. Allez, maintenant, on rentre.

Elle avait le visage paralysé par le froid.

Ils traversèrent le jardin à toutes jambes en glissant dangereusement dans la boue. Fabian s'agenouilla devant la porte de la cuisine et retira la clé cachée sous un pot de fleurs retourné.

Mais, quand ils pénétrèrent à l'intérieur et virent Oberon trottiner vers son panier, Tanya comprit qu'il ne leur serait pas possible de monter immédiatement dans leur chambre.

– Oh, non... le sol !..., gémit-elle.

Fabian regarda avec consternation la traînée de boue laissée par les pattes du chien entre la porte et sa couche. Il baissa la tête et le peu de couleur qui subsistait sur ses joues s'effaça quand il constata l'état de ses vêtements.

Tanya réfléchit à toute vitesse.

– Enlève tes chaussures et prends-les à la main pour monter, dit-elle. Cache-les jusqu'à ce que tu puisses les nettoyer.

Elle examina la pièce, et son regard tomba sur un chiffon humide posé sur l'évier.

– Je vais nettoyer la boue, ici et dans le vestibule si tu en laisses, décida-t-elle.

– Et Warwick ? s'inquiéta Fabian. Il peut arriver d'une seconde à l'autre !

L'estomac de Tanya se noua.

– Il reste encore une chance pour qu'il ne nous ait pas vus, dit-elle. En se débrouillant, on va peut-être s'en sortir. Si jamais il nous a vus, ce n'est pas parce qu'il me trouvera ici que ça changera quelque chose… De toute façon, il saura que c'était nous.

– Je n'y comprends rien. Je me demande comment il aurait pu savoir.

– Il nous a peut-être entendus parler, et il a décidé de nous attendre, suggéra Tanya tout en enlevant ses baskets trempées. Mais on n'a pas le temps de discuter de ça maintenant… Allez, file, on se voit demain matin.

Elle avisa un rouleau d'essuie-tout et se servit largement.

– Pour ta tête, expliqua-t-elle à Fabian.

Le jeune garçon retira ses chaussures crottées et gravit l'escalier sans bruit. Aussitôt, Tanya se mit au travail et frotta frénétiquement le sol pour enlever les traces de boue. Quand le plancher fut propre, elle nettoya les pattes d'Oberon. Le chien, couché tranquillement, la laissa faire en la couvant d'un œil paresseux.

Le cœur de l'adolescente se mit à cogner dans sa poitrine quand elle entendit la porte bouger. Warwick ! C'était lui ! Elle était perdue.

Mais c'était sûrement le vent qui secouait la porte, car personne n'entra. Elle prit un torchon sur l'égouttoir et monta prudemment à l'étage en épongeant soigneusement les traces laissées par Fabian. Par bonheur, le couloir du premier était recouvert de tapis. Avec un peu de chance, s'il restait des taches, elles sécheraient avant le matin.

Elle regagna sa chambre, épuisée, mais si nerveuse qu'elle aurait beaucoup de mal à s'endormir, elle le savait d'avance. Les pensées se bousculaient dans sa tête. Elle frissonna au souvenir du corbeau.

Les féeriques avaient envoyé Grand Corbeau sous sa forme d'oiseau pour les effrayer tous les deux, aussi bien elle que Fabian. C'était un avertissement. Mais contre quoi ? Warwick… ou la forêt ?

Elle enfouit le chiffon et le torchon sales sous le lit avec ses vêtements et ses chaussures trempés. Puis elle se dépêcha de se coucher en s'enveloppant dans les couvertures pour tenter de réchauffer ses mains et ses pieds gelés.

Une pensée ne cessait de hanter son esprit.

Comment Warwick aurait-il pu savoir ?

Le sommeil finit par venir, mais il fut loin d'être calme. Quand la séance de hurlements commença, peu avant six heures du matin, elle ne la réveilla pas aussi rapidement que d'habitude. Et, quand elle ouvrit les yeux, plusieurs secondes s'écoulèrent avant qu'elle s'aperçoive que le bruit ne venait pas de chez Amos, mais de la chambre où elle se trouvait.

La personne qui criait, c'était elle.

15

Tout d'abord, Tanya crut qu'elle était encore en train de rêver, car, lorsque sa vue s'accoutuma à la pièce, ce qu'elle vit était cauchemardesque.

Pendant la nuit, ses cheveux avaient poussé… monstrueusement. La pièce en était pleine. D'épaisses vagues châtain foncé ondulaient sur le lit, formaient des cercles sur le tapis, léchaient les murs et la porte, pareilles à un vaste océan brun. La chevelure s'étalait, si longue qu'elle avait même commencé à escalader les murs en s'enroulant autour de la poignée de porte, en serpentant le long de la cheminée comme le lierre qui grimpait sur les murs du manoir. En voyant une épaisse mèche se diriger vers le rebord de la fenêtre, Tanya comprit toute l'horreur de sa situation.

Ses cheveux continuaient à pousser.

Une terreur mortelle s'empara d'elle. Elle était paralysée, sans défense. Voilà donc comment on la punissait de son escapade nocturne dans la forêt !

À peine eut-elle entendu le craquement caractéristique du parquet dans le couloir que, déjà, quelqu'un cognait lourdement à sa porte.

– Qu'est-ce qui se passe ?

C'était la voix de sa grand-mère, sévère et insistante.

Tanya ouvrit la bouche, puis la referma.

– R-rien, parvint-elle finalement à articuler. Tout va bien.

– J'ai entendu des cris. Tu es sûre que ça va ?

Tanya écarquilla les yeux avec effroi en voyant la poignée de la porte tourner. Elle entendit Florence lâcher une exclamation exaspérée devant cette porte qui refusait de s'ouvrir... et poussa un soupir de soulagement provisoire. Pourtant, Tanya ne se rappelait pas l'avoir fermée à clé.

– J'ai fait un cauchemar, croassa-t-elle. Mais tout va bien maintenant.

– Je n'aime pas qu'on ferme les portes à clé dans cette maison, gronda Florence.

Tanya regarda fixement la porte, prise de panique. Elle n'avait aucun moyen d'empêcher Florence d'entrer dans sa chambre. Si Warwick possédait un passe-partout, sa grand-mère en avait sûrement un, elle aussi.

– Je n'ai pas fait exprès de fermer, répondit doucement Tanya. Je ne le ferai plus.

Elle n'était plus à un mensonge près...

– Si tu as mouillé ton lit, ou quelque chose de ce genre, je ne t'en voudrai pas, dit Florence d'une voix ferme, mais non dénuée de gentillesse. Nous pouvons laver les draps tout de suite, et personne ne sera au courant. Mais si tu les gardes...

– Mais non, je n'ai pas mouillé mon lit ! protesta Tanya d'une voix forte. J'ai fait un cauchemar, c'est tout !

Sa panique monta d'un cran et menaça de se transformer en crise d'hystérie. Elle lutta de toutes ses forces pour réprimer son envie de hurler.

– Très bien, répondit sa grand-mère en reprenant son ton ordinaire, son ton sans réplique. Le petit déjeuner est à huit heures. Je te demande de ne pas nous faire attendre à table.

« Va-t'en ! Va-t'en ! Va-t'en ! » hurla Tanya mentalement.

Le bruit des pas de Florence qui regagnait sa propre chambre s'estompa progressivement.

Dès qu'elle n'entendit plus rien, Tanya repoussa ses couvertures avec difficulté, gênée par le poids des cheveux qui les recouvraient, et sauta à bas du lit. Aussitôt, ses pieds s'enfoncèrent dans la chevelure enchantée. Elle eut le plus grand mal à avancer, car non seulement ses cheveux avaient poussé, mais ils s'étaient épaissis et collaient à ses jambes comme de la mélasse. C'était comme si, d'eux-mêmes, ils essayaient de la retenir.

Lentement, avec précaution, elle se fraya un chemin jusqu'à la salle de bains adjacente et farfouilla dans l'armoire à la recherche des ciseaux à ongles.

Ils étaient introuvables.

Quelque chose gargouilla derrière elle. En proie à un affreux pressentiment, Tanya se retourna lentement et inspecta la baignoire. Dans la bonde, son regard rencontra une paire d'énormes yeux luisants. Une odeur d'œuf pourri remonta de la canalisation quand son occupant passa la main à travers la grille de la bonde en mimant avec ses doigts de grenouille le mouvement d'une paire de ciseaux.

– Tchic, tchic, tchic ! gargouilla-t-il. Oui, tchic, tchic, tchic !

– Tu vas me rendre mes ciseaux ! ordonna Tanya avec colère, en se penchant sur la main de la créature, laquelle recula prestement. S'il te plaît ! Donne-les-moi, rien qu'une minute... Je te les rendrai après, je te le promets ! Tu pourras les garder !

Le féerique eut un renvoi et se mit à danser allègrement en faisant gicler de l'eau croupie par la grille de la bonde. Visiblement, il s'amusait beaucoup.

– Tchic, tchic, tchic ! Chose trouvée, chose gardée ! Des bonbons ou des coups de bâton ! Beau, brille, beau,

beau, brille, brille, tchic, tchi-tchic, tchi-tchic… oui… tchic, tchic ! TCHIC !

Pour ça, oui ! Tanya aurait bien fait *tchic* ! et coupé les vilains doigts de ce sale voleur, si elle avait eu ses ciseaux ! Mais ils tenaient certainement compagnie à sa montre au fond du repaire de cette créature malfaisante.

– *Chevelue, mal coiffée, les féeriques très fâchés, et comment poussent tes cheveux ?* ricana le féerique. *Avec des pellicules et des poux, comme c'est chou… oh !*

– Non, je n'ai pas de poux ! protesta Tanya, furieuse, prise de soudaines démangeaisons. Et je n'ai pas de pellicules non plus !

Aussitôt, elle fut démentie par la petite pluie de flocons blancs qui vola devant son nez. Elle arrêta aussitôt de se gratter, soudain inquiète.

– Hein ! Tu n'as pas fait ça, espèce de… de… !

Elle s'interrompit en s'apercevant que le féerique avait cessé ses railleries et tournait vers un point de la pièce un regard transporté d'admiration. Ses yeux proéminents étaient braqués sur le bracelet d'argent à breloques qui scintillait dans l'obscurité. Tanya se dit tout à coup que ce bracelet offert par sa grand-mère pourrait lui être utile.

– Ça te plaît bien, ça, hein ? demanda-t-elle au féerique. Allez, avoue que ça te plaît !

Le féerique opina vigoureusement du chef et son crâne chauve s'agita dans la bonde.

– *Beau ! Brille !*

– On va faire un marché, proposa Tanya en baissant la voix, tentatrice. Ça, tu vois, ce sont des petits bijoux magiques. Ils ont tous un pouvoir spécial.

Le féerique écarquilla les yeux, alléché. Tanya examina les breloques et choisit le chaudron, celui qu'elle aimait le moins, et tira dessus jusqu'à ce que sa boucle finisse par céder. Elle le présenta à l'amateur de clinquant.

– Ce chaudron va réaliser tous tes vœux, mentit-elle, tout ce que tu voudras. Si tu veux, tu pourras remplir tout ton logis avec des petits trésors très beaux, très brillants. Je te les échange contre les ciseaux.

– Oui, oui ! gargouilla le féerique en passant son bras par la bonde. À moi, donne, à moi !

Tanya secoua la tête.

– D'abord, les ciseaux.

Le féerique fit la moue, mais Tanya ne céda pas et souleva la breloque un peu plus haut afin de lui faire capter la lumière. Il écarquilla des yeux remplis de convoitise et se lécha les babines à l'avance. Finalement, il accepta sa défaite et disparut dans les profondeurs de la canalisation. Un instant plus tard, il émergea, muni des ciseaux recouverts d'un dépôt visqueux et les déposa dans la main de Tanya, puis s'empara vivement de la breloque qu'elle tendait dans son autre main et se mit à couvert dans son antre nauséabond.

Pendant qu'il chantonnait de joie, Tanya se laissa tomber sur le sol en exhalant un profond soupir. Mais son soulagement fut de courte durée. Quand elle voulut couper sa première mèche de cheveux, il ne se passa rien. Elle fit une nouvelle tentative avec une mèche moins épaisse, mais sans parvenir à couper le moindre cheveu. De colère, elle jeta les ciseaux par terre. Mais elle avait déjà compris que ces malheureuses lames n'étaient pas en cause, qu'elles étaient assez aiguisées... Si elle n'arrivait pas à couper ses cheveux, c'était à cause du sort qui leur avait été lancé. Impossible de le rompre avec ce simple instrument.

Elle s'assit sur le carrelage glacé, au milieu de la mer de cheveux qui ondulait autour d'elle. Que faire pour s'en débarrasser ? Son seul espoir était Red. Il fallait trouver un moyen de descendre la rejoindre sans se faire remarquer. Elle sentit les larmes lui monter aux yeux. C'était elle qui était censée aider Red, et non l'inverse. Elle avait surestimé ses capacités ! Mais ce n'était pas le moment de se décourager. Il fallait réagir. Que ferait Red à sa place ?

– Du sel, récita-t-elle à haute voix. La couleur rouge. L'eau courante. Le fer. Porter ses vêtements à l'envers.

Elle répéta la liste de moyens de dissuasion, plusieurs fois de suite, espérant qu'une solution jaillirait. Mais non. Rien ne vint. Peut-être qu'en se lavant les cheveux sous la douche… mais introduire toute cette masse dans la salle de bains serait difficile, voire impossible. De plus, l'eau courante dont parlait le livre était sûrement celle d'un ruisseau ou d'une rivière, et non d'un robinet.

Tanya se prit la tête entre les mains, abattue.

– Tu savais que les ciseaux ne me serviraient à rien, hein ? chuchota-t-elle au féerique, dont elle sentait toujours la présence dans la canalisation. Tu m'as bien eue !

– *Bien eue, bien eue, turlututu !*

– Je te donnerai d'autres bijoux magiques… Je te donnerai tout le bracelet si tu romps le charme !

– Pas mon charme, oh non ! Pas mon charme à moi !

Tanya sentait confusément que c'était vrai. Ce charme était trop sophistiqué, et jamais le squatter de la canalisation ne lui aurait joué un aussi vilain tour, même s'il y avait mis son grain de sel en ajoutant des poux et des pellicules ! Son dada, c'était de voler les objets brillants.

Le féerique émergea de la bonde en brandissant la breloque.

– Pas magique, dit-il d'un ton courroucé. Vilaine tricheuse !

Tanya haussa les épaules en se gardant bien de reconnaître qu'elle avait effectivement triché. Même si le féerique n'avait pas hésité à mentir de son côté, elle n'avait pas intérêt à l'admettre si elle voulait éviter une nouvelle punition.

– Peut-être que la magie n'opère pas quand les talismans sont séparés, prétendit-elle. Peut-être qu'ils doivent obligatoirement être reliés tous ensemble.

L'amateur de clinquant se renfrogna.

– Tricheuse ! marmonna-t-il une dernière fois avant de replonger dans son antre avec la breloque.

Ne sachant que faire, Tanya sortit de la salle de bains en traînant sa chevelure derrière elle. Elle s'assit sur son lit. Red était son seul espoir. Il fallait qu'elle réussisse à descendre dans le souterrain, mais elle savait au fond d'elle-même qu'elle se berçait d'illusions, car sa grand-mère allait forcer sa porte tôt ou tard. Elle préférait ne pas penser à ce qui se passerait ensuite.

Bientôt, ce serait l'heure du petit déjeuner. L'estomac retourné, Tanya attendit l'inévitable appel de Florence.

Elle n'eut pas à attendre longtemps avant d'entendre son cri de ralliement dans l'escalier, suivi d'un autre, puis d'un troisième. Le quatrième retentit sur un ton particulièrement énervé. Tanya se représenta ses lèvres fines tordues de colère. Pourtant, elle se sentait étrangement détachée, d'un seul coup… Quand ils ouvriraient la porte et la verraient dans cet état, ils la traîneraient d'urgence à l'hôpital, c'était sûr et certain. Et, à l'hôpital… on la cuisinerait, et des gens en blouse blanche feraient des expérimentations sur elle. Comme sur les changelins.

Des pas résonnèrent dans l'escalier. Tanya inspira lentement, profondément. On cogna à la porte.

– Tanya ! À quoi tu joues ? Florence veut que tu descendes tout de suite ! Elle est folle furieuse, et moi aussi ! J'ai mon petit déjeuner qui refroidit !

– Fabian ? appela doucement Tanya.

– Mais oui, c'est moi ! répondit la voix impatiente de son ami. Qu'est-ce que tu fabriques ? Ouvre la porte !

– Je ne peux pas. Je ne descends pas.

– Mais tu es obligée ! Florence sait qu'il y a quelque chose qui ne tourne pas rond. Elle dit que, si tu ne descends pas tout de suite, c'est elle qui va monter ouvrir avec le passe-partout. (Fabian baissa la voix.) C'est à cause de la nuit dernière ? Warwick n'a rien dit. Je pense qu'on s'en tire bien.

– Non... ce n'est pas ça, dit Tanya en s'avançant vers la porte, mais je ne peux pas t'en dire plus. Tu ferais mieux de redescendre.

– Allez, dis-le-moi. Je pourrai peut-être t'aider.

– Non, crois-moi, tu ne peux pas m'aider.

– Eh bien, moi, je ne descendrai pas tant que tu n'auras pas ouvert la porte et que je ne serai pas sûr que tout va bien.

– Non !

– Parfait !

Il y eut un grattement de l'autre côté de la porte. Puis :

– J'espère que tu es habillée, parce que, sinon, c'est le moment de retourner te coucher !

– Quoi ? Fabian !

Tanya entendit distinctement le bruit d'une clé qu'on introduisait dans la serrure, et la clé du côté de sa chambre tomba par terre.

– Fabian, qu'est-ce que tu fais ! hurla-t-elle en s'appuyant contre la porte.

Il y eut un déclic dans la serrure.

– Qu'est-ce qui te prend ? s'affola-t-elle. Je... je vais dire à Warwick que tu utilises son passe-partout pour aller fouiner dans toute la baraque !

– Ce n'est pas celui de Warwick, la détrompa Fabian en commençant à tourner la poignée de porte. C'est le mien. J'en ai trouvé un dans les anciennes chambres des domestiques.

Il donna une poussée à la porte. De l'autre côté, Tanya résista de toutes ses forces, mais elle savait déjà qu'elle n'en aurait pas assez pour maintenir longtemps la pression. Les cheveux qui jonchaient le sol la gênaient pour se tenir solidement sur ses pieds.

– Je te préviens, Fabian ! cria-t-elle. Je ne te le pardonnerai jamais si tu fais ça.

La porte commença à s'entrouvrir. Elle banda ses muscles et poussa avec une force décuplée par la panique.

– C'est… pour ton… bien…, haleta Fabian. Dès que j'aurai… vu… que tout… va bien, je… m'en irai. De… toute façon… Florence… va monter… pour voir…

– Je m'en fiche ! rugit Tanya. Tu n'entres pas !

Mais, qu'elle le veuille ou non, Fabian allait entrer. Il avait encore gagné quelques centimètres et elle-même commençait à faiblir. Déjà, il voyait qu'il se passait quelque chose d'étrange.

– Qu'est-ce que c'est que ça ? Qu'est-ce qu'il y a par terre ?… On dirait… on dirait…, bafouilla-t-il.

Ses forces la lâchaient. Elle tint bon quelques secondes supplémentaires, puis recula. Fabian franchit le seuil tête la première, emporté par l'élan, et dérapa sur les monceaux de cheveux. Après un magnifique vol plané, il atterrit à côté du lit. Tanya se dépêcha d'aller retirer le passe-partout de la serrure et referma la porte à clé. Puis elle se prépara à affronter un Fabian que la surprise avait rendu muet.

Trop stupéfait pour avoir l'idée de remettre en place sa cheville qui s'était tordue dans sa chute, il regardait fixement la poignée de cheveux qu'il enfermait dans sa main. Puis il ouvrit lentement sa paume et suivit des yeux le parcours de la mèche avec incrédulité. Enfin, son regard croisa celui de Tanya.

De façon étrange, elle qui avait tout fait pour l'en empêcher se sentait plus calme, maintenant que son ami était entré. C'était comme si elle était devenue totalement impuissante devant les évènements, comme si sa vie ne lui appartenait plus et qu'elle s'y résignait. Comme si la suite dépendait entièrement de la réaction de Fabian et qu'elle l'acceptait. Elle était trop fatiguée pour lutter, trop fatiguée pour mentir. Bizarrement, elle avait absolument besoin de dire la vérité ; et, vu l'état dans lequel il la surprenait, il n'avait pas le choix, il était bien obligé de l'écouter.

– Fabian, il faut que je te dise quelque chose, dit-elle d'une voix calme et résolue. Tu avais raison. Oui, je cachais quelque chose. Toutes ces choses que tu as remarquées chez moi, les choses bizarres qui arrivent quand je suis là... eh bien, si elles arrivent, c'est qu'il y a une raison. Tu vas avoir du mal à le croire...

Elle s'interrompit. Fabian n'avait pas entendu un traître mot de ce qu'elle venait de dire. Elle le vit bouger lentement les lèvres sans émettre le moindre son, les yeux écarquillés, fixés sur elle, dans une expression d'horreur et de confusion totales.

– Sorcière, prononça-t-il à voix basse, mais assez distinctement pour lui permettre de l'entendre cette fois.

– Quoi ? Non, Fabian, écoute-moi...

– La gitane, la sorcière… C'est elle ! C'est elle qui t'a jeté un sort en te donnant la boussole !

Ces mots décontenancèrent Tanya. Effectivement, c'était une théorie, une explication à laquelle elle n'avait pas pensé. Jamais il ne lui était venu à l'esprit que ce méchant tour pouvait être l'œuvre de la vieille gitane. Celle-ci en avait sans doute le pouvoir, mais elle n'avait sûrement pas fait mine de l'aider uniquement pour accomplir une chose pareille. Cela semblait peu plausible… et pourtant c'était une possibilité. D'ailleurs, puisque Fabian était absolument convaincu que la vieille femme était la responsable, cela lui donnait une porte de sortie. Cela la dispensait de s'humilier en essayant de le convaincre de l'existence des créatures féeriques.

– Je crois… je crois que tu pourrais bien avoir raison, dit-elle.

– Évidemment que j'ai raison ! s'exclama-t-il. Cette vieille peau a ensorcelé pratiquement tout Tickey End à un moment ou à un autre et tu n'es que la dernière en date ! On aurait mieux fait de vendre la boussole au vieux du bus.

– Et qu'est-ce que je vais faire maintenant ? Je ne peux pas laisser les autres me voir dans cet état ! gémit Tanya avec un geste éloquent.

– Je ne sais pas… Non, vraiment, je ne sais pas, murmura Fabian. Mais tu as raison. On ne peut pas les laisser te voir comme ça. On va les couper. Tu as des ciseaux ?

Tanya fit non de la tête en précisant :

– Je n'ai que des ciseaux à ongles, et ça ne marche pas.

– Et si j'allais chercher les ciseaux de la cuisine… ou alors, si je piquais les ciseaux de jardinier de Warwick… ou une hache, peut-être ?

– Non, ça n'a rien à voir, ce n'est pas une question de taille. Ce qu'il faut, c'est arriver à rompre le charme.

– Oh, rien que ça ! ricana Fabian. Mademoiselle a des idées ?

– Eh bien… un jour, j'ai lu quelque part… une liste de choses qui sont censées… rompre les charmes et les mauvais sorts, dit Tanya en hésitant. La liste, c'est : se trouver près d'une eau courante, comme un ruisseau, la couleur rouge, le sel, mettre ses vêtements à l'envers, et le fer. Donc, si on trouve quelque chose dans ce genre-là, on a peut-être une chance que ça marche.

Inconsciemment, elle leva la main pour la porter à ses cheveux. Dans ce mouvement, un éclair de lumière fit miroiter l'une des breloques de son bracelet. La dague. Cela lui donna une idée.

– Est-ce que tu vois un objet, genre un couteau, qui aurait un manche rouge ? demanda-t-elle à Fabian.

Le visage de ce dernier s'éclaira.

– Florence a un coupe-papier qui a un manche un peu orange ! Presque rouge. Et il est coupant. Ça pourrait peut-être marcher.

Mais Tanya objecta :

– Non, il faut que ce soit rouge. Rouge pétard.

Ils se dévisagèrent mutuellement en silence, et chacun lut sa propre expression désolée sur le visage de l'autre.

– Un couteau…, réfléchit Fabian.

Au même moment, la voix aiguë de Florence retentit dans les escaliers, les faisant sursauter avec ensemble.

– Dites donc, vous deux, vous allez me faire le plaisir de descendre immédiatement ! C'est la dernière fois que je vous appelle, sinon, je monte et je vous attrape tous les deux par la peau du cou !

– Bon, d'accord, c'est cuit ! dit Tanya. On est fichus.

Mais sur le visage de Fabian commençait à se dessiner le début d'un froncement de sourcils… le genre de froncement qui indiquait qu'il avait une idée… ou qu'il était sur le point de faire quelque chose de tordu.

– Attends ! s'exclama-t-il.

Il se leva d'un bond et fit une légère grimace en posant son pied par terre. Il avait oublié sa cheville douloureuse.

– Je viens de me souvenir d'un truc, dit-il. Ça peut marcher ou pas, on va voir. Il faut encore que j'arrive à mettre la main dessus.

– Qu'est-ce que c'est ? interrogea Tanya, le visage illuminé d'espoir.

– Un truc qui ne va pas être facile à obtenir, dit-il en ouvrant la porte et en se glissant dans le couloir. Alors ne te fais pas trop d'illusions. Surtout, n'ouvre à personne d'autre que moi.

– Il y a une chose que tu oublies ! Ma grand-mère a sûrement un passe !

Fabian eut un sourire finaud.

– C'est vrai. Sauf qu'elle ne s'est pas encore aperçue qu'elle l'a perdu, dit-il en passant la main de l'autre côté de la porte pour donner un petit coup à la clé fichée dans la serrure.

– Mais tu m'as dit que tu avais trouvé celui-là dans les anciennes chambres des domestiques !

Le sourire de Fabian s'élargit.

– Oui, c'est ce que j'ai dit ! Mais j'ai menti.

Warwick était agenouillé près de la cuisinière, en train de gratter la boue incrustée dans ses bottes. Fabian l'observa avec attention. Son père avait très mauvaise mine, ce matin, il avait l'air vieux et fatigué. Sa peau était grise et ses cheveux emmêlés, preuve qu'ils avaient pris la pluie et avaient séché avant d'avoir été peignés. Ses yeux étaient injectés de sang et soulignés d'ombres noires. Il ne s'était pas rasé depuis plusieurs jours.

Florence leur tournait le dos, occupée à faire la vaisselle. À en juger par le vacarme qu'elle produisait, elle était en colère. L'air était chargé des effluves des deux petits déjeuners intacts qui refroidissaient sur la table. Oberon était assis, et pointait son museau sous la nappe à damier. Deux filets de salive s'écoulaient de ses babines.

Fabian, qui sentait gargouiller son estomac, était de tout cœur avec le chien. Mais il s'efforça d'oublier sa faim et s'avança nonchalamment vers l'évier où officiait Florence.

– Qu'est-ce qu'il y a ? jeta-t-elle.

– Je pourrais avoir un verre d'eau, s'il vous plaît ? demanda-t-il d'un ton humble.

Warwick leva la tête et lui lança un regard sévère.

– Il y a une cruche sur la table. Allez, va t'asseoir ! ordonna-t-il.

– Oui, tout de suite, répondit Fabian en remplissant un verre, qu'il posa sur le côté. C'est pour Tanya. Elle ne se sent pas bien. Je pense qu'elle a un genre de... d'indigestion.

– Alors pourquoi n'a-t-elle rien dit ? s'enquit Florence avec suspicion.

Fabian haussa les épaules et se dirigea vers la porte donnant sur le jardin. Il avait vu ce qu'il avait cherché à voir. Le manteau de son père était suspendu au crochet du milieu : il pendait, mou et complètement trempé.

– Allez, viens, mon garçon, dit-il à Oberon avec un petit sifflement.

Le chien se leva de mauvais gré et sortit d'un pas lourd quand Fabian ouvrit la porte.

– Qu'est-ce que tu fais ? Il a déjà été sorti ! dit Florence d'un ton exaspéré.

– Oh, pardon, répondit Fabian, tout en effleurant le couteau de chasse fixé à la ceinture du manteau.

C'était l'objet auquel son père tenait le plus... et il était entièrement en fer. Il avait servi un nombre incalculable de fois à vider les lapins que Warwick avait attrapés dans la forêt.

Fabian tira la porte comme pour la refermer en dissimulant sa main et passa les doigts sous la ceinture pour détacher le couteau. C'était un objet froid, lourd et efficace. Sûrement ce qu'il fallait pour couper les cheveux. D'un geste vif, Fabian le glissa dans sa manche en le maintenant fermement par l'autre extrémité, avant de refermer la porte.

De l'autre main, il saisit le verre d'eau d'un mouvement si nerveux qu'il faillit le renverser, dans sa hâte de quitter la cuisine.

– Je reviens dans une minute, grommela-t-il.

– Tu as intérêt ! lança Florence en essorant son chiffon avec une telle conviction que Fabian se dit qu'elle se voyait sans doute en train de lui tordre le cou.

Il gravit les escaliers quatre à quatre et fit irruption dans la chambre de Tanya, hors d'haleine. Puis il posa brutalement le verre sur le manteau de la cheminée et sortit le couteau de sa manche.

– Tiens, dit-il, ça devrait marcher.

Tanya examina l'objet avec appréhension.

– C'est quoi, ce truc ?

– C'est en fer, dit Fabian. Ça devrait chasser le mauvais sort.

Il s'agenouilla à côté d'elle et entreprit de tailler dans les cheveux.

– Le manteau de Warwick était accroché près de la porte. Ses bottes sont pleines de boue et son manteau est trempé. C'est sûr, c'est lui qu'on a vu la nuit dernière.

– Il a dû nous voir.

– Non, je ne crois pas, rétorqua Fabian. S'il nous avait vus, il aurait fait un foin de tous les diables. Moi, ce que j'aimerais savoir, c'est ce qu'il fabriquait là à minuit, en pleine tempête.

Le jeune garçon taillait et taillait dans les cheveux avec facilité.

– Ça marche, dit-il. Warwick l'aiguise bien, ce truc.

– Il est à Warwick ? Tu lui as piqué son couteau ? Mais tu n'es pas bien ?

– Eh dis donc, j'ai fait ça pour toi !

Quelques minutes plus tard, les cheveux de Tanya lui arrivaient à la taille, guère plus longs qu'avant l'épisode de la nuit.

– Il va falloir que tu les égalises, dit Fabian d'un ton d'excuse.

– Oui, bien sûr, dit Tanya, mais plus tard. (Elle rejeta ses cheveux en arrière et les attacha en queue de cheval.) Voilà. Personne ne remarquera rien. On ferait bien de descendre avant que ma grand-mère pète les plombs !

– Et avant que Warwick se mette à chercher son couteau, compléta Fabian, moins fier tout à coup.

Il inspecta le couteau pour s'assurer qu'aucun cheveu n'était resté accroché à la lame.

– Et qu'est-ce qu'on va faire de ça ? demanda Tanya avec un geste vers le sol tapissé de cheveux.

– Pour l'instant, tu n'as qu'à les pousser sous le lit, conseilla Fabian. On va les fourrer dans des sacs poubelles après le petit déjeuner et on trouvera un moyen de s'en débarrasser.

Ils se mirent tous deux à quatre pattes et balayèrent le sol en rassemblant à grand-peine les masses de cheveux.

– Il y en a tellement ! gémit Tanya.

– Et du coup ça me démange, renchérit Fabian. Allez, on les entasse sous le lit et on laisse pendre les couvertures sur les côtés, comme ça ils ne se verront pas. C'est tout ce qu'on peut faire pour l'instant. Vite, on descend maintenant !

Ils dévalèrent les escaliers quatre à quatre et bondirent à la cuisine, où une Florence fulminante s'apprêtait à jeter leur repas à la poubelle.

– Non ! cria Fabian.

Florence s'interrompit et pivota sur elle-même en apercevant Tanya.

– Je croyais que tu ne te sentais pas bien ? jappa-t-elle.

– C'est vrai, répondit sa petite-fille sans oser la regarder dans les yeux. Mais ça va mieux maintenant.

Elle prit place à table, imitée par son ami. Florence posa leurs assiettes devant eux en déclarant :

– C'est sûrement froid, depuis tout ce temps.

Warwick, qui était en train de faire briller ses bottes, jeta sèchement :

– Alors là, c'est la première fois que je vois quelqu'un guérir aussi vite !

Tanya ne répondit pas et évita de le regarder. Elle savait que ses yeux d'un bleu glacial étaient posés sur elle, fermes et accusateurs. Cette pensée la fit frissonner. Elle attaqua son repas, qui était presque froid. Elle vit Fabian gigoter à l'autre bout de la table et devina qu'il était en train d'essayer de sortir discrètement le couteau de sa manche et de le cacher sous la table pendant qu'il mangeait.

– C'est encore chaud, se réjouit-il entre deux bouchées.

– Pas le mien…, commença Tanya.

Mais elle s'interrompit brutalement en voyant la fée du foyer sortir de sous l'assiette de Fabian. La créature lui avait réchauffé son plat ! Pour la première fois, elle s'immobilisa pendant deux secondes et regarda son protégé avec un battement timide de ses affreuses petites paupières, avant de courir se cacher. Fabian coupa un morceau de pain et le plongea dans son œuf sans se douter qu'il avait été chouchouté ainsi. Tanya suivit des yeux la fée du foyer, bouillante d'indignation. Dire que c'était elle qui avait donné une soucoupe de lait à cette ingrate petite créature !

– Et moi, je peux manger froid, tu t'en fiches ? grinça-t-elle entre ses dents, en oubliant où elle était. Espèce de pourriture !

– Je te demande pardon ? lança Florence, prête à remplir la machine à laver.

Tanya se rendit compte de sa bévue et leva la tête. Fabian la regarda d'un drôle d'air, lui aussi.

– J'ai dit… Ça m'est égal si c'est froid, se rattrapa-t-elle en réfléchissant à toute vitesse. Ce n'est que de la nourriture.

– Hum ! fit Florence.

En pinçant ses lèvres fines, elle commença à introduire le linge dans la machine. Puis :

– Warwick, pourriez-vous jeter un coup d'œil aux gouttières de la chambre d'Amos, aujourd'hui ? Je crois qu'elles commencent à se détacher.

Warwick émit un grognement d'acquiescement.

Une fois de plus, Tanya se demanda comment des gens aussi exécrables que sa grand-mère et Warwick pouvaient vivre sous le même toit depuis si longtemps sans s'entre-tuer.

– Cette maison est en train de tomber en morceaux, poursuivit Florence en fermant la machine avec un grand *clac*.

– Il n'y a qu'à déménager dans une maison plus petite ! intervint Fabian en engloutissant du bacon à une vitesse impressionnante.

– Cette maison appartient à la famille depuis des décennies, répondit Florence.

Elle se servit de thé et vint les rejoindre à table.

– Moi, je crois que ce qui vous conviendrait, ce serait une jolie petite maison, poursuivit Fabian avec un sourire narquois, une maison en pain d'épices !

Pour toute réponse, Florence le fusilla du regard, tandis que Tanya faillit s'étrangler avec son pain.

– Attention à ce que tu dis ! gronda Warwick.

La moutarde commençait à monter au nez de Tanya. Les rares fois où Warwick daignait s'apercevoir de l'existence de son fils, c'était pour lui faire des remontrances. Pour la première fois, elle comprit que, peut-être, le comportement de Fabian, ses provocations, sa persistance à appeler Warwick par son prénom, étaient surtout un moyen d'attirer l'attention de son père.

Un petit gémissement se fit entendre sous la table. Tanya souleva la nappe et jeta un coup d'œil en dessous. Oberon était assis devant sa grand-mère, la tête posée sur ses genoux.

– Tu es bien, là, hein ? murmura Florence en caressant ses oreilles soyeuses.

Oberon répondit par un petit grognement de contentement. Florence sourit faiblement et tendit la main vers un tiroir, d'où elle sortit un biscuit pour chien du paquet qu'elle avait acheté spécialement pour lui. Oberon le prit délicatement et se mit à mâcher joyeusement sous la table. Tanya observait la scène avec jalousie. Pour une raison inexplicable, Oberon vouait à Florence une adoration sans bornes.

– Terminé ! annonça Fabian.

Il fit tomber ses couverts dans son assiette à grand bruit et se leva, les joues déformées par la dernière et énorme bouchée qu'il venait d'enfourner.

– Ah non, pas comme ça ! intervint Florence. Bonté divine, Fabian ! Tu as l'air d'un hamster. Assieds-toi et attends d'avoir complètement fini de manger !

– J'ai fini ! insista Fabian tout en avalant à grand-peine, les yeux exorbités. Vous voyez ?

Il se dirigea vers la porte donnant sur le jardin. Tanya sentit sa propre bouchée se coincer dans sa gorge quand elle comprit ce qu'il s'apprêtait à faire. Au vu de tous, Fabian se mit à farfouiller parmi les manteaux suspendus à la porte. L'air préoccupé, il décrocha le manteau de son père et le transféra sur un autre crochet, mais, ce faisant, il fit tomber par terre plusieurs vêtements, dont celui de Warwick.

– Qu'est-ce que tu fabriques ? aboya Florence.

– Je ne retrouve pas ma veste, répondit Fabian, ma veste grise. Je pensais qu'elle était accrochée ici.

– Mais elle est dans le placard sous l'escalier, là où tu la ranges tout le temps ! s'exclama Florence, qui, visiblement, ne comprenait goutte à son comportement. Je l'ai vue hier ! D'ailleurs, je me demande pourquoi tu veux mettre une veste par un temps pareil. Vraiment, Fabian, je ne sais pas ce que tu as ce matin !

– Moi non plus ! renchérit Warwick d'un air soupçonneux, en se levant, ses bottes à la main.

– Moi ? Je n'ai rien ! affirma Fabian, en remettant les manteaux en place avant de retourner à table.

Tanya vit à son expression qu'il avait réussi. Ils échangèrent un regard ; et c'était le genre de regard qu'ont les enfants quand ils ont échappé à quelque chose.

Au même moment, Warwick et Florence échangèrent eux aussi un regard. Le leur était le genre de regard qu'échangent les adultes quand ils savent qu'ils ont été bel et bien embobinés, mais sans savoir exactement comment.

La tempête d'été avait nettoyé l'atmosphère et la journée était ensoleillée et chaude, mais encore parfumée par l'odeur des trombes d'eau qui s'étaient abattues pendant la nuit. Tout de suite après le petit déjeuner, Tanya et Fabian remplirent six sacs poubelles de cheveux et les cachèrent de nouveau sous le lit. Déjà, Tanya s'inquiétait à l'idée qu'il faudrait trouver un moyen de s'en débarrasser sans se faire prendre. Son instinct lui dictait de les brûler dans la cheminée de sa chambre, tandis que Fabian suggérait de les jeter dans une catacombe, là où on ne les retrouverait jamais. Mais les deux options présentaient des difficultés. Faire brûler les cheveux prendrait du temps et était risqué. S'ils voyaient sortir de la fumée par la cheminée en plein été, Florence et Warwick ne manqueraient pas d'en concevoir quelques soupçons... Et retourner dans la forêt, c'était déjà difficile en soi, alors le faire en charriant six lourds sacs remplis de cheveux, mieux valait ne pas y songer.

À la fin, elle décida que la meilleure solution serait de brûler les cheveux et que, une fois de plus, il leur faudrait accomplir cette tâche sous la protection de la nuit.

On était déjà en début d'après-midi quand Tanya se retrouva enfin seule. Après avoir détaillé en long et en large les multiples mauvais sorts jetés par Morag la Folle sur différentes personnes de la ville, Fabian était allé s'enfermer dans sa chambre en faisant hurler la musique jusque dans le couloir. Aussitôt après, Tanya crayonna un plan détaillé de la maison sur un bout de papier. Sous le croquis, elle écrivit un bref message :

Dans ma chambre, quand tu veux, après minuit. J'aurai les choses que tu m'as demandées et je veux que tu me donnes ce que tu m'as promis de ton côté.

Elle plia le papier deux fois et le mit dans sa poche. Elle le passerait par la porte secrète de la bibliothèque, avec la nourriture et l'eau pour Red, avant de partir acheter les objets de la liste à Tickey End.

Elle souleva les lames de parquet sous le tapis et en retira la liste que Red lui avait donnée. Elle la vérifia en calculant mentalement le prix de chaque objet. Malheureusement, elle n'avait aucune idée de ce que coûtaient bon nombre d'entre eux.

Ses yeux se posèrent sur une petite boîte en bois posée sur la coiffeuse. Elle contenait le billet de vingt livres que l'homme du bus, celui qui avait essayé d'acheter la boussole, avait laissé tomber. Elle l'y avait déposé dès qu'elle était rentrée, ce jour-là, et il y était resté depuis.

Tanya dut s'y reprendre à trois fois avant de pouvoir soulever le couvercle de la petite boîte. Quand elle y parvint, ce fut non pas pour découvrir un billet de vingt livres bien propre portant le visage de la reine Elizabeth, mais une grande feuille marron enroulée sur elle-même, comme souvent les billets quand ils ont séjourné dans une poche. En dehors de cela, la boîte était vide.

16

Une forte odeur de shampoing emplit l'atmosphère quand Red émergea de la salle de bains, une serviette nouée autour de la tête. Avec son visage soigneusement nettoyé et ses yeux verts brillants, c'était une personne qui n'avait plus rien à voir avec la sauvageonne que Tanya avait rencontrée à peine quelques nuits auparavant. À présent, dans la chaleur de la chambre doucement éclairée, elle paraissait tout à fait convenable, et plus proche de l'âge de Tanya que celle-ci ne l'avait pensé au début.

– Le bébé va bien ? s'enquit Red avec un regard anxieux à l'enfant qui dormait paisiblement sur le lit de Tanya. Il ne s'est pas réveillé, au moins ?

Tanya regarda le changelin, dont la minuscule poitrine se soulevait et s'abaissait à chaque respiration. Ses joues n'avaient pas le moindre soupçon de couleur, ce qui leur était apparu lorsqu'elles l'avaient baigné ensemble, avec précaution et en se dépêchant, le débarrassant d'une crasse vieille de plusieurs jours. Il les avait laissées faire sans protester et en les observant, l'air grave, de ses immenses yeux noirs. Ensuite, il avait bu avidement le lait chaud que Tanya avait subtilisé et apporté dans une petite bouteille, avant de sombrer presque aussitôt dans un profond sommeil. Il n'avait pas bougé depuis.

– Il dort, répondit-elle.

Red s'assit sur le lit en serrant plus étroitement contre elle la robe de chambre de Tanya et dit :

– J'avais presque oublié ce qu'était une bonne douche chaude.

Tanya lui tendit un sac en plastique rempli d'objets. Elle avait passé la majeure partie de l'après-midi à les acheter à Tickey End en utilisant l'argent qu'elle avait retrouvé au fond de la poche de son imperméable.

– Tiens, dit-elle, voilà les choses que tu m'as demandées... enfin, la plupart. Je n'avais pas assez d'argent pour tout ce qu'il y avait sur ta liste.

Red farfouilla parmi le contenu du sac avec ses longs doigts délicats.

– Ça ne fait rien, la rassura-t-elle. Je vois que tu as apporté ce qu'il y avait de plus important.

Elle sortit deux articles du sac : une brosse à dents bon marché et une boîte de teinture pour cheveux.

Elle parcourut rapidement le mode d'emploi, puis regarda la couleur que Tanya avait choisie. C'était une couleur terne, sans éclat, quelque part entre le blond foncé et le châtain clair.

– C'est fade, ça passe inaperçu. Parfait, commenta-t-elle.

Elle ouvrit la boîte et en sortit son contenu, puis enfila deux fins gants de plastique. Ensuite, elle mit le produit colorant dans la bouteille contenant la solution et la secoua pour mélanger le tout, qui prit lentement une couleur grisâtre.

– Je vois que tu as réussi à trouver quelques journaux, constata-t-elle en regardant une pile de quotidiens posée sur la coiffeuse. Tu as pu remonter jusqu'à quelle date ?

Tanya lui apporta le tas de journaux et les posa à côté d'elle.

– Jusqu'au jour où tu as enlevé le bébé, répondit-elle. Ma grand-mère les garde tous pour allumer le feu, et j'en ai acheté deux à Tickey End.

– On parle de l'enlèvement ?

Tanya acquiesça :

– Oui. J'ai corné les pages où sont les articles que j'ai trouvés. Il y en a six en tout, tous dans les quotidiens nationaux... sauf celui-ci.

Elle prit un journal intitulé *Tickey End Gazette* vieux de trois jours, décoré de ce qui semblait être une tache de sauce en première page.

– Ils ne sont pas très sympa avec toi, là-dedans, précisa-t-elle.

Elle feuilleta quelques pages, puis passa le journal à Red, laquelle abandonna la bouteille en plastique pour lire l'article en bougeant les lèvres. Le texte était court, mais de loin le plus accusateur de tous ceux que Tanya avait lus. Non seulement Red y était traitée de voleuse d'enfant sans scrupules, froide et sans cœur, mais il reproduisait la description détaillée de sa personne par un témoin oculaire, Rosie Beak, soixante-six ans, la propriétaire du salon de thé le plus couru de Tickey End, et la plus grande commère de la ville.

À la fin de sa lecture, Red hocha pensivement la tête.

– Donc, ils savent que je suis dans le coin, dit-elle. Et ils savent à quoi je ressemble. Comment je suis habillée. Quelle vieille toupie ! Le genre à fourrer son nez partout. Dès que quelqu'un entrait, hop ! elle lui mettait le grappin dessus et que je te bave sur Paul, Pierre, Jacques… J'ai eu le nez fin de ne pas faire de vieux os chez elle !

Elle se leva et enleva la serviette qui enveloppait sa tête. Tanya la suivit en restant sur le seuil de la salle de bains. Red se pencha au-dessus du lavabo et commença à passer la teinture sur ses cheveux. Tanya la regarda faire en lui racontant distraitement les évènements du matin tout en surveillant nerveusement la porte de sa chambre.

Elle était pleinement consciente du risque énorme qu'elle avait pris en faisant monter Red ici, et des conséquences possibles si on la découvrait.

– Tu sais comment les fééeriques s'y sont pris pour avoir tes cheveux ? demanda Red.

– Qu'est-ce que tu veux dire ?

Red releva sa chevelure sur le sommet de sa tête et enleva ses gants, puis expliqua :

– Pour avoir pu faire les choses à si grande échelle, c'est-à-dire enchanter tes cheveux d'une façon pareille, il faut qu'ils en aient eu entre les mains.

Elle s'interrompit et décocha un regard soupçonneux à son interlocutrice :

– Dis-moi, quand tu te coiffes, qu'est-ce que tu fais des cheveux qui restent sur ta brosse ou sur ton peigne ?

Tanya détourna les yeux, penaude. Elle avait la mauvaise habitude de les laisser sur sa brosse.

– Montre-moi ! exigea Red en prenant la coupable par le coude pour l'entraîner dans la chambre, où Tanya désigna la brosse posée sur la coiffeuse.

Red la regarda, incrédule.

– C'est dégoûtant ! s'exclama-t-elle. Tant qu'à faire, tu aurais pu aussi leur envoyer une invitation écrite !

Elle attrapa la brosse et se mit à ôter les touffes de cheveux :

– Laisser traîner tes cheveux comme ça, c'est carrément les leur servir sur un plateau ! l'admonesta-t-elle. Tu vas t'en débarrasser tout de suite !

– D'accord, d'accord, acquiesça Tanya, perplexe. Je vais... je vais les jeter.

Mais Red secoua la tête.

– Tu as tout faux ! dit-elle. Tu ne vas pas les jeter, tu vas les *détruire*. Tu vas les brûler. Et tu vas faire la même chose avec tout ce qu'ils pourraient utiliser pour prendre le contrôle sur toi.

– Comme quoi, par exemple ?

– Comme ton sang. Ta salive. Les rognures des ongles de tes mains et de tes pieds. Tes dents. Toutes ces histoires de gens qui sont sous la coupe d'une sorcière parce qu'elle est en possession d'une boucle de cheveux ou d'une dent – tout ça, ça a un fond de vérité. Il ne faut rien laisser au hasard.

Elle sortit de sa poche une boîte d'allumettes, en alluma une et la plaça avec précaution dans l'âtre. Puis elle présenta une touffe de cheveux emmêlés à la flamme. Aussitôt, celle-ci les avala avec un sifflement avide et la petite allumette se consuma.

– Je crois que ma mère a quelques-unes de mes dents de lait, réfléchit Tanya. Mais les dents, ça ne brûle pas, si ?

– Tout ce que tu ne peux pas brûler, tu l'enterres, conseilla Red. Soit dans un sac de sel, soit dans une terre consacrée. Quand tu te coupes, il faut que tu brûles tous les mouchoirs que tu as utilisés pour essuyer le sang, tous les sparadraps, tous les pansements. Ne lèche pas les enveloppes, utilise une éponge pour les humidifier. Quand tu te coupes les ongles, jette-les tout de suite au feu. Fais tout ce que tu peux pour te protéger.

Elle s'interrompit brièvement. Puis :

– Qu'est-ce que tu as fait des cheveux que tu as coupés ?

En désignant le lit, Tanya répondit :

– C'est là-dessous, dans des sacs poubelles. J'ai pensé que les brûler, c'était le meilleur moyen de m'en débarrasser... J'attendais de pouvoir le faire sans que personne s'en aperçoive.

– Ce n'est pas la meilleure solution, c'est la *seule* solution, dit Red d'un ton rogue, en commençant à retirer les sacs de leur cachette.

Avec son couteau, elle découpa un trou dans l'un des sacs et en sortit une poignée de cheveux, qu'elle tendit à Tanya ainsi que les allumettes.

– Tiens, brûle-les. Maintenant.

Tanya jeta les cheveux dans la cheminée et y mit le feu. Les flammes crépitèrent, sifflèrent, et mangèrent leur proie en quelques secondes. Elle sortit du sac une nouvelle poignée et le processus se répéta. Mais, en voyant Red extraire le sixième et dernier sac, elle fut saisie de découragement :

– Ça va prendre des heures pour brûler tout ça !

– Alors je te conseille de continuer sans perdre de temps.

Tanya obtempéra et jeta une nouvelle fournée de cheveux dans la cheminée sans cacher son admiration devant les connaissances de cette fille.

– Où as-tu appris tout ça, Red ? demanda-t-elle. Comment se fait-il que tu connaisses toutes ces choses, alors que moi, j'en connais si peu ?

Red répondit avec un haussement d'épaules :

– Tu sais, ce sont les autres qui m'ont presque tout appris… d'autres gens comme toi et moi. Le reste, je l'ai appris à la dure. Par l'expérience.

Tanya montra du geste le sac en plastique contenant les articles qu'elle avait achetés :

– Moi, j'ai rempli ma partie du contrat. Maintenant, c'est à ton tour. Je veux que tu m'informes. Je veux que tu m'apprennes ce que *toi*, tu sais.

– Ce n'est pas possible en si peu de temps, objecta Red, mais je peux t'en apprendre un peu. La bonne nouvelle, c'est que tu es déjà au courant de ce qui est le plus important. Tu sais ce qu'il en est pour les changelins et le rapport avec le don de double vue. Tu as quelques informations sur le glamour. Et maintenant tu sais comment te protéger. Mais, pour comprendre pourquoi les fées riques s'intéressent à nous, il faut connaître les origines et le fonctionnement de leur royaume.

Le royaume des féériques est régi par deux cours opposées : la Cour Seelie et la Cour Unseelie. Grossièrement traduits, *seelie* veut dire bénie et *unseelie* veut dire maudite. La Cour Seelie est connue comme étant la plus bienveillante, ou la plus disposée à aider ses semblables et les humains, alors que la Cour Unseelie a la réputation d'être méchante et cruelle. Les deux cours se détestent, mais elles sont obligées de se tolérer.

– Mais comment le royaume peut-il être régi par deux cours opposées ? s'étonna Tanya, tout en grimaçant parce qu'une allumette s'était consumée en lui brûlant le doigt. Ça n'a pas de sens !

– Elles gouvernent chacune à leur tour. Elles ont l'obligation d'honorer un accord ancien qui dit que ce doit être ainsi. Cet accord repose sur une légende peu connue qui raconte qu'il n'existait au début qu'une seule cour constituée des treize féériques les plus sages et les plus puissants du royaume. Chaque membre devait créer un don spécial de grand pouvoir, qui pourrait être octroyé à tout moment à quiconque en serait jugé digne par la cour. Ces dons étaient connus sous le nom des Treize Trésors.

Tanya fronça les sourcils. Ces mots, elle les avait déjà entendus… Puis elle se souvint du livre de la bibliothèque. C'était lui qui évoquait les Treize Trésors. Malheureusement, les gobelins avaient brouillé son contenu avant qu'elle ait pu tout lire.

– Il y avait l'Anneau, une bague qui rendait invisible celui qui le portait, poursuivit Red. Le Glamour, un masque d'illusion qui trompait celui qui le regardait aussi longtemps que le voulait son porteur. La Lumière, un candélabre magique dont la flamme ne diminuait jamais. Ensuite, l'Épée, qui n'accordait que la victoire et jamais la défaite. Le Livre de la Connaissance, qui s'ouvrait pour répondre à toutes les questions que posait le lecteur. Une Clé qui ouvrait toutes les portes, y compris celles qui donnaient sur d'autres mondes. Il y avait un Calice, dont on disait qu'il accordait la vie éternelle à celui qui buvait dedans. Un Plat qui restait toujours rempli, afin que celui qui le possédait n'ait jamais faim. Le Sceptre, un bâton pour donner la force ; la Dague, d'où coulait du sang qui guérissait toutes les plaies. Il y avait la Coupe de la Divination. Un Cœur pour le courage. Et enfin le Chaudron, qui ramenait les morts à la vie.

Chacun de ces dons pouvait être attribué librement par son créateur, à condition que les autres membres de la cour considèrent que celui qui le recevait le méritait. Depuis le début, l'un des Treize Trésors était une source de malaise et d'excitation en même temps : le Chaudron. Six membres de la cour étaient d'avis qu'il fallait respecter la mort, qu'on ne pouvait pas jouer avec elle, sous peine d'engendrer le chaos. Les sept membres restants, y compris le créateur du Chaudron, pensaient que quand une vie se terminait prématurément – la vie d'un enfant, par exemple – le Chaudron était un moyen de donner au défunt une nouvelle chance, tout en allégeant la souffrance de ceux qui le pleuraient.

Red s'interrompit un instant pour consulter sa montre et dit, changeant de sujet :

– Dans dix minutes, je dois rincer ma couleur. Tu me le rappelleras.

– Oui, oui, s'empressa de promettre Tanya, impatiente de connaître la suite de l'histoire. Continue !

– Le moment où la cour se diviserait approchait, poursuivit Red. Et arriva le jour où le créateur du Chaudron fut mortellement blessé par une flèche tirée par un humain. La cour se divisa en deux camps. Six de ses membres firent pression pour que le don du Chaudron soit maintenu et déclarèrent la guerre à la race humaine. Les six autres refusèrent d'accepter. En l'absence de décision commune de la cour, ni le Chaudron ni les douze autres Trésors ne pouvaient être utilisés.

Aucune des deux parties ne voulut céder, chacune considérant son point de vue comme le bon. Au fur et à mesure que le temps passait, les chances de réconciliation diminuaient. Il y eut des négociations acharnées. Finalement, un compromis fut adopté. Il y aurait deux cours, chacune d'elles régissant le royaume à son gré pendant la moitié de l'année, sans aucune intervention de l'autre partie. Les Treize Trésors restèrent à la grande cour, inutilisés à jamais, aucune des deux cours n'acceptant de rencontrer l'autre pour trouver un accord, si grande était l'intensité de leur haine réciproque.

C'est depuis lors que, pendant six mois de l'année, une cour – celle qui s'était opposée à la résurrection des morts – gouverne le royaume et ses habitants, en y faisant régner l'ordre, la paix et la bonne volonté. Le peuple des féeriques l'a nommée la Cour Seelie, bénie, car, sous son gouvernement, la terre est fertile et productive comme elle l'est aujourd'hui.

– Aujourd'hui ? intervint Tanya. Tu veux dire…

– Pendant le printemps et l'été.

– Donc, la Cour Unseelie règne pendant l'automne et l'hiver ?

Red acquiesça d'un signe de tête.

– Sous son règne, la terre se flétrit et meurt. C'est le chaos. On fait des banquets en préparation desquels on capture des prisonniers qu'on torture pour amuser la cour. Le plus souvent, ces prisonniers sont des humains qui se sont perdus ou qui ont été attirés dans le royaume des fëeriques. La plupart d'entre eux ne reviennent jamais. Parmi ceux qui reviennent, il y en a peu qui ont encore toute leur tête.

Tanya frissonna.

– Beaucoup de féeriques fuient le royaume quand c'est au tour de la Cour Unseelie de gouverner, reprit Red. Ils craignent pour leur sécurité et celle de leurs enfants. Le trafic de changelins amuse beaucoup la Cour Unseelie. Ses membres échangent à tour de bras les enfants de leurs ennemis, c'est-à-dire ceux qui soutiennent la Cour Seelie et les humains. Ils se régalent de tout ce qui cause ravages et désolation.

La plupart de ceux qui s'en vont reviennent quand le terrain est plus sûr pour eux. Mais il y en a certains qui ne retournent jamais là-bas, qui préfèrent rester en dehors du royaume.

– Où vont-ils ? s'enquit Tanya.

– Ils viennent chez nous. Dans notre monde. Ici, ils peuvent vivre comme ils veulent, selon leurs propres règles.

– Donc… ceux qu'on voit ici sont ceux qui ont quitté leur propre royaume ?

– Oui. C'est ça, ou alors qui ont été bannis par les cours.

– Bannis ?

– Oui, pour avoir mal agi, répondit Red. C'est de ceux-là que tu dois te méfier. Ce sont en général les plus dangereux de tous. Heureusement, ce sont aussi les plus faciles à dénicher. Souvent, pour les bannir, les autres leur jettent un sort qui les condamne à ne pouvoir parler qu'en vers. Et, de leur côté, ils ne comprennent que le même langage. Ça les décourage de communiquer avec les humains ou avec les autres féeriques. Une autre méthode pour les bannir, c'est de leur couper la langue.

Tanya fit la grimace en repensant aux gobelins. Maintenant, elle comprenait leur étrange manière de parler.

Red regarda sa montre, se leva, s'étira et déclara :

– C'est le moment.

Tanya acquiesça d'un signe de tête.

Red alla s'enfermer dans la salle de bains pour rincer ses cheveux. Tanya entendait faiblement couler l'eau. Au bout de quelques minutes, le ruissellement de l'eau fut remplacé par le claquement des ciseaux qui coupaient des cheveux. Le seul autre bruit était la respiration du changelin endormi.

Ainsi que Red l'avait prédit, le glamour avait commencé à disparaître. L'une des oreilles de l'enfant s'était allongée et était devenue pointue. Ses cheveux avaient poussé à une vitesse alarmante depuis la dernière fois, et sa peau avait pris une teinte plus pâle, un peu verdâtre. Il s'était également affaibli. Il avait besoin d'être soigné, bien sûr, mais avec des remèdes de son propre peuple, pas des remèdes humains...

Tanya lui caressa doucement la joue. Il sentait le shampoing pour bébé et le lait. Sa peau était douce et fraîche. Instinctivement, le bébé bougea un peu en frottant son nez contre sa main dans son sommeil, et elle sentit avec surprise des larmes lui piquer les yeux.

Qu'allait-il devenir, lui qui dépendait entièrement de Red... et d'elle-même ? Il ne se doutait pas, n'était pas capable d'imaginer qu'il n'était qu'un pion dans la guerre cruelle qui déchirait son propre peuple.

Derrière elle, Red prononça d'un ton doux :

– Je prendrai bien soin de lui.

Tanya, qui ne l'avait pas entendue venir, s'essuya les yeux.

Elle leva la tête... et sursauta. Car Red ne ressemblait plus à Red.

Tanya examina longuement la tenue de la nouvelle jeune fille qu'elle avait devant elle : un pantalon d'homme miteux et une chemise ne valant guère mieux, qu'elle avait achetés pour pas cher dans une boutique de bienfaisance l'après-midi même. Ils étaient tout à fait dans le style de son amie, avec ses airs de jeune garçon, de même que les bottes marron usées qu'elle avait aux pieds.

Sa longue chevelure, passée du roux flamboyant au blond terne, avait été sévèrement raccourcie.

– Comment tu me trouves ? demanda Red.

– Tu as l'air... d'un garçon.

Red opina du chef.

– Bien, dit-elle.

Elle saisit le regard de Tanya, toujours posé sur sa tête.

– Ça va repousser, dit-elle d'un ton négligent. Ils recherchent une fille rousse avec un bébé garçon. Donc, il faut que je ressemble à tout sauf ça.

Elle jeta une poignée de ses propres cheveux dans le feu, puis fouilla dans le sac en plastique et en sortit une pile de vêtements de bébé roses.

– Et lui aussi, ajouta-t-elle.

Ensemble, elles entreprirent d'habiller le changelin, le plus lentement et le plus doucement possible, afin de ne pas le réveiller. Le bas fut relativement facile à passer, mais quand il fallut introduire ses petits bras dans les manches, le bébé poussa un cri de protestation furieux. Tanya fut aussitôt sur le qui-vive et glissa en vitesse le reste du bras dans la manche. Maladroitement, Red ferma les boutons du petit gilet rose. L'enfant ouvrit brusquement les yeux et, l'espace d'une seconde, parut sur le point de hurler, mais se ravisa et se rendormit sans autre forme de procès.

– Red, tu vas continuer longtemps à faire ce genre de chose ? murmura Tanya.

– T'inquiète. On sera partis dans une heure. Tu n'auras plus à nous couvrir.

– Je ne parle pas seulement de lui. Je parle de tous les autres. Qu'est-ce qui te pousse à faire ça ? Qu'est-ce qui te pousse à vouloir les sauver ? Tu n'as pas de parents, pas de famille ?

– Non, répondit Red. Plus maintenant.

– Pourquoi ?

– Mes parents sont morts dans un accident de voiture il y a dix-huit mois. Les secours ont réussi à nous sortir de l'épave, mon petit frère et moi... Moi, j'avais le bras cassé, mais James s'en est sorti sans une égratignure.

– Une sacrée chance, commenta Tanya.

Red la contredit d'un signe de tête.

– La chance n'a rien à voir là-dedans. Il a été sauvé par un féerique.

– Ah bon ? Par un féerique ?

– Oui, c'était un petit être très marrant, très bizarre... un genre de rongeur. Il me suivait partout... Je n'ai jamais su pourquoi. Et le plus curieux, c'est qu'il ne m'a jamais embêtée, à l'inverse des autres. C'était presque comme s'il... prenait soin de moi. Quand l'accident a eu lieu, je n'ai pensé qu'à une seule chose, protéger mon petit frère

James, et il a eu l'air de le comprendre. Au moment du choc, il a gonflé et il a servi de coussin protecteur.

– Il est où, maintenant ? demanda Tanya.

– Il est mort dans l'accident, répondit Red d'une voix triste. Il a donné sa vie pour sauver celle de mon petit frère. Après, nous avons été placés à l'orphelinat de Tickey End. Au bout d'environ un mois, je me suis aperçue de ce qui se passait. On y enlevait des enfants – les plus jeunes : les bébés et les tout-petits – et on les remplaçait par des changelins. J'ai essayé de leur dire, aux gens de l'orphelinat, mais ils ne m'écoutaient pas. Après, les fééeriques se sont enhardis. Ils ont enlevé deux enfants sans prendre la peine de les remplacer par des changelins. Évidemment, il y a eu du grabuge et une grande enquête, à la suite de laquelle il a été décidé de fermer très vite l'établissement et de transférer tous les enfants ailleurs. Mais, la dernière nuit, il y a eu un nouvel enlèvement : celui de James.

– Et alors, qu'est-ce que tu as fait ?

– Qu'est-ce que tu voulais que je fasse ? Personne ne m'écoutait. J'ai été transférée à Londres. Dès qu'on m'a déplâtré le bras, je me suis enfuie. Je n'ai pas eu de mal à disparaître. Ils n'ont pas fait de gros efforts pour me retrouver. Et depuis je m'occupe des bébés changelins. J'espère qu'un jour je récupérerai mon frère.

Tanya secoua la tête en signe d'incompréhension.

– Je ne comprends pas, dit-elle. Qu'est-ce qui te fait croire que c'est un moyen de récupérer ton frère ?

– C'est donnant-donnant. Je ne me contente pas de rendre les changelins. J'oblige les féeriques à m'offrir quelque chose en échange.

– Tu veux dire des enfants humains qui ont été volés ?

– Exactement.

– Mais si les féeriques ne veulent pas récupérer les changelins ? demanda Tanya. S'ils ont été échangés parce qu'on ne voulait pas d'eux, les féeriques n'ont pas intérêt à rendre leurs remplaçants humains !

Red acquiesça.

– C'est vrai, ils ne vont accepter de reprendre que les changelins qui ont été échangés par malice ou par méchanceté. S'ils ont été enlevés pour une autre raison, c'est plus compliqué.

– Qu'est-ce que ça veut dire ?

– Ça veut dire que tous ne sont pas logés à la même enseigne, qu'il y a parfois des difficultés pour les rendre... Mais il y a encore des moyens. Il y a toujours des moyens.

Tanya se tut. Soudain, tout s'expliquait.

– Tu espères qu'un jour ou l'autre, ça te conduira à ton frère, c'est ça ? Tu pourras l'échanger contre l'un d'entre eux.

Les yeux de Red prirent une expression rêveuse. Elle ne répondit pas tout de suite.

– Si seulement je pouvais trouver un moyen d'entrer…, dit-elle enfin doucement.

– Un moyen d'entrer ? l'interrompit Tanya. D'entrer où ?

– Dans le royaume des féeriques, répondit Red. Je suis sûre… je suis sûre de pouvoir le trouver.

– Attends… tu dis que tu veux vraiment entrer dans le royaume des féeriques, tout en sachant ce qui s'y passe ? s'exclama Tanya, incrédule. Même si tu retrouvais ton frère, tu ne pourrais sans doute jamais en ressortir !

Red ne répondit pas, mais la tristesse qu'on lisait dans ses yeux était suffisamment éloquente. Tanya comprit que cela n'avait pas d'importance pour elle. Tout ce qui comptait pour elle était de retrouver son petit frère.

– Tu as essayé ? demanda-t-elle.

– Oui. Mais c'est compliqué. J'ai l'impression que plus on le cherche, plus il s'éloigne. Il faut satisfaire à des conditions précises.

– Qu'est-ce que tu veux dire ?

– Quand on n'y entre pas après avoir subi un sort, il faut être invité pour le faire. Ou négocier. Ou répondre à des énigmes. Ce n'est jamais simple. Ils savent que je suis à sa recherche. C'est une raison suffisante pour qu'ils refusent de me laisser entrer. James aurait trois ans aujourd'hui.

À la note sèche qui s'était introduite dans la voix de Red, Tanya comprit qu'elle ne devait plus insister. Car il était inutile de le formuler : les chances pour que Red retrouve son petit frère étaient vraiment très minces.

– Qu'est-ce que tu vas faire maintenant ? s'enquit Tanya. Où vas-tu aller ?

Red commença à emballer méthodiquement ses affaires.

– Un cirque doit passer demain soir dans un village à quelques kilomètres d'ici. J'ai un contact qui voyage avec lui, un extralucide qui organise les négociations avec les féeriques. L'année dernière, j'ai réussi à persuader les gens du cirque de me laisser voyager avec eux moi aussi. Quand j'aurai négocié l'échange de l'enfant, ils me donneront de la nourriture et un endroit pour dormir et en contrepartie je travaillerai pour eux, en surveillant leurs animaux et ce genre de choses. Ils ne posent pas de questions, et moi non plus. C'est parfait.

– Parfait pour quoi ?

Red introduisit le restant de ses affaires dans son sac.

– Pour disparaître, dit-elle doucement.

17

Il plut les deux jours suivants. Le troisième jour pointa avec une petite bruine grise qui se calma de mauvaise grâce autour de midi puis, à la fin de l'après-midi, le soleil commença à percer les nuages. Tanya se tenait près de la fenêtre de la cuisine, les yeux fixés sur les champs bourbeux qui s'étiraient vers la forêt sous le ciel chargé. Elle ne cessait de penser à Red et au changelin, qu'elle imaginait blottis quelque part dans un coin, frigorifiés et trempés. Red lui avait promis de se manifester dès qu'elle aurait pris contact avec les gens du cirque, mais elle n'avait reçu aucun signe de sa part.

Tanya s'installa à table et alluma la radio en tripotant toutes les touches. Enfin, elle tomba sur un bulletin d'informations. Sous la table, Oberon grogna et bougea, puis s'assit pesamment à ses pieds. Tanya ouvrit grand les oreilles, tendue à craquer, mais le journaliste n'évoqua pas l'affaire de l'enlèvement du nourrisson. Il n'y avait rien eu de nouveau non plus dans les journaux. Elle se détendit un peu. La piste semblait s'être refroidie.

Fabian entra dans la cuisine en bâillant à s'en décrocher la mâchoire. Tanya ne l'avait que très peu vu depuis le départ de Red. Warwick étant constamment présent, ils n'avaient pu se rencontrer que lors de deux moments volés au cours desquels Tanya avait pu lui dire qu'elle avait réussi à détruire les cheveux.

Il s'assit et se servit de thé.

– Mais c'est froid ! constata-t-il, surpris.

– Tu n'as qu'à t'en faire un autre, répondit Tanya.

Elle se demanda ce que fabriquait la fée du foyer. D'habitude, elle ne laissait jamais refroidir le thé !

– Je ne sais pas comment on fait, avoua-t-il. Je n'ai jamais préparé de thé.

– On commence par faire bouillir l'eau dans la bouilloire, dit-elle avec ironie. Je suis sûre que tu es capable d'imaginer le reste. Quand je pense à tous les bouquins sur la théorie de la relativité d'Einstein que tu as dans ta chambre !

Fabian haussa les épaules.

– Je vais attendre que Florence revienne, décida-t-il.

– Alors tu vas attendre longtemps ! Elle est restée couchée, elle a mal à la tête. Elle a envoyé Warwick à Tickey End pour faire des courses.

– Ah, super ! s'exclama Fabian en se frottant les mains. Pour les courses, je veux dire, pas pour le mal de tête. Warwick achète des trucs meilleurs que Florence.

– Ah bon, tu trouves ? fit Tanya avec une moue, car elle n'avait pas envie de reconnaître que Warwick pouvait aussi avoir des qualités. Pas moi !

– En tout cas, le thé qu'il a acheté la dernière fois était meilleur, répliqua Fabian. D'habitude, il a un goût de jus de chaussette. Je pense que Florence achète du thé premier prix en s'imaginant que personne ne s'en aperçoit.

Tanya se contenta de lever les yeux au ciel. Puis elle alla soulever le couvercle de la boîte à thé et ratissa légèrement son contenu du bout des doigts. Elle avait sa petite idée sur la qualité du thé. S'il n'était pas bon, ce n'était pas à cause de Florence, c'était plutôt dû aux œuvres du vieux lutin qui vivait dedans. Elle plongea la main au fond de la boîte, mais elle ne reçut aucun coup de dent ; aucun coup de canne non plus. La boîte ne contenait que des sachets de thé. Le lutin était parti.

Elle referma le couvercle et fronça les sourcils. Quand avait-elle vu le féerique pour la dernière fois ? Elle ne s'en souvenait pas. Il avait peut-être changé de logement… ou il était mort.

– Alors, ils sont du genre convenable ou pas ? demanda Fabian. Les sachets de thé, je veux dire.

– Je suis incapable de faire la différence, répondit Tanya.

Fabian attrapa la boîte à thé et souleva le couvercle en prenant une profonde inspiration.

– Pourtant, ça se sent ! dit-il en lui fourrant la boîte sous le nez. Allez, vas-y, sens !

Elle s'exécuta et huma le thé sans conviction.

– Si tu le dis...

Abandonnant cette importante question, Fabian alla se planter devant la fenêtre, le regard tourné vers le Bois du Bourreau.

– Warwick part à la chasse demain matin, annonça-t-il d'un ton négligent. Il ne va sans doute pas rentrer avant l'après-midi.

Tanya ne réagit pas. Elle savait déjà où il voulait en venir, et elle n'était pas pressée d'en parler.

– Je pense qu'on devrait saisir l'occasion pour retourner dans la forêt, comme on l'a dit, poursuivit-il.

Il se racla la gorge, puis ajouta, perfide :

– À moins que tu aies changé d'avis.

– Ce n'est pas ce que j'ai dit.

– Pas la peine ! C'est écrit sur ta figure !

– Non, je n'ai pas changé d'avis, c'est juste... c'est juste que je ne vois pas où ça nous mènera. Amos est vieux. Peu importe ce qu'il a fait ou pas, il l'a sûrement payé. Peut-être qu'il vaudrait mieux oublier.

– Tu veux que j'oublie ? Mais comment ? Je n'arrête pas d'y penser ! Tu sais aussi bien que moi qu'il y a quelque chose de pas clair dans cette histoire… Je veux découvrir la vérité, et je croyais que toi aussi.

– Je voulais… enfin, je *veux*…, bafouilla Tanya.

Sans lui laisser le temps de finir, Fabian se dirigea vers la porte en lançant :

– J'y crois pas ! Tu ne vas quand même pas laisser tomber !

– Non, non, je ne laisse pas tomber !

– Je croyais qu'on était amis !

– Oui, on est amis, s'empressa d'affirmer Tanya. C'est pour ça que je crois qu'il faudrait qu'on réfléchisse un peu plus à tout ça… On a failli se faire prendre la dernière fois. Ton père me déteste déjà assez comme ça, pas la peine de lui donner une raison de plus.

– Très bien, dit Fabian d'un ton froid. T'inquiète, j'irai tout seul. De toute façon, je risquerai moins de me faire pincer si tu n'es pas avec moi… Tu n'es qu'une… qu'une idiote de fille.

Tanya resta interdite, le bec cloué. Bientôt, elle entendit les pas de Fabian s'éloigner dans le couloir. Quand le silence et le vide furent revenus, elle monta à son tour dans sa chambre, mortifiée au plus haut point. Quand elle passa devant l'horloge ancienne, sur le palier, son tic-tac lent et régulier lui fit comprendre que, tout comme la boîte à thé, l'horloge était vide.

Elle gravit le reste des marches et gagna sa chambre, perplexe. L'absence des fééeriques était anormale, il se passait quelque chose. Elle se laissa tomber sur son lit, et ce fut seulement à ce moment qu'elle remarqua l'enveloppe cachetée posée sur son oreiller. Rien n'était écrit dessus, pas même un nom. Tanya la saisit, le cœur battant. C'était sûrement Red ! En toute hâte, elle l'ouvrit et en sortit une feuille de papier pliée en deux.

C'était un poème écrit à l'encre noire d'une écriture nette. Fugitivement, elle se demanda si ce poème était une sorte de code secret – une manière pour Red de couvrir ses traces – mais cette pensée s'envola avant même d'avoir réellement pris forme : Red était directe et sans fioritures, et elle agissait dans l'urgence. Ce n'était pas son genre d'écrire en vers !

Tanya commença sa lecture.

Dans un bois où les arbres bruissent de secrets chuchotés,
Commença l'histoire d'une fille disparue un doux soir d'été.
Ses yeux étaient couleur de minuit, sa peau de la lune avait l'éclat,
Ses cheveux étaient noirs comme l'aile du corbeau, elle s'appelait Morwenna.

N'écoutant personne, jouant avec le feu, elle alla seule dans les bois flâner

Et, quand le soir tomba, disparut pour ne plus jamais rentrer.
La forêt ne livra aucune réponse, car tout ce que l'on y trouva
Ce fut une simple tresse des longs cheveux noirs de Morwenna.

Quand sans laisser de trace elle disparut, dix ans plus quatre était son âge,
Les semaines devenant des mois, les gens de la ville oublièrent son visage.
Certains disent que la jeune fille a péri, tombée, oh, la malheureuse,
Là où, sous la terre, d'autres sont morts dans les ténèbres sinueuses.

Certains disent qu'elle s'est enfuie, à la recherche d'un meilleur avenir,
Ou succomba sous la colère de celui qui, à la sienne, sa vie voulait unir.
Lorsque lentement la vérité se perdit dans la légende, pour ses contemporains
Ne resta plus de Morwenna, la fille du pasteur, qu'un souvenir lointain.

Aujourd'hui, on ne s'en souvient plus – mais ceux qui ont le don de voir
Évitent le chemin que prit la malheureuse cet été-là, par un doux soir.
Car dans les bois où frissonne la digitale sous les ombres doucement tapies
On dit que Morwenna erre encore, et danse à la musique des faeries.

Ce poème n'était pas signé. Tanya fut instinctivement convaincue qu'il contenait une part de vérité.

Elle remit en hâte le papier dans l'enveloppe, puis le rangea sous les lames de parquet, dans le foulard rouge.

Sa tête travaillait à toute vitesse. C'était une révélation bouleversante. Morwenna avait été enlevée par les féeriques.

Depuis cinquante ans, elle était séquestrée dans leur royaume, sans pouvoir s'échapper, ni dire à personne ce qui lui était réellement arrivé.

«Voilà ce qu'elle essayait de nous dire, pensa Tanya, découragée. Et si Warwick ne nous avait pas retrouvés dans la forêt, ce jour-là, elle aurait réussi.»

Depuis un demi-siècle, Amos était soupçonné d'un crime qu'il n'avait pas commis et cette suspicion l'avait conduit à la folie.

Amos était vraiment innocent.

Il restait encore dans la tête de Tanya deux questions sans réponse. Premièrement, qui avait bien pu mettre cette enveloppe dans sa chambre ? Et, deuxièmement, à qui pouvait-elle se confier ?

De frustration, elle attrapa le bord de sa couverture et la tordit entre ses doigts. Si seulement Red était encore là, si seulement elle lui avait parlé de Morwenna Bloom ! Red aurait su ce qu'il fallait faire !

Mais, avec des « si seulement », elle n'arriverait pas bien loin.

Elle s'apprêtait à remettre les lames de parquet en place, quand la boussole miroita, captant son regard. Et c'est alors qu'elle eut une idée.

On n'entendait rien, dans la forêt, en dehors du chuchotement de la brise dans les arbres et du glouglou du ruisseau. Tanya était à la lisière, la boussole à la main, l'aiguille de fer en poche et tous ses vêtements mis à l'envers. Cette fois, elle ne prendrait aucun risque. Oberon, à côté d'elle, la regardait d'un air un peu perdu, comme s'il ne comprenait pas ce qu'ils faisaient là.

Elle souffla, un souffle tremblotant... Elle qui, moins d'une heure auparavant, n'avait plus aucune envie de remettre les pieds dans cette forêt, n'avait à présent rien de plus pressé que d'y retourner. Le poème avait tout changé. Si on le lui avait déposé, c'était qu'il y avait une bonne raison : en dehors d'elle, personne n'était en mesure de sauver Morwenna.

Rassemblant tout son courage, elle franchit le ruisseau, pénétra dans les bois et se mit à avancer au hasard. Au moins, la boussole lui permettrait de retrouver le chemin du retour. Cette pensée l'aidait à conserver son calme.

– Non, je ne me perdrai pas. Non, je ne me perdrai pas, se persuada-t-elle d'une voix si faible qu'elle ne la reconnut pas.

Elle continua à s'enfoncer dans les bois. Les branchages et la mousse craquaient et bruissaient légèrement sous ses pieds, et elle dut faire un pas de côté pour éviter de marcher sur une souris en état de décomposition. À deux reprises, elle s'arrêta pour examiner les environs : elle avait la sensation inquiétante d'être suivie. La deuxième fois, elle cria même le nom de Fabian, se disant qu'il pouvait parfaitement être encore en train de l'espionner. Mais personne ne répondit.

Elle poursuivit sa route, les oreilles à l'affût d'un bruit suspect, mais non. Tout se passait bien. Elle commençait à se détendre quand elle arriva en vue de la première catacombe.

Tanya contempla la barrière et sa partie manquante, encore frissonnante au souvenir du désespoir qui l'avait saisie quand Oberon avait disparu. Elle détourna les yeux et se hâta de passer son chemin.

Bientôt, ils débouchèrent dans une clairière où un gros arbre était couché en travers. Oberon renifla les longues herbes et éternua plusieurs fois en déplumant une aigrette de pissenlit. Elle décida de s'asseoir un moment pour essayer de se repérer et prendre une gorgée d'eau, car elle avait pris la précaution d'emporter une bouteille. Elle vérifia sur la boussole, puis constata avec un choc que la maison n'était pas du tout dans la direction qu'elle imaginait.

Au bout d'un moment, elle se leva. Elle n'avait pas beaucoup de temps devant elle si elle voulait rentrer avant qu'on se mette à sa recherche, mais vers où se diriger ? L'angoisse lui nouait la gorge.

– Allez, viens, mon chien, ordonna-t-elle à Oberon. On rentre.

Elle avait à peine fait un pas lorsque quelque chose bougea devant elle, dans les arbres. Suivit la vision fugitive d'une main.

– Morwenna ! appela-t-elle. Morwenna Bloom ! C'est toi ?

Un visage sale aux traits grossiers surgit derrière un arbre. Ce visage exprimait une terreur indicible. Oberon se ratatina derrière elle en gémissant. Lentement, Tanya avança d'un pas.

– Brunswick, c'est toi ? demanda-t-elle.

Le gobelin sortit de sa cachette, les yeux écarquillés. Il posa un doigt sur ses lèvres.

– Faut pas, *faut* pas ! chuchota-t-il en secouant vigoureusement la tête.

– Faut pas quoi ?

Brunswick courut à sa rencontre, la prit par la main et l'attira dans les arbres au pas de course en jetant des coups d'œil anxieux derrière lui.

– Tu n'as rien à faire ici ! Tu n'aurais pas dû venir ! dit-il.

– Pourquoi ? Brunswick, tu me fais peur. Dis-moi ce qu'il y a.

Mais le gobelin ne parla pas. Il se contenta de la tirer par le bras et de l'entraîner au cœur de la forêt en courant à perdre haleine. Les arbres qui les entouraient étaient de plus en plus rapprochés ; leur écorce était vieille et noueuse. Tanya se dit qu'ils n'étaient pas à leur place dans cette forêt ; c'était comme s'ils faisaient intrusion dans un endroit où personne n'avait jamais pénétré. Mais Brunswick continuait à l'entraîner, toujours plus loin, toujours plus profondément dans les bois. Soudain, au milieu de tout ce vert, Tanya aperçut une touche de jaune. Le gobelin s'arrêta et lâcha enfin sa main.

Une vieille roulotte magnifique était là, disparaissant presque entièrement sous la végétation. Brunswick l'avait conduite chez la gitane.

– Comment as-tu su ? chuchota-t-elle.

– Tu seras en sécurité avec elle, dit-il. Mais je ne peux rien faire de plus pour t'aider.

Tanya le dévisagea, frappée tout à coup par plusieurs bizarreries. Elle étudia le visage de Brunswick pour y trouver des réponses, mais n'y lut que des questions supplémentaires.

– Où sont les deux autres gobelins ? Et… tu ne parles pas en vers ? Pourquoi ?

Brunswick se contenta de secouer tristement la tête et commença à reculer en lui faisant signe de s'approcher de la roulotte. Elle s'arrêta devant la porte, leva la main pour frapper. Puis elle hésita et se retourna. Brunswick n'était plus là.

Mais elle n'eut pas le temps d'hésiter davantage, car, déjà, la porte s'ouvrait.

– Entre, dit la vieille gitane, en la dévorant de ses yeux d'oiseau. Je t'attendais.

18

L'intérieur de la roulotte sentait la bougie et les herbes. Il y avait un fauteuil confortable près de la fenêtre, et, à côté d'une table, un petit buffet où étaient exposés différentes sortes de curieux flacons en verre de toutes les couleurs portant des étiquettes sur leurs bouchons. Un épais rideau de velours obscurcissait la partie arrière de la roulotte. C'était sans doute là que dormait la vieille femme. Roulé en boule au pied d'un vieux balai, un chat gris fumée regarda Tanya d'un air soupçonneux.

La chose de loin la plus étrange, dans cette roulotte, était un gros livre de jeux ouvert sur des mots croisés partiellement complétés. Tanya le regarda, éberluée. Une chose aussi normale semblait complètement déplacée dans la maison d'une prétendue sorcière.

– À quoi t'attendais-tu ? jeta la gitane, faisant sursauter sa jeune visiteuse. À des crapauds et à des livres de magie ? À une collection de chapeaux pointus ? À des yeux de tritons et des ailes de chauves-souris ?

– N-non, balbutia Tanya, embarrassée, c'est juste que…

Elle s'interrompit, incapable de finir sa phrase.

– Figure-toi que j'aime les livres de jeux, dit Morag d'un ton fâché. Je me demande pourquoi les gens trouvent ça aussi drôle. Et il faut que tu saches que je n'ai pas de livres de magie.

Levant un doigt osseux, elle se frappa le côté de la tête.

– Ils sont tous ici, les livres de magie, précisa-t-elle.

Puis elle lui fit signe de prendre place et posa un bol d'eau devant Oberon. Le chien se mit aussitôt à laper avidement.

La vieille dame s'assit en joignant ses mains parcheminées.

– Je t'attendais plus tôt, fit-elle remarquer.

Tanya sortit la boussole de sa poche et retrouva enfin l'usage de la parole.

– Je… j'aimerais savoir pourquoi vous m'avez donné ça, dit-elle en osant à peine croiser le regard pénétrant de son vis-à-vis. Et aussi comment vous avez su que j'en aurais besoin.

– Évidemment que je le savais, répliqua Morag, imperturbable. Je suppose que tu sais à quoi elle sert, maintenant ?

Tanya opina du chef.

– Je t'ai vue dernièrement dans une vision, poursuivit la gitane. Et j'ai vu ton… don.

Tanya poussa une exclamation étouffée et Morag sourit.

– Eh oui, dit-elle, ne sois pas surprise. Moi aussi, j'ai quelques dons, même si ce ne sont pas les mêmes que toi. Certains m'appellent la diseuse de bonne aventure, d'autres m'appellent la sorcière. Mais la plupart m'appellent « Morag la Folle ».

Elle se tut et décocha un regard dur à son interlocutrice.

– Oui, je sais ce que les gens racontent sur moi, reprit-elle, et il y a un peu de vrai là-dedans. J'ai un don et parfois je peux l'utiliser pour aider les gens… les gens comme toi.

– Les gens comme moi ?

– Ceux qui pensent qu'ils n'ont personne d'autre vers qui se tourner. Et ceux qui ne craignent pas trop d'accepter mon aide.

– Qu'est-ce que vous avez vu d'autre ? demanda Tanya, sentant sa peur disparaître lentement, remplacée par la curiosité.

La vieille femme parut réfléchir à sa réponse. Puis :

– J'ai vu un enfant volé dans son berceau, il y a longtemps. Et plus tard j'ai vu un garçon d'environ ton âge, qui souffre, mais sa souffrance est d'ordre différent. D'une certaine manière, ses problèmes et le tien, c'est-à-dire ton don de double vue, se rejoignent. C'est bien ça ?

Tanya confirma d'un signe de tête, repensant à la révélation contenue dans le poème, à la véritable façon dont avait disparu Morwenna.

– Oui, maintenant, c'est vrai.

– Ce garçon veut que tu l'aides, poursuivit Morag. Mais il viendra un moment où c'est toi qui auras le plus besoin de son aide. Beaucoup plus.

Tanya fronça les sourcils. Cette vieille femme parlait par énigmes.

Morag semblait lire dans ses pensées.

– Je sais que tu te poses beaucoup de questions, mais je ne vais pouvoir répondre qu'à quelques-unes d'entre elles. J'ai le sentiment que tu essaies de sauver quelqu'un… et tu réussiras. Mais pas comme tu penses.

Deux personnes, rectifia Tanya mentalement. Amos a besoin d'être sauvé autant que Morwenna.

– Puis-je te demander ce que tu as l'intention de faire ? s'enquit la vieille femme.

– Il faut que… que je fasse sortir quelqu'un du royaume des féeriques, avoua Tanya. Mais je ne sais pas comment m'y prendre.

– Je te le déconseille ! s'empressa de répondre Morag. Tu te lances dans une entreprise très difficile. Tu te mettras en grave danger, et le garçon aussi. Vous courrez le risque d'être capturés vous-mêmes par les féeriques.

– Je n'ai pas le choix.

Morag la dévisagea, et Tanya crut déceler une expression de crainte dans ses yeux.

– Je savais que tu répondrais cela, soupira la gitane.

Elle se leva et se traîna jusqu'au buffet.

– Je peux t'aider un peu, dit-elle.

Elle ouvrit la porte du buffet et se pencha sur les objets qui y étaient rangés. Elle en sortit plusieurs bocaux et flacons et mélangea des ingrédients dans un petit bol avec un pilon de pierre.

Pendant ce temps, le regard de Tanya fut attiré par ce livre de jeux qui détonnait tellement dans cet environnement.

– C'est « préjugé », murmura-t-elle sans y penser.

– Pardon ? dit Morag.

– Neuf verticalement. « Opinion préconçue ou jugement formulé en l'absence de faits. » La réponse, c'est : « préjugé ».

Morag désigna du menton un crayon posé sur la table. Tanya écrivit hâtivement la réponse dans la grille. Puis elle retourna à ses préoccupations et regarda la boussole qu'elle tenait dans sa main :

– Où... où avez-vous eu ça ?

Sans se retourner, Morag répondit :

– C'est ma mère qui me l'a transmise. Il y a beaucoup de choses qu'on se transmet dans les familles sans pouvoir les expliquer. Des choses qui ont aidé un tas de gens avant qu'on tombe dessus au moment où on en a besoin, et qui continuent à en aider d'autres par la suite. Je te serais donc reconnaissante de me la rendre quand tu penseras qu'elle ne te sera plus utile.

– Quand est-ce que je le saurai ?

– Tu le sauras, répondit Morag. Elle cessera simplement de marcher.

Elle referma le buffet, puis se rassit devant la table en y posant deux objets. L'un d'eux était une petite paire de ciseaux d'argent. L'autre était un flacon qui tenait dans la paume de sa main. Morag prit le bol d'ingrédients qu'elle avait mélangés et vida doucement le liquide opaque, gris-vert, dans le petit flacon de verre.

– Tu connais certaines manières de te protéger, mais elles ne seront pas suffisantes, déclara-t-elle.

Ensuite, elle lui tendit les ciseaux. Tanya admira le petit bijou rouge incrusté dans le fourreau recouvrant la pointe.

– Tiens, c'est pour toi, dit la vieille femme. Ils n'ont rien d'exceptionnel quand on les regarde, mais ils te serviront à couper n'importe quel matériau sauf le métal, le bois ou la pierre. (Elle prit le flacon de liquide vert.) Et ça, c'est pour le garçon. Ça va lui servir à voir des choses… de la même manière que toi.

Tanya lui rendit les objets à regret.

– Non, dit-elle, je ne peux pas les prendre. Je n'ai pas d'argent pour les payer.

Morag plissa les yeux et répliqua :

– Je ne t'ai pas demandé d'argent !

Tanya sentit ses joues rougir.

– Mais la prochaine fois que tu viendras me voir, poursuivit la gitane, tu pourrais peut-être me rapporter un livre de jeux.

Tanya acquiesça d'un signe de tête en se mordant les lèvres pour ne pas sourire.

– Pour sortir quelqu'un du royaume des féeriques, il faut agir au moment où il est le plus accessible, reprit Morag d'un ton brusque. Pour ça, il te faut du temps entre-deux.

– Du temps entre-deux ?

– Oui. C'est un temps magique qui n'est ni ici ni là-bas ; ni l'un ni l'autre.

– Je ne comprends pas.

– L'espace entre les saisons, par exemple. Le 1er mai, le solstice d'été, Halloween et le solstice d'hiver sont des moments très propices. Ou le stade qui se trouve entre le sommeil et le réveil. Tout ça, ce sont des moments entre-deux.

– Mais le solstice d'été est passé, objecta Tanya. Et Halloween, c'est dans plusieurs mois !

– Tu as raison, tous ces moments sont loin. Mais il y en a un qui arrive beaucoup plus souvent et qui est tout aussi efficace.

La vieille femme s'interrompit et considéra Tanya comme si elle attendait une réaction de sa part.

– Il y en a qui l'appellent l'heure du crime, précisa-t-elle.

– Ah oui, minuit ! murmura Tanya. C'est l'heure entre deux jours.

– Dès que tu auras accès à la personne que tu veux faire sortir du royaume des féeriques, il faudra l'appeler par son nom, parce que beaucoup de gens ne savent plus vraiment qui ils sont après avoir vécu un certain temps là-bas. Ensuite, il faudra lui donner un vêtement à passer... Si tu as quelque chose qui lui a appartenu avant son enlèvement, c'est encore mieux. Couds des petits sacs de sel à l'intérieur de la doublure du vêtement que tu lui donnes et dans les tiens. Si elle essaie de t'offrir quelque chose, n'accepte en aucun cas. C'est particulièrement important pour la nourriture ou la boisson, même si ça semble très tentant. Manger de la nourriture de féerique peut te rendre impuissante face à eux. Et, enfin, il va falloir prendre une précaution très importante. Le royaume des féeriques ne fonctionne pas selon le même cours du temps que le nôtre. Le temps y est accéléré ou ralenti, avec des conséquences qui peuvent être désastreuses. Pour te protéger, il faudra couper une mèche de tes cheveux et la garder dans un endroit sûr où on ne pourra pas y toucher. Au cas où le pire t'arriverait, cela te préserverait au moins de perdre des années de ta vie. Tu garderais l'âge que tu as maintenant.

– Mais… et si on m'attirait à l'intérieur du royaume des féeriques, et que je m'en échappe et que je m'aperçoive que les années ont passé dans notre monde ? Je serais toujours aussi jeune, alors que tous les gens que j'avais connus seraient vieux, ou même morts !

– C'est une possibilité, reconnut Morag. Mais l'autre possibilité est bien pire. Tu préférerais vieillir et perdre des années de ta vie, alors que ceux que tu aimes seraient restés pareils ? Tout cela parce que le royaume des féeriques aurait accéléré sa course dans le temps ? Personne ne te reconnaîtrait. Personne ne te croirait. Et ta vie approcherait de sa fin.

Tanya ne savait plus où elle en était.

– Non… je veux dire… je ne sais pas…, balbutia-t-elle.

– Réfléchis-y bien tant que tu le peux encore, lui conseilla Morag. Il est toujours temps de changer d'avis.

Tanya examina gravement la boussole et le petit flacon que lui avait donnés Morag.

– Pourquoi m'aidez-vous ? demanda-t-elle en hésitant.

Cette question lui brûlait les lèvres depuis qu'elle avait pénétré dans la roulotte.

– Parce que je le peux, répondit la gitane. Et parce que je le veux. Nos passés sont liés par nos ancêtres. Ensemble, nous pourrons peut-être réparer quelques-unes des erreurs d'autrefois.

Son regard se posa sur le bracelet qui entourait le poignet de Tanya. Il rétrécit, puis se déplaça et détailla les breloques une à une, avant de s'arrêter sur l'espace vide laissé par le chaudron.

– Treize, murmura-t-elle. Pas de chance... pour certains.

Son regard de vieille sage croisa celui de Tanya. Cette dernière scruta le visage buriné qui lui faisait face, cherchant à deviner si Morag savait quelque chose sur le destin tragique de la première propriétaire du bracelet, mais rien ne laissait supposer que son commentaire avait une signification cachée.

Instinctivement, Tanya sentit que le moment était venu pour elle de partir. Morag, de son pas traînant, alla ouvrir la porte de la roulotte. Tanya sortit à l'air libre en serrant bien fort la laisse d'Oberon. Une douce brise souleva ses cheveux et l'enveloppa. Un hérisson traversa le chemin sans se soucier de leur présence. La forêt semblait si paisible et si belle qu'il était presque impossible d'imaginer qu'elle présentait tant de dangers.

Malgré la chaleur, Tanya frissonna.

– Va, et sois prudente, dit Morag en balayant les environs d'un œil suspicieux. Reste près du ruisseau.

– Merci…, commença Tanya, mais la vieille femme l'interrompit d'un signe de tête.

– Tu me remercieras une autre fois, dit-elle. J'espère qu'on se reverra.

Tanya sortit la boussole de sa poche. Le moment était venu de s'en servir.

19

Plus tard, ce soir-là, pour calmer ses nerfs en pelote, Tanya sortit dans le jardin et essaya de dénicher Fabian. Elle alla se planter sous le chêne et tenta de le repérer entre les branches, mais elle ne vit rien et il ne répondit pas non plus à ses appels. Pourtant, il ne pouvait pas être bien loin. Elle décida de partir à sa recherche et parcourut le jardin en s'amusant à donner des coups de pied dans les feuilles tombées. La grille était ouverte, maintenue en place par une lourde pierre prise dans la rocaille, et elle distingua une petite silhouette au loin, assise au bord du ruisseau. C'était Fabian.

Elle s'avança lentement vers lui, essayant de retarder l'inévitable. Fabian était assis sur la rive, jambes croisées, et lançait des cailloux dans l'eau. Il ne leva pas la tête à son approche et ne bougea pas d'un cil quand elle s'assit à côté de lui. Elle comprit qu'il l'avait vue arriver.

Embarrassée, elle tritura quelques brins d'herbe entre ses doigts. Fabian resta raide comme la justice et se tut obstinément.

– Je... excuse-moi, finit-elle par dire. Je suis toujours d'accord pour le plan... c'est-à-dire si tu veux de moi.

Fabian lança un nouveau caillou dans l'eau.

– Excuse-moi aussi de t'avoir traitée d'idiote de fille, répondit-il. Je ne crois pas vraiment que tu sois idiote.

– Bon, alors, quand est-ce qu'on y retourne, dans la forêt ? s'empressa de demander Tanya.

– Je ne sais pas, soupira-t-il en jetant un gros caillou, qui s'abattit dans l'eau avec un *plouf* encore plus gros. À quoi ça va servir ? Il y a des choses qu'on ferait peut-être mieux de laisser tranquilles.

– Ça va servir à prouver qu'Amos est innocent.

En jouant avec ses lacets, Fabian demanda d'une voix étranglée :

– Et s'il ne l'est pas ?

– Si, il l'est, dit Tanya en rassemblant tout son courage. Écoute, Fabian...

Mais son ami ne l'écoutait que d'une oreille.

– Qu'est-ce qui t'a fait changer d'avis ? demanda-t-il. Tu avais l'air de croire le contraire, avant.

– Je veux simplement... t'aider, marmonna-t-elle, faisant marche arrière au dernier moment. On est amis, non ?

Fabian sourit faiblement et passa la main dans ses cheveux en broussaille.

– Ouais, je suppose, dit-il. Tu crois vraiment qu'il est innocent ?

– Je sais qu'il l'est. J'ai quelque chose à te montrer.

Tanya plongea la main dans sa poche, en sortit le poème et le lui mit dans la main d'un geste hésitant.

Fabian déplia le papier. Tanya l'observa et vit qu'il devenait de plus en plus perplexe. Il mit une éternité à lire. Quand il eut fini, il la regarda avec des yeux écarquillés et le visage tout blanc. Quand il parla, ce fut pour demander d'une voix tremblante :

– C'est un genre de blague, ou quoi ? Tu es venue t'excuser juste pour te fiche de moi, c'est ça ? Où est-ce que tu as eu ce machin ?

Il la regardait, les yeux luisants de colère.

– Je l'ai trouvé sur mon oreiller, répondit Tanya. Ce n'est pas une blague. Il faut que tu me croies.

– Ah bon, il faut que je te croie ? aboya Fabian.

Se levant d'un bond, il roula le papier en boule et le jeta par terre d'un geste furieux.

Aussitôt, Tanya se précipita sur le précieux poème et le ramassa.

– Fabian, s'il te plaît ! Écoute-moi…

Mais son ami bouillait trop de rage pour l'écouter. Il se tourna vers elle, le visage rouge, les poings serrés :

– Je ne sais pas comment tu as fait pour le voir, mais je peux te dire que moi, je ne trouve pas ça drôle du tout.

Sur ce, il tourna les talons et s'éloigna à grands pas.

– Pour voir quoi ? s'écria-t-elle en lui courant après. Fabian ! Attends ! Tu parles de quoi ?

– De *mon carnet* ! hurla le garçon en brandissant son vieux journal marron tout abîmé. Tu l'as vu ! Tu l'as lu ! Et maintenant, tu te paies ma tête !

Tanya s'arrêta net.

– Fabian, je ne sais pas de quoi tu parles !

Mais il ne l'écouta pas et allongea le pas.

– Je ne l'ai jamais lu, ton carnet ! Je le jure ! cria Tanya.

Enfin, Fabian s'arrêta et Tanya se précipita vers lui.

D'un ton sec, il demanda :

– Qui a écrit ce poème ?

– Je ne sais pas ! Je te l'ai dit, je l'ai trouvé sur mon oreiller.

– Très drôle ! C'est toi qui l'as écrit ?

– Bien sûr que non !

– Qui, alors ?

– Je ne sais pas ! répéta-t-elle. (Elle désigna le carnet.) Qu'est-ce qu'il y a dedans ?

– Tu le sais déjà.

– Non ! Je ne sais pas ce qu'il y a dans ton fichu carnet ! Je n'en sais rien du tout ! Tout ce que je sais, c'est que tu as l'air d'y tenir énormément et que jamais il ne me viendrait à l'idée d'aller fouiner dedans derrière ton dos !

Avec un regard peiné, elle ajouta :

– Tu le sais parfaitement, que je ne ferais jamais ça. En tout cas, c'est ce que je croyais.

Fabian ne répondit pas.

– De toute façon, ça ne sert à rien, murmura Tanya. J'aurais dû savoir que tu ne croyais pas aux féeriques.

– Non, siffla Fabian, comme n'importe quel être intelligent sur cette planète, je *ne crois pas* aux féeriques ! Les histoires de fées, c'est pour les enfants, c'est pour les bébés ! Ce que tu as vu, ce que tu as lu, c'était juste des pensées dans un journal. Et, quand j'ai écrit ça, j'étais un peu chamboulé.

Tanya mit la main sur son cœur et s'écria :

– Je te le jure ! Je te jure... sur ma vie que je n'ai pas lu ton journal !

– Je ne te crois pas !

– C'est vrai ! explosa Tanya, très en colère à son tour. Tu ne me crois pas. Et tu ne crois pas aux féeriques, mais tu crois aux fantômes ! C'est bien ce que tu m'as dit quand on a vu Morwenna Bloom dans la forêt ? Et tu crois aux sorcières aussi, hein ? Tu crois que la vieille gitane qui vit dans les bois est une sorcière et qu'elle a le pouvoir de maudire et de jeter des sorts.

Fabian la regarda et ouvrit la bouche pour répondre, mais aucun mot n'en sortit.

– C'est bizarre que tu croies aussi facilement à *une* sorte de magie, mais pas aux autres, poursuivit Tanya. C'est encore plus bizarre que tu refuses de croire en ma parole. Je ne te mens pas, Fabian. C'est si difficile que ça de me croire ? Mon amitié a donc si peu de valeur pour toi ?

– Ce n'est pas une question d'amitié, répondit Fabian d'une voix un peu radoucie, c'est une question de ce qui est réel et de ce qui ne l'est pas.

– Les cheveux que tu as coupés avec le couteau de Warwick, c'était pourtant réel, non ?

– C'était à cause de la vieille gitane, tu l'as dit toi-même...

– Non, ce n'est pas vrai. Ce n'est pas moi, c'est toi qui as dit que c'était elle, la responsable. Moi, je t'ai simplement laissé croire ça parce que c'était plus facile. La gitane, justement, elle essayait de nous aider.

Tanya sortit de sa poche le petit flacon que Morag lui avait donné.

– Tiens, voilà pour toi. Comme ça, tu pourras les voir toi aussi.

Fabian émit un petit rire incrédule.

– Hein ? C'est elle qui t'a donné ça ? Et tu t'imagines que je vais boire ce qu'il y a là-dedans ?

– Pourquoi pas ? Comme ça, tu auras la preuve.

– La preuve de quoi ? Tout le monde sait que cette vieille folle connaît les herbes et les plantes, ricana Fabian. Tu as déjà entendu parler des hallucinogènes ? Si je bois ce truc-là, je vais voir toutes sortes de choses ! Des sirènes, des fées, des dragons et des éléphants roses !

– Je me demande pourquoi tu t'obstines à croire qu'elle veut nous faire du mal !

– Et moi, je me demande pourquoi tu t'obstines à croire qu'elle veut nous aider ! riposta Fabian.

– Parce qu'elle l'a déjà fait. C'est elle qui m'a donné la boussole, tu te rappelles ? Quel est l'intérêt pour elle de faire semblant de vouloir nous aider ? Si elle voulait nous faire du mal, elle l'aurait déjà fait.

– Si tu en es si convaincue, tu n'as qu'à en boire toi-même, persifla Fabian, mais d'une voix moins sûre d'elle, une voix révélant qu'il commençait à flancher.

– Quoi ?

D'un geste sec, nerveux, Fabian désigna le flacon d'un signe de tête :

– Essaie toi-même. On va bien voir si ça marche !

– Tu ne comprends pas, prononça lentement Tanya. Ce n'est pas pour moi… c'est pour toi. Elle ne m'en a pas donné parce que moi, je n'en ai pas besoin. Fabian, tu ne devines pas ce que j'essaie de te dire ? Tu ne devines pas d'où viennent toutes les choses étranges qui m'arrivent ? Ce n'est pas ce poème qui m'a convaincue de l'existence des féeriques, ni Morag la Folle, parce que moi, je les vois déjà. Je les vois depuis toujours. Maintenant, tu peux te moquer de moi ou me traiter de menteuse, mais, avant, tu vas écouter ce que j'ai à te dire, parce que, sinon, Amos sera jusqu'à sa mort celui qui a assassiné Morwenna Bloom sans avoir été puni de son crime. Regarde, là, ce qui est écrit : « Celui qui, à la sienne, sa vie voulait unir. » Tu vois, ça fait allusion à Amos. Il l'aimait ! Il est innocent !

Fabian ne s'en alla pas. Il ne cria pas, ni ne rit ni ne se moqua d'elle. Sur son visage on vit se succéder la confusion, la peur, l'espoir, l'appréhension. Enfin, quand il ouvrit la bouche pour parler, ses yeux bleu clair croisèrent ceux de Tanya.

– Je veux bien écouter ce que tu as à me dire. Tu as intérêt à mettre le paquet pour me convaincre...

20

Fabian regardait bouger le liquide glauque à l'intérieur du petit flacon qu'il faisait tourner dans sa main. Tanya, assise à côté de lui, contemplait le ruisseau en humant son odeur fraîche.

Elle lui avait tout raconté, ne taisant que l'existence de Red et du changelin. Et il l'avait écoutée sans l'interrompre. Enfin il semblait la croire !

Au bout d'un long silence, il finit par dire :

– Le lendemain de la mort de ma mère, je suis venu m'asseoir ici, exactement.

Il s'interrompit puis, d'un doigt tremblant, désigna un arbre sur la rive.

– C'est là que je l'ai vue, reprit-il. Warwick m'avait amené jusqu'ici parce que c'était l'un des endroits préférés de ma mère. Il n'a pas eu besoin de m'expliquer… J'étais assez grand pour comprendre qu'elle ne rentrerait pas. On a jeté des roses blanches et un bouquet de romarin dans l'eau ; le romarin pour le souvenir et les roses parce que c'étaient ses fleurs préférées. Je venais juste de jeter la dernière fleur quand j'ai remarqué une créature assise sur la branche la plus basse d'un arbre. Elle portait une robe verte et un chapeau fabriqué avec de l'herbe tressée. Elle... elle m'a regardé bien en face, et ensuite elle a enlevé son chapeau et l'a jeté dans l'eau avec les roses. J'ai cligné des yeux, et quand je les ai rouverts elle avait disparu. J'aurais pu croire que c'était mon imagination, mais le chapeau était toujours là, en train de flotter dans le ruisseau. Je l'ai suivi des yeux jusqu'à ce qu'il s'enfonce dans l'eau.

– Tu as déjà raconté ça à quelqu'un ? demanda Tanya.

Fabian fit non de la tête.

– Non, jamais. Mais je n'ai jamais oublié. Il y a quelques mois, j'ai raconté là-dedans ce qui s'était passé, dit-il en tapotant son carnet de cuir marron. Depuis, ce genre de chose ne m'est plus arrivé. J'ai toujours pensé que c'était arrivé à cause du choc d'avoir perdu ma mère.

– Oui, peut-être bien, dit Tanya. Peut-être que le chagrin a ouvert une sorte de fenêtre dans ta tête. Ou alors, la créature est apparue juste pour te consoler. Je pense que, quand ils en ont envie, ils se montrent à nous. Ils ne sont pas tous mauvais.

Fabian passa son pouce sur le flacon, puis enleva le bouchon et renifla son contenu.

– Ça sent encore plus mauvais que ça en a l'air, commenta-t-il en le tendant à Tanya. Et comme ça a l'air d'une grenouille passée au mixeur, tu vois le genre...

– C'est vrai que ça pue ! reconnut-elle. Je n'aimerais pas être obligée de le boire.

– Moi non plus, renchérit Fabian. Donc, tant mieux si je n'en ai pas besoin !

Il enleva le bouchon du flacon et le tint en l'air. Dans sa partie inférieure, il y avait un petit tube que Tanya n'avait pas remarqué à cause de la densité du liquide. Fabian introduisit le tube à l'intérieur du flacon puis le ressortit lentement. Une gouttelette de liquide trouble brillait à l'extrémité.

– Des gouttes pour les yeux, déclara Fabian en rejetant la tête en arrière et en levant le compte-gouttes. Bon, on va voir si ça fonctionne.

Tanya posa la main sur son bras pour l'arrêter :

– Ne le gâche pas !

– Je ne gâche rien, je teste !

– On sait déjà que ça va marcher, puisque la boussole marche !

– Je m'en fiche ! s'obstina Fabian. J'ai envie d'essayer maintenant.

– Non, attends ! Tu le feras ce soir, quand tout le monde sera couché. Comme ça, si jamais il arrive quelque chose, personne ne s'en apercevra.

Fabian hésita, puis céda. Mais, en vissant le bouchon, il insista :

– Et la dent du gobelin ? Elle, au moins, tu permets que je la voie ?

Tanya acquiesça :

– D'accord. Je l'ai cachée dans ma chambre. Je te la montrerai.

– Allez, on y va tout de suite ! décida Fabian en se levant d'un bond. Oh... attends... Warwick traîne sûrement dans les environs. Il vaut mieux qu'on parte séparément. Tu y vas la première et je te rejoins dans quelques minutes.

– Bonne idée, approuva Tanya. Viens me rejoindre dans ma chambre dès que la voie sera libre.

En rentrant, Tanya trouva Warwick en train de lire le journal. Il leva à peine les yeux quand elle franchit le seuil de la cuisine, mais s'empressa de demander :

– Tu as vu Fabian quelque part ?

– Non, murmura-t-elle, désolée.

Warwick émit un grognement de désapprobation, puis enleva les pages sportives du journal et jeta le reste. Tanya, sur le point de monter, s'arrêta abruptement en voyant le gros titre du journal :

NOUVELLES PISTES
POUR L'AFFAIRE D'ENLÈVEMENT D'ENFANT

L'article était accompagné de la photo à grain grossier d'un visage qu'elle connaissait bien. Celui de Red.

Tanya s'empara du journal sans se soucier du regard curieux de Warwick et lut :

La mère du nouveau-né enlevé dans une maternité de l'Essex il y a une semaine est venue se présenter hier après-midi. La femme, dont le nom ne peut être diffusé pour des raisons légales, avait abandonné le petit garçon quelques heures seulement après sa naissance. À l'heure actuelle, les raisons de sa décision ne sont pas encore connues.

Le premier suspect de l'enlèvement est une adolescente dont le comportement étrange avait attiré l'attention des témoins au moment de la disparition de l'enfant. Ce matin, les enquêteurs ont révélé qu'il s'agit probablement de Rowan Fox, âgée de quatorze ans (photo de gauche), qui figure sur la liste des personnes disparues depuis qu'elle s'est enfuie d'un établissement d'accueil pour mineurs il y a près de dix-huit mois. On ne connaît pas grand chose sur ses origines, mais on sait qu'elle présente des signes de paranoïa, de mythomanie et d'instabilité mentale. Les enquêteurs refusent de confirmer si Rowan Fox a un lien familial avec un autre enfant disparu pendant son séjour dans l'établissement.

La police aimerait également entendre l'adolescente au sujet de deux autres enlèvements perpétrés au cours des douze derniers mois et présentant des ressemblances troublantes avec cette disparition. Le premier concerne Sebastian Connor, âgé d'un an, disparu dans le Kent en août de l'année dernière dans le jardin de son père adoptif, alors que celui-ci lui tournait le dos. Dix jours plus tard, l'enfant avait été retrouvé sain et sauf dans un grand magasin désaffecté, à la suite d'un appel anonyme. Deux mois après, la petite Lauren Marsh disparaissait elle aussi dans le Suffolk, échappant à la surveillance de sa sœur aînée alors qu'elles se trouvaient dans une boutique de bonbons. L'enfant n'a pas été revue depuis. La police lance un appel à témoins.

Suivait un numéro de téléphone. Tanya déglutit avec peine et reposa le papier sur la table. Quelques mots continuaient à danser devant ses yeux, l'emplissant d'inquiétude et de confusion : paranoïa, mythomanie, instabilité mentale. Elle ne savait plus que croire.

– Il y a quelque chose ? demanda Warwick.

– Non ! répondit-elle sèchement, contrariée d'avoir éveillé son attention.

Elle sortit et monta dans sa chambre. Elle trouva la porte entrouverte. Intriguée, elle entra. La première chose qui lui sauta aux yeux fut le bazar.

Toutes ses affaires, jusqu'au moindre objet, avaient été sorties des tiroirs et éparpillées aux quatre coins de la pièce. Les portes de la penderie étaient ouvertes et son contenu vidé… Des vêtements, des chaussures et des cintres gisaient par terre, jetés n'importe où. Le lit avait été défait et on avait même sorti les oreillers de leurs taies.

Ensuite, elle vit le squatter de la canalisation.

Il était près de la cheminée. Après avoir enroulé le tapis, il avait soulevé les lames de parquet et se trouvait maintenant dans le creux où était cachée la boîte à chaussures. Seule sa tête dépassait. Quand il aperçut Tanya, il émit un petit cri de surprise et sauta hors de son trou. Tanya se précipita vers la boîte à chaussures. Elle était intacte, toujours enveloppée dans le foulard rouge. Le coupable se tenait le dos aplati contre le mur, sans oser bouger.

Tanya sortit la boîte à chaussures de sa cachette et la serra contre sa poitrine.

Elle regarda le visage déconfit du féerique.

– Tu cherches quelque chose. Qu'est-ce que c'est ? s'enquit-elle.

Les yeux de la créature se posèrent avec insistance sur le poignet de Tanya, où les breloques d'argent du bracelet dansaient au rythme de ses mouvements en miroitant de façon alléchante. Ses pupilles se dilatèrent à leur vue. Elle semblait être dans une sorte de transe. Elle avait trouvé ce qu'elle cherchait. L'atroce puanteur de la canalisation emplit les narines de Tanya, qui recula.

Un coup frappé fort à la porte les fit sursauter tous les deux. Fabian entra dans la pièce.

– Je l'ai vue, annonça-t-il, hors d'haleine et surexcité. Celle de la cuisine… la fée du foyer… ou je ne sais pas comment tu l'appelles. Elle m'a regardé en battant des paupières…

Il s'interrompit en s'apercevant de l'état de la pièce.

– Qu'est-ce qui s'est passé ? s'écria-t-il. Et qu'est-ce que c'est que ce truc-là ?

L'air épouvanté, il pointa le doigt vers le féerique, dont les yeux toujours rivés sur le bracelet trahissaient une extase sans bornes.

Tanya décocha à Fabian un regard furibond :

– Il habite dans la canalisation ! C'est dingue, ça ! Tu as été incapable dc résister, hein ?

– Désolé ! lança Fabian, qui n'avait pas l'air désolé du tout.

Au contraire, on avait plutôt l'impression qu'il venait de recevoir le prix Nobel.

– Il est hideux ! s'exclama-t-il, délicieusement horrifié.

Il s'agenouilla et tendit la main vers le féerique, qui le regarda d'un air soupçonneux, avant de bondir et d'essayer de lui attraper le doigt, le manquant d'un millimètre. Fabian sauta en arrière et retira sa main en vitesse.

– C'est incroyable ! C'est fou ! Ça va révolutionner le monde scientifique !

– Tais-toi, Fabian…, commença Tanya.

Elle ne s'était détournée qu'une fraction de seconde, mais le squatter de la canalisation n'avait pas eu besoin de plus. Il s'abattit sur son poignet avec une force inimaginable et se mit à tirer frénétiquement sur le bracelet.

– Qu'est-ce qu'il fabrique ? cria Fabian, affolé.

– Lâche-moi ! hurla Tanya en tapant sur le féerique avec sa main libre.

– Attrape-le par le cou !

Tanya tendit la main vers le cou décharné de son adversaire, mais, à chaque fois qu'elle le touchait, il se débattait et lui glissait entre les doigts. Enfin, elle parvint à l'attraper par la tête, mais elle n'avait que peu de prise sur sa fine peau de grenouille. Elle tenta de le détacher de son poignet, mais sa main glissa sur sa figure lisse et, aussitôt, elle ressentit une vive douleur au doigt. C'était comme si son index avait été transpercé par une multitude de petites aiguilles. Le petit monstre lui avait planté ses dents dans le doigt ! Sans regarder, elle sentit le sang couler le long de son bras et s'égoutter de son coude. Le choc lui fit lâcher la tête de la misérable créature.

– Mais tu saignes ! s'exclama Fabian, alarmé.

– Va dans la salle de bains ! cria Tanya. Ferme la bonde du lavabo et de la baignoire ! Il ne faut pas le laisser s'échapper !

L'agile petit être tira une ultime fois sur le bracelet et le fermoir finit par céder. Satisfait, il se libéra de l'étreinte de Tanya, le poing refermé sur l'objet tant convoité, et se rua sur la porte ouverte.

Doublant Fabian, Tanya se précipita sur le palier.

– Ne le laisse pas partir ! hurla-t-elle.

Le petit voleur avait déjà descendu la moitié de l'escalier. Tanya comprit immédiatement que le tapis sec et poussiéreux le gênait dans sa fuite. Ce féerique était habitué à ramper, à glisser dans les canalisations humides et à barboter dans l'eau. Il n'était pas équipé pour la vie en terrain sec.

Tanya dévala les escaliers en trombe, craignant de s'emmêler les jambes, mais elle était en bonne voie pour rattraper le fuyard.

Au moment où il s'approchait de l'horloge ancienne, il s'arrêta brusquement et s'immobilisa. Un instant, Tanya crut que c'était pour y chercher refuge… puis elle vit ce qu'il regardait.

La pointe d'une queue rousse en broussaille dépassait sur le côté de l'horloge. Et elle commença à s'agiter frénétiquement.

Plus tard, Tanya devait se passer et se repasser maintes fois mentalement tous les détails de la terrible scène qui avait suivi. Souvent, elle se demanda par la suite si Spitfire avait quand même conservé un dernier reste d'agilité, si elle ne l'avait pas largement sous-estimé, ou s'il avait simplement eu de la chance. Mais la réponse n'avait pas vraiment d'importance. Le résultat était là.

Le squatter de la canalisation écarquilla les yeux en voyant Spitfire bondir sur lui. Il n'essaya pas de fuir. Il ne fit aucun geste pour se défendre. Peut-être était-il trop terrorisé pour bouger. Ou peut-être avait-il simplement compris le sort qui l'attendait et l'acceptait-il.

Il ne cria pas quand les griffes du chat atteignirent leur cible, ni ne gémit quand les dents cassées et usées par l'âge se plantèrent dans sa gorge pour le tuer. Spitfire, de son côté, semblait décidé à ne pas gâcher sa chance, et eut l'intelligence de ne pas la risquer en jouant avec sa proie plus que nécessaire. On entendit distinctement un *crac* puis, après un soubresaut, le corps du squatter de la canalisation devint inerte.

Tanya entendit son propre cri se coincer dans sa gorge. Le son qu'il émit la fit sursauter et incita Spitfire à prendre la poudre d'escampette avec son trophée. Elle le vit simplement dégringoler l'escalier et courir dans le corridor, pressé de trouver un coin sombre pour déguster son festin.

Elle s'aperçut de la présence de Fabian derrière elle et se retourna. Son expression reflétait la sienne. Comme elle, il ne trouvait pas de mots pour décrire la scène qui venait de se dérouler sous leurs yeux. En silence, il se baissa pour ramasser un objet sur le tapis élimé. Il lui mit son bracelet dans la main.

Elle baissa les yeux et vit que plusieurs breloques étaient tachées de sang, mais elle ignorait si c'était le sien ou celui du malheureux squatter de la canalisation. Elle fit lentement demi-tour et remonta dans sa chambre en tenant le bracelet poisseux entre ses doigts.

Elle s'arrêta sur le seuil en entendant une porte s'ouvrir en bas. Puis il y eut un chuchotement.

– Spitfire m'a tout l'air d'avoir bien mérité sa proie, disait Warwick. Tu as vu ce qu'il a attrapé ?

Tanya se raidit.

– Je pense que c'est une souris, entendit-elle Fabian répondre d'une voix maussade.

– Il y a plein de sang, fit remarquer Warwick. C'est plutôt un rat qu'une souris. Je ne me doutais pas qu'il était encore capable de chasser. Bon, il ne me reste plus qu'à aller chercher le balai-brosse.

Tanya ne voulut pas en entendre davantage. Ravalant un sanglot, elle s'enferma dans sa chambre et se rendit dans la salle de bains. Là, elle tint le bracelet sous l'eau chaude et observa l'eau rougie à travers ses larmes, la vit devenir rose, s'éclaircir encore et enfin disparaître dans la bonde qui avait été le foyer de la créature. Un objet en argent miroitait dans ses profondeurs, et elle se souvint de la breloque qu'elle avait perdue, le chaudron.

Quelque chose comme du regret la remua à l'idée qu'il était là-dessous, seul, séparé des autres. Même si elle parvenait à le retirer et à compléter le bracelet, elle savait qu'elle ne le porterait plus. Et pourtant elle continua à tenir le bijou sous l'eau, comme pour laver la mort qui était dessus. Elle resta là, jusqu'au moment où il n'y eut plus d'eau chaude, où ses doigts devinrent rouges et ridés, et ne s'arrêta de pleurer que lorsque la source de ses larmes finit par tarir.

21

Tanya se tournait et se retournait entre ses draps moites. L'air était tellement chargé d'humidité qu'elle n'arrivait pas à dormir. La fenêtre entrouverte laissait passer le parfum entêtant des fleurs d'été qu'elle aimait tant d'habitude. Mais, cette nuit, elle avait l'impression qu'il l'étouffait. Elle ne parvenait pas à penser à autre chose qu'à la mort de son squatter.

Petit à petit, l'air se rafraîchit et devint enfin un peu plus sec. Au moment où elle commençait à s'endormir, un bruit familier la sortit des brumes confuses du sommeil : le son caractéristique d'un battement d'ailes. Ses paupières se mirent à papilloter, mais elle en eut conscience trop tard. Elle se dit que, si elle n'avait pas été aussi préoccupée, elle l'aurait à coup sûr remarqué plus tôt.

Des serres étaient en train de gratter le bord de la fenêtre. Les rideaux remuèrent et s'ouvrirent, puis l'oiseau noir qu'elle ne connaissait que trop bien entra en planant lentement. Il était suivi par trois autres minuscules créatures. À mi-course, l'oiseau accéléra, se rapprocha et atterrit sur son oreiller. Il y eut une puissante odeur de sous-bois, puis Grand Corbeau baissa la tête vers Tanya. Lui attrapant une mèche de cheveux, elle tira dessus méchamment avant de rejoindre ses compagnons au pied du lit.

Tanya regarda les trois paires d'yeux accusateurs en luttant contre l'envie de détourner le regard. Seul Misscochon semblait se comporter normalement... c'est-à-dire comme on s'y attendait de sa part. La lumière de la lune qui entrait à flots éclairait quelque chose d'humide et de brillant qui sortait en partie de sa bouche. C'était une limace entre la vie et la mort... La pauvre bestiole se tortilla faiblement, puis Misscochon aspira ce qu'il en restait et se lécha les babines. Dégoûtée, Tanya tourna la tête vers les autres visiteurs.

– Qu'est-ce qui se passe ? demanda-t-elle, d'une voix incapable de masquer sa frayeur.

– Je crois que tu le sais, répondit Gredin.

Sur ce, il attrapa un coussin et le lança à travers la pièce. Il atterrit contre le tabouret placé devant la coiffeuse, lequel se renversa et tomba par terre avec un grand bruit.

Tanya fit la grimace. Bonnet à Plume la regardait fixement. Un regard glacial.

– Tu t'es mêlée de nos affaires, et le résultat, c'est que l'un des nôtres est mort hier soir, déclara-t-il.

– Je ne me suis mêlée de rien, protesta-t-elle. Il m'a volé une chose qui m'appartenait et je lui ai couru après.

– C'est ça, tu lui as couru après ! gronda Bonnet à Plume en venant se planter devant elle, si près qu'elle vit les miettes accrochées à sa moustache. Tu l'as pourchassé jusqu'à ce que mort s'ensuive !

– S'il n'avait pas volé mes affaires, je ne l'aurais pas poursuivi ! dit Tanya avec un soupir.

Bonnet à Plume émit un ricanement, puis rétorqua :

– Les occupants des canalisations ne sont pas renommés pour leur honnêteté ou leur intelligence. L'attrait des Treize Trésors est évidemment irrésistible pour une créature aussi limitée. Tu aurais dû faire plus attention.

– Les « Treize Trésors » ? répéta Tanya, déconcertée. Je ne comprends pas.

– N'en dis pas plus, Bonnet à Plume ! avertit Grand Corbeau.

Tanya regarda alternativement Grand Corbeau et Gredin. Les deux arboraient une expression de colère mêlée d'anxiété.

Bonnet à Plume s'empressa de protester :

– Ce n'était qu'une question de temps avant qu'elle le comprenne toute seule !

Puis, revenant à l'accusée :

– Tu l'as *nargué* ! Tu l'as *tenté* !

– Comment ? s'écria Tanya, oubliant qu'il valait mieux ne pas réveiller le reste de la maisonnée.

– Tu lui as donné l'une des breloques !

– Elle ne savait pas, dit Grand Corbeau, prenant sa défense.

– Et ensuite il y a eu la fille ! cracha Bonnet à Plume, dont la colère croissait et embellissait. Oh, oui, vos petites rencontres ne nous ont pas échappé !

Tanya serra les poings sous ses draps.

– J'ai seulement essayé de l'aider à rendre cet enfant ! protesta-t-elle. Un enfant-féerique ! Je ne vois pas ce que vous y trouvez à redire, sauf si vous appréciez le chaos et les problèmes que ça engendre quand les deux mondes se mélangent. Mais peut-être que c'est exactement ce que vous voulez, après tout ! Je suis au courant pour la Cour Unseelie. Red m'en a parlé.

– Tu ne sais rien de ce que nous voulons, intervint Gredin. Et tu ne sais pas qui nous sommes. Et pour l'autre fille, elle t'a peut-être dit ce qu'elle savait, mais je peux t'assurer que c'est loin d'être suffisant.

La conversation fut interrompue par Misscochon qui fut pris d'une violente crise de hoquet. Tanya eut les pires craintes. Misscochon, un être de tempérament nerveux, n'avait jamais bien réagi aux moments de tension. Il se mit à régurgiter à grand bruit, puis, hélas, les craintes de Tanya se vérifièrent : ce qui restait de la limace réapparut sur son couvre-lit. Un hoquet plus tard, Misscochon avait retrouvé la forme et le prouva en attrapant une puce qui se promenait sur son ventre.

Le regard de Bonnet à Plume traversa alors la pièce et son œil devint noir : il venait de remarquer le vieux tableau accroché au-dessus de la cheminée.

– Écho et Narcisse, murmura-t-il. Intéressant.

Puis, s'arrachant à sa contemplation, il se tourna vers Tanya.

– Tu connais l'histoire ?

Tanya acquiesça en hésitant.

– Bon, alors, rafraîchis-moi la mémoire ! proposa Bonnet à Plume d'un ton moqueur.

– Écho avait subi un mauvais sort. Elle ne pouvait parler qu'en répétant les derniers mots des phrases prononcées par les autres. Narcisse était un jeune homme vaniteux tombé amoureux de sa propre image reflétée dans un étang et qui se noya. Écho se languit de lui, au point qu'il ne resta plus d'elle que sa voix.

– Tu imagines ce que c'est ! dit Bonnet à Plume. Ne pouvoir dire que les derniers mots des phrases prononcées par les autres !

Tanya sentit son estomac se serrer affreusement.

– Tu me menaces !

Le féerique sourit. Puis il leva la main et fit mine de frapper à une porte imaginaire. Un bruit sec de phalanges tapant du bois résonna depuis la penderie… alors qu'il ne l'avait pas touchée et que personne ne se trouvait à proximité.

– Toc, toc, toc, dit-il doucement, qui est là ?

Dans le silence qui suivit, un léger son attira l'attention de l'adolescente. C'était une sorte de gémissement. Et ça venait de la penderie.

– Qu'est-ce que c'est que ça ? s'affola-t-elle en serrant les draps autour d'elle. Qu'est-ce que tu as fait ?

Les gémissements continuèrent, soulignés par un grattement, ténu mais insistant, qui devint graduellement frénétique. La porte de la penderie commença à vibrer et à retentir sous les coups sourds portés par ce qui se trouvait à l'intérieur et se jetait dessus en hurlant. Cela semblait être un démon.

Tanya sauta du lit, les draps rassemblés autour d'elle. Elle avait atteint le centre de la pièce lorsque la porte de la penderie s'ouvrit brutalement, et Oberon en jaillit avec un jappement, déboussolé et terrorisé. En un éclair, elle comprit : Oberon n'était qu'un instrument. Les vrais ennuis arriveraient quand il aurait inévitablement réveillé toute la maison.

– Viens, mon chien, dit-elle d'un ton pressant en tendant les mains vers lui. Tais-toi maintenant… Tout va bien !

Mais le pauvre animal, loin de se calmer, courait affolé à travers la pièce, renversant la table et la chaise dans l'angle, éparpillant une pile de livres, qui vola en l'air avant de s'écraser sur le sol. Quand, quelques instants plus tard, il retrouva un peu ses esprits, il se mit à pourchasser les féeriques en montrant les dents, en grondant, en aboyant... Grand Corbeau et Gredin lui échappèrent aisément en montant se mettre à l'abri au plafond. Misscochon poussa un cri suraigu et les suivit.

Bonnet à Plume sauta sur le bord de la fenêtre, échappant de justesse à un bon coup de mâchoire. Il pointa un gros doigt vers Tanya en disant :

– Voilà, ça, c'est pour l'occupant des canalisations !

Une giclée d'étincelles jaillit de son doigt et la partie inférieure du visage de Tanya se retrouva paralysée.

Elle porta les mains à sa bouche. Sa mâchoire était molle, pendante, et ses lèvres, horriblement insensibles.

Au même moment, elle entendit des bruits de pas hâtifs dans le couloir, suivis de la voix de sa grand-mère :

– Qu'est-ce qui se passe ?

– ... *Se passe*..., dit Tanya, dont la bouche remua sans aucun ordre de sa part.

La porte s'ouvrit à la volée et la pièce s'illumina. Les yeux de l'adolescente mirent un peu de temps à s'accommoder à la lumière. Florence entra en trombe, le visage livide, pareil à un masque blanc. Warwick suivit peu après. Tanya remarqua sa main posée sur le couteau de chasse qu'il portait à la ceinture... une observation qu'elle fit en même temps que sa grand-mère. Cette dernière échangea un regard avec son intendant, qui s'empressa d'enlever sa main.

Florence regarda le plafond avec une expression particulière. Tanya leva brutalement la tête. Elle avait eu l'impression que sa grand-mère dirigeait son regard droit sur les féeriques. Mais ensuite elle s'aperçut que l'ampoule se balançait violemment. L'un d'entre eux – sans doute Misscochon – s'était certainement cogné dessus.

Au second, Amos faisait des siennes dans sa chambre. On entendit une série d'obscénités hurlées à pleine voix, suivies de coups répétés qui résonnaient comme un bruit de porte qu'on ouvrait et claquait sans relâche.

Florence pinça la bouche en découvrant la scène qui s'offrait à ses yeux : la table et la chaise renversées, les livres éparpillés, et Oberon qui sautait toujours sur le rebord de la fenêtre en aboyant comme un fou.

– ARRÊTE TOUT CE BAROUF ! lui hurla Warwick.

Le chien cessa aussitôt et vint se réfugier derrière Tanya en gémissant.

– ... *Tout ce barouf*..., répéta-t-elle en regardant la fenêtre.

Bonnet à Plume grimaça un dernier sourire satisfait, et les féeriques disparurent.

– Tu peux me dire ce que ce chien fait là ? demanda Florence d'une voix froide.

– … *Fait là*, répondit Tanya en écho.

– Qu'est-ce qui te prend ?

– … *Te prend…*

– Tu trouves ça drôle, comme plaisanterie ? intervint Warwick.

– … *Comme plaisanterie…*

Tanya mit les mains sur sa bouche.

– Warwick, ordonna Florence, descendez ce chien et enfermez-le dans la cuisine.

– … *Dans la cuisine…*, marmonna Tanya derrière ses mains.

Warwick fit une moue désapprobatrice et sortit, docilement suivi par Oberon. Florence resta, raide comme la justice, et transperça sa petite-fille de ses yeux gris ardoise.

– Je ne veux plus de ces bêtises. Je ne veux plus que tu rôdes pendant la nuit. Si jamais je retrouve Oberon ici, je le renvoie à la maison avant que tu aies le temps de dire ouf. Tu m'as bien comprise ?

Tanya acquiesça d'un signe de tête, mais les mots n'en jaillirent pas moins de sa bouche :

– … *M'as bien comprise…*

Elle baissa les yeux, incapable de regarder sa grand-mère en face.

– Arrête de répéter tout ce que je dis !

– … *Tout ce que je dis…*

– Je ne m'attendais pas à ce genre d'insolence de ta part, dit Florence. Visiblement, tu as passé trop de temps avec Fabian. Ça ne me fait pas rire.

– … *Pas rire…*

– Au lit ! Tout de suite ! ordonna sa grand-mère en serrant les lèvres. Je ne veux plus entendre le moindre son de ta part !

Sur ces paroles, elle sortit en fermant la porte d'un coup sec.

– … *De ta part…*, chuchota Tanya dans la chambre désertée.

Elle regarda le tableau accroché au-dessus de la cheminée. Une larme brûlante de colère et de frustration coula le long de sa joue. La jeune fille semblait la regarder avec une expression moqueuse.

Lentement, doucement, Tanya se rendit à la salle de bains, où le bracelet à breloques était posé au bord du lavabo, dans une flaque d'eau froide. Elle le ramassa et frissonna en sentant une goutte d'eau couler le long de son bras comme une larme glacée. Dans le noir, elle passa son doigt sur toutes les breloques une à une. Elle ne put identifier certaines d'entre elles, mais elle renonça à allumer la lumière, de peur d'encourir les foudres de sa grand-mère. Parmi elles, elle reconnut une dague, un calice et une clé.

Les Treize Trésors.

Pourquoi ne les avait-elle pas remarqués plus tôt ?

Un objet de famille, légué de génération en génération depuis Elizabeth Elvesden, la première dame du manoir. Une femme qui était morte dans un asile d'aliénés, qui livrait ses secrets dans des journaux intimes dissimulés un peu partout dans le manoir ; des secrets que la famille s'efforçait de cacher à tout prix pour préserver sa réputation. Des secrets qu'il était facile de décrire comme les élucubrations d'une folle.

Des secrets dont Tanya avait à présent une idée précise.

Elizabeth Elvesden avait l'air d'être folle… mais elle ne l'était pas. Elizabeth était un changelin.

22

Le vendredi s'annonçait clair et beau, avec juste un soupçon de fraîcheur dans l'air. Comme de coutume, Tanya se leva de bonne heure. Ce matin-là, les cris d'Amos avaient été utiles. Elle les avait entendus depuis sa chambre, mais elle n'avait pas répété un seul mot, et avait ainsi compris que le sort jeté par les féeriques ne faisait plus effet. Après les évènements de la nuit, elle n'avait pas faim, mais elle avait résolu de se forcer à manger un peu. Pour la première fois, Florence n'avait pas préparé le petit déjeuner et restait invisible.

Tanya se tenait devant la porte de derrière en mâchant mélancoliquement un bout de pain, tout en surveillant Oberon qui faisait un tour dehors en reniflant partout.

Warwick entra dans la cuisine. Maintenant qu'elle n'était plus seule, Tanya s'aperçut qu'elle faisait beaucoup de bruit en mastiquant. Elle s'interrompit et avala en luttant contre le besoin de tousser pour évacuer un morceau trop gros coincé dans sa gorge.

– Savais pas qu'il y avait déjà quelqu'un de levé, grommela Warwick, toujours aussi bourru.

Puis il brancha la bouilloire et mit une cuillerée de café instantané dans une tasse.

– Je n'ai pas très bien dormi, expliqua Tanya.

Dès qu'elle eut prononcé ces mots, elle s'aperçut à quel point ils étaient stupides.

Et, en effet, Warwick répliqua aussitôt en grondant :

– À mon avis, personne n'a bien dormi dans cette maison.

Une forte odeur de mauvais café se répandit dans la pièce. Il remplit sa tasse et sortit aussitôt après sans prononcer un mot de plus.

Moins d'une minute plus tard, Fabian fit son apparition et s'assit. Il la dévisagea d'un regard interrogateur.

– Qu'est-ce que tu regardes ? lui lança Tanya, contrariée par son insistance.

Pour toute réponse, il l'imita en répétant ses paroles :

– *Qu'est-ce que tu regardes ?*

Tanya se renfrogna.

– Ah bon ! fit-elle. Donc tu es au courant.

Avec un large sourire, il confirma :

– Évidemment ! C'est Warwick qui me l'a raconté.

Dire que, pendant ce temps, je dormais ! Ça devait être drôlement marrant !

– Mais ce n'était pas moi, Fabian, c'était *eux*, dit-elle d'un ton las. Les féeriques. Ils sont venus pour me punir de… à cause de ce qui est arrivé au squatter de la bonde.

Le sourire narquois qui barrait le visage de Fabian s'effaça aussitôt.

– Tu veux dire que c'est eux qui… l'ont fait ? Qui t'ont forcée à tout répéter ?

Tanya acquiesça d'un signe de tête.

– Et ce n'est pas tout, précisa-t-elle. J'ai compris pourquoi le féerique était obsédé par mon bracelet. Ce n'était pas seulement parce qu'il brillait. C'est parce que les breloques qui sont sur le bracelet symbolisent les Treize Trésors.

– Ceux des Cours Seelie et Unseelie ?

– Oui, confirma-t-elle. Celui ou celle qui a fait faire le bracelet a voulu avoir quelque chose de personnel, quelque chose qui lui serait précieux. La légende des Treize Trésors est peu connue, ce qui signifie que la personne qui l'a possédé la première avait un lien très fort avec les féeriques.

– Quel genre de lien ?

– Le genre de lien qui accordait à certains descendants de cette famille – y compris moi – le don de double vue.

– Un changelin, en déduisit Fabian. Donc, il faut remonter à la personne qui l'a possédé la première, et tu auras ta réponse.

– Je crois déjà savoir de qui il s'agit. Elle porte le bracelet sur le portrait qui est dans sa chambre. C'est Elizabeth Elvesden.

Tanya ferma la porte de la cuisine après avoir jeté un bref coup d'œil dans le couloir pour s'assurer qu'ils étaient seuls. Puis elle prit place en face de Fabian.

– Je vais t'aider à sauver Morwenna Bloom pour qu'on puisse laver l'honneur d'Amos, chuchota-t-elle. Mais, après, les féeriques et moi, ce sera terminé.

– Qu'est-ce que tu veux dire ? Ce n'est pas pour autant que tu arrêteras de les voir, si ?

– Je sais que je n'arrêterai jamais de les voir, répondit-elle. Ce n'est pas moi qui décide, je n'ai pas le choix. Mais là où j'ai le choix, c'est dans ma manière de réagir. Tout ce qu'ils m'ont fait a toujours été en réaction à un acte que j'ai commis, par exemple quand j'ai essayé de parler d'eux à quelqu'un, ou quand j'ai fait quelque chose qui les a affectés. Ce qu'ils ont toujours voulu avoir, c'est mon silence. Donc, peut-être que, si je leur donne ce qu'ils veulent, ils me laisseront tranquille. Et peut-être que je pourrai commencer une vie normale.

– Ça en fait, des « peut-être » ! fit remarquer Fabian.

– Je sais, mais « peut-être », c'est tout ce que j'ai.

Fabian se leva et alla ouvrir la porte donnant sur le jardin. Sur le seuil, il chancela, bousculé par Oberon qui le franchissait au même moment.

– Il est violent, tu sais, dit-il. Amos, je veux dire. Pas étonnant que les gens l'aient cru capable de… de ce dont il a été accusé. (Il porta la main à sa tempe.) Tu te souviens… tu te souviens du bleu que j'avais ici ? Je t'ai dit que j'étais tombé. Mais j'ai menti.

Tanya ne répondit pas. C'était bien ce qu'elle avait pensé dès le début.

– Quand on a compris qui était la fille qu'on avait vue dans les bois, ça m'a fait un sacré coup, reprit-il. J'étais complètement démoli. Après t'avoir raconté l'histoire de Morwenna, ce soir-là, je suis monté là-haut, au deuxième étage, et j'ai attendu qu'Amos sorte pour aller aux toilettes… Je savais que ça me donnerait quelques minutes pour fouiner un peu. J'ai attendu dans le recoin… J'avais l'impression d'attendre depuis des heures quand il a fini par sortir. Dès qu'il a été hors de vue, je me suis faufilé dans sa chambre.

– Qu'est-ce que tu cherchais ? demanda Tanya.

– Je ne sais pas, n'importe quoi. N'importe quoi qui… puisse dire s'il était innocent… ou coupable.

– La police l'a relâché et tu croyais vraiment que toi, tu serais capable de trouver quelque chose après tout ce temps ?

– Je n'en sais rien.

Fabian ferma les yeux. Puis :

– C'était épouvantable. C'était le bazar intégral. Il y avait des cochonneries partout… des piles de vieux journaux… des vêtements qu'il n'a pas portés depuis des années et qu'il ne remettra sans doute jamais. Des cadeaux qu'il n'a jamais ouverts… toujours emballés. J'ai entendu mon père dire à Florence qu'il ne jetait jamais rien, mais je n'aurais pas pensé que c'était à ce point. J'ai trouvé des trucs vraiment terrifiants…

Il s'interrompit avec un frisson.

– Quoi, comme trucs ? interrogea Tanya.

– Une mèche de cheveux.

Voyant l'expression alarmée de son amie, il ajouta en hâte :

– T'inquiète, pas les tiens. Ils sont plus foncés. Ils étaient dans une boîte avec son alliance, des photos de ma grand-mère et d'autres trucs qui lui appartenaient. C'étaient sans doute ses cheveux… elle était brune. C'était tellement le chaos là-dedans que j'avais du mal à réfléchir. C'est quand j'ai décidé de sortir que j'ai trouvé quelque chose. Un cahier plein de coupures de journaux, toutes à propos de Morwenna. Il y en avait des tonnes. Il y en avait même une qui datait d'avant qu'elle disparaisse.

– Ah bon ? Les journaux avaient déjà parlé d'elle avant ?

– Oui, parce qu'elle avait gagné un concours… Apparemment, elle était douée pour la poésie.

– C'est sans doute elle qui a écrit le poème que j'ai trouvé, en déduisit Tanya. Mais ça n'explique pas comment il est arrivé dans ma chambre… Alors, qu'est-ce qui s'est passé ensuite ?

– J'ai commencé à lire les articles, mais j'ai dû passer plus de temps que je l'imaginais parce qu'Amos est entré… et il m'a trouvé là.

– Et il t'a frappé.

– Il m'a d'abord crié dessus en me demandant de fiche le camp, mais moi, je ne pouvais pas bouger, j'étais cloué sur place. Et c'est quand je suis passé devant lui pour sortir que… je crois que je lui ai fait peur. Il m'a frappé. Et… le pire, c'est que… je crois qu'il ne m'a même pas reconnu.

Il s'interrompit et ils restèrent muets tous les deux, sachant que rien, aucune parole, n'aurait le pouvoir de réconforter Fabian.

Dans le couloir, l'horloge ancienne sonna l'heure, rompant le silence.

– Warwick va bientôt partir, annonça Fabian à voix basse.

– Tu es prêt ?

– J'ai la carte, la torche et un tas de trucs.

– Moi, dit Tanya, j'ai la boussole et un vieux clou en fer que je dois garder dans ma poche. Et j'ai aussi cousu deux petits sacs de sel à porter sur nous comme protection supplémentaire. Si jamais des fériques t'attaquent, crève les sachets et asperge-les de sel. Il me faut aussi une mèche de tes cheveux, au cas où… tu sais quoi…

– Au cas où on serait piégés dans le royaume des fée-riques, termina Fabian, l'air sombre.

Tanya approuva de la tête et poursuivit en hâte :

– Essaie de porter un vêtement rouge, si tu peux.

– Je n'ai rien de rouge.

– Alors, mets tes vêtements à l'envers. Et surtout n'oublie pas le produit que Morag t'a donné !

Devant le regard dédaigneux de Fabian, elle s'empressa de poursuivre :

– Il faudra qu'on parte plus tôt que la dernière fois si on veut pouvoir utiliser l'Entre-Deux. On doit retrouver Morwenna avant pour pouvoir la sortir du royaume des féeriques sur le coup de minuit… C'est à ce moment qu'il est le plus facilement accessible.

Fabian hocha pensivement la tête.

– Avant de partir, je vais vérifier si ma montre est à l'heure exacte, et je mettrai l'alarme à minuit pile.

Tanya sentit un picotement d'appréhension en pensant à l'aventure qui les attendait. Ils avaient tout prévu, du moins c'était ce qu'il semblait, et pourtant elle se demandait si ce serait suffisant.

La matinée s'étirait. Warwick était parti de bonne heure. Après avoir chargé son matériel de chasse dans la Land Rover, il avait franchi bruyamment les grilles, s'était engagé dans le chemin de terre et s'était éloigné d'Elvesden Manor.

À midi, Tanya consulta l'horloge du palier.

Plus que douze heures.

Pendant toute la journée, Oberon s'agita, sentant le malaise de sa maîtresse. Il semblait incapable de rester calme plus de quelques minutes d'affilée et vagabondait de pièce en pièce, ajoutant encore à l'excitation de Tanya. Enfin, le soleil descendit dans le ciel puis disparut en cédant la place à l'obscurité, qui enveloppa le manoir comme un lourd manteau.

L'horloge ancienne continuait son tic-tac.

Le plus grand calme régnait dans la maison. Tanya descendit l'escalier à pas de loup. Sur le palier, Spitfire dormait du sommeil du juste au pied de son horloge préférée, étalé de tout son long comme une carpette rousse. Elle le contourna et se dirigea vers la cuisine plongée dans le noir, d'où sortait un grondement sourd qui l'immobilisa. Puis elle comprit : c'était Oberon qui ronflait ! Elle s'apprêtait à franchir le seuil lorsqu'elle entendit un bruit de verre cassé dans une pièce voisine.

Ses yeux essayèrent de transpercer l'obscurité du couloir. Un rai de lumière argentée filtrait sous la porte du salon. Elle entendit Florence pousser une exclamation de contrariété.

Vite, elle se faufila dans la cuisine et chercha refuge dans la première cachette qui lui vint à l'esprit : sous la grande table de chêne. Oberon, dans son panier, leva paresseusement la tête, et, l'espace d'un moment terrifiant, il eut l'air de vouloir se lever pour la rejoindre, ce qui l'aurait trahie !

– Couché ! ordonna Tanya.

Oberon obéit.

La porte s'ouvrit et Florence sortit dans le couloir en ronchonnant à voix basse. Elle farfouilla dans un placard en faisant s'entrechoquer divers objets, puis retourna d'un pas lent dans le salon. On l'entendit balayer les débris de verre, puis elle entra dans la cuisine et ses pantoufles fatiguées apparurent sous la nappe, devant Tanya accroupie sous la table. Ensuite, elle alla jeter les débris de verre à la poubelle, sortit, éteignit la lumière dans le couloir et gravit l'escalier en faisant claquer ses pantoufles à chaque marche.

Tanya ferma les yeux, soulagée. S'extrayant de sa cachette, les jambes tremblantes, elle alla rejoindre

Oberon, qui semblait ne rien comprendre à son comportement bizarre. Elle tira alors le foulard rouge de sa poche et le lui noua autour du cou en enfonçant les extrémités dans son collier.

Ensemble, ils sortirent sans bruit dans la nuit fraîche, traversèrent le jardin et franchirent la grille.

Fabian les attendait de l'autre côté, en silence, et plus pâle que d'habitude. Il sauta en l'air quand Oberon lui fourra son museau humide dans la main pour lui dire bonjour, puis regarda le chien d'un œil perplexe.

– Ce foulard, c'est le tien ? demanda-t-il à Tanya.

– Il faut bien qu'il soit protégé aussi ! répliqua cette dernière, piquée au vif.

– Je ne trouve pas que le rouge lui aille vraiment bien au teint ! plaisanta Fabian.

Mais Tanya était trop tendue pour rire.

– Chut, tais-toi ! lui recommanda-t-elle. Il ne faut pas attirer l'attention sur nous !

Fabian obtempéra aussitôt, en passant inconsciemment la main sur le sommet de son crâne comme s'il se souvenait de l'attaque du corbeau lors de leur dernière expédition dans la forêt.

Ils se mirent en route à travers bois, dans le sillage d'Oberon qui bondissait joyeusement. Il commençait à être habitué à ces sorties nocturnes.

La nuit était claire. Un croissant de lune était accroché au ciel d'encre et les étoiles brillaient comme un voile de gaze argenté. Tanya enlaça étroitement son torse, contente de s'être habillée chaudement. Par-dessus son jean et son seul T-shirt rouge, elle avait choisi de porter son vieil imperméable, celui qu'elle avait mis la nuit de la tempête. Dans la poche droite du manteau, elle avait fourré la boussole et le clou de fer, et, dans la gauche, les ciseaux que Morag lui avait donnés, ainsi qu'un petit sachet de sel.

Alors qu'ils s'approchaient du ruisseau, Fabian s'arrêta pour scruter l'obscurité.

– Qu'est-ce qui se passe ? s'inquiéta Tanya.

– Rien, murmura Fabian.

– Allez, dis-moi !

– C'est juste que… que j'ai l'impression qu'on nous suit. Fais comme si de rien n'était. On continue, on entre dans la forêt.

– Tu as vu quelqu'un ?

– Non, non, je n'ai rien vu, répondit Fabian. C'est juste une impression, comme ça… Allez, on continue.

Ils marchaient d'un bon pas. Ni l'un ni l'autre n'était d'humeur à faire la conversation. Déjà, ils arrivaient au ruisseau, qui bordait la sombre forêt qui s'étendait devant eux.

– Où est la torche ? s'enquit Tanya.

– Dans le sac à dos. Je la sortirai quand on sera dans la forêt... D'ici, on pourrait voir la lumière.

Il traversa le ruisseau et Tanya le suivit, en posant prudemment ses pieds sur les pierres glissantes du gué.

Bientôt, ils furent à la lisière de la forêt.

Fabian prit son sac à dos et s'agenouilla sur le sol. Il en sortit la torche et la carte, puis la mixture de Morag. Vite, il enleva le bouchon et mit une goutte dans chaque œil.

– Il est quelle heure ? s'enquit Tanya.

Fabian répondit en passant les bretelles de son sac à dos :

– Vingt-trois heures vingt-neuf. Il faut faire vite, maintenant !

Ils pénétrèrent dans les bois sans mot dire. Le seul bruit audible était le bruissement des feuilles mortes qu'ils écrasaient en marchant. Tanya, qui avait résolument emboîté le pas à son compagnon, manqua de s'étaler de tout son long après avoir buté sur une branche tombée en travers du chemin. Fabian se décida alors à allumer la torche.

– Tu as toujours l'impression qu'on nous suit ? demanda Tanya à voix basse. Si c'est le cas, la lumière va nous trahir.

Les yeux de Fabian fouillèrent l'obscurité de part et d'autre.

– Je ne sais pas. Mais il faut bien utiliser la torche, maintenant, sinon, on n'ira pas loin.

Il déplia la carte et l'étudia.

– On va aller jusqu'à la deuxième catacombe, proposa-t-il. C'est là qu'on l'a vue l'autre fois, et normalement c'est là qu'on devrait la revoir. Ce n'est pas loin d'ici ; d'après la carte, on ne va pas tarder à arriver au niveau de la première catacombe.

Ils reprirent leur chemin ; la forêt était plongée dans un silence irréel. Parfois, les yeux jaunes d'un animal nocturne trouaient l'obscurité. Au bout de quelque temps, Tanya poussa un petit cri en sentant une chose lourde heurter sa jambe.

– Qu'est-ce que tu as ? s'inquiéta Fabian.

– C'est la boussole. Il y a un trou dans ma poche. La boussole est passée à travers et maintenant elle est dans la doublure de mon imper. Je pense que c'est le clou qui l'a percée... Il est passé à travers aussi.

– Donne-les-moi, proposa Fabian, je vais les mettre dans mon sac. Comme ça, on ne risquera pas de les perdre.

Avec quelque difficulté, Tanya passa la main dans la doublure et en retira la boussole, mais elle ne parvint pas à retrouver le clou. Elle le laissa donc où il était.

Elle tendit l'instrument à Fabian en lui recommandant :

– Surtout, fais bien attention ! Parce que, si jamais on la perd, on n'aura plus que la carte pour s'orienter.

Ils poursuivirent leur équipée à travers les arbres, si loin que Tanya fut prise de l'affreux sentiment qu'ils s'étaient trompés de chemin. Mais, comme surgie de nulle part, la première catacombe apparut devant eux.

Fabian se mit à courir et la dépassa.

– Par ici ! héla-t-il, ça ne peut plus être loin, maintenant !

Tanya essaya de le suivre en s'efforçant de ne pas perdre de vue la lueur vacillante de la torche.

– Attends-moi ! cria-t-elle. Je n'y vois rien !

Ils ne tardèrent pas à atteindre une petite clairière.

– C'est ici qu'on l'a vue, annonça Fabian.

D'une main tremblante d'excitation, il dirigea sa torche sur les arbres touffus qui les entouraient.

– Tu es sûr ? s'inquiéta Tanya. Je ne vois pas les barrières... Ce n'est peut-être pas la même clairière...

Fabian consulta sa carte.

– Mais je suis sûr que c'est ici... C'est obligé.

– Regarde ! dit soudain Tanya en désignant un gros arbre. Éclaire avec la torche !

Fabian s'exécuta et une lueur argentée brilla à travers les arbres.

– C'est ici !

Ils s'approchaient doucement des barrières lorsqu'un bruit effrayant troua le silence.

– C'est quoi, ce bruit ? fit Fabian, apeuré, en tournant la tête de tous côtés pour essayer de distinguer quelque chose.

– On dirait que… qu'il y a quelqu'un qui pleure, murmura Tanya.

Fabian avança d'un pas prudent et Tanya le suivit, sentant son cœur battre à grands coups dans sa poitrine. Par-delà les barrières, ils distinguèrent une silhouette sombre assise au pied d'un arbre. Elle baissait la tête et enlaçait ses genoux. Ses longs cheveux noirs tombaient en cascade vers le sol, où fleurissait une profusion de digitales qui se balançaient doucement à la brise nocturne.

– C'est elle ! dit Fabian. C'est Morwenna Bloom !

Tanya s'avança en faisant craquer les branchages sous ses pieds, mais la jeune fille ne réagit pas et continua à sangloter.

– Morwenna ! l'appela Fabian, qui finit par retrouver sa voix. Morwenna Bloom !

En entendant son nom, la jeune fille leva la tête, et Tanya constata, sidérée, qu'elle ne pleurait pas… Au contraire, elle riait !

– Vous m'avez retrouvée, dit-elle en se levant et en se débarrassant des feuilles accrochées à sa robe.

Elle était exactement comme sur la photo, elle n'avait pas vieilli d'une journée !

– Nous savons ce qui t'est arrivé il y a toutes ces années, dit Tanya. Et… et nous sommes venus pour t'aider.

Finalement, retrouver Morwenna avait été incroyablement facile… presque trop facile…

– Vous êtes venus m'aider ? Comment cela ? interrogea Morwenna.

– Nous voulons t'aider à sortir d'ici, expliqua Tanya.

Soudain, pour une raison inconnue, elle prit peur. À la lueur surnaturelle de la lune, Morwenna avait l'air d'une apparition.

Tanya sortit les ciseaux de son imperméable et les mit dans la poche arrière de son jean, puis présenta son manteau à la fille :

– Tiens, ça va te protéger.

Morwenna fit un pas en avant et prit le manteau, un étrange sourire aux lèvres.

– Et toi, comment vas-tu te protéger ?

Un grognement, profond et menaçant, sortit de la gorge d'Oberon. Tanya vit que les poils de son cou étaient dressés et qu'il se tenait absolument immobile. Il s'était placé exactement entre elle et Morwenna.

C'est à ce moment que Tanya comprit avec terreur qu'il se passait quelque chose d'anormal.

– Me protéger de quoi ? demanda-t-elle.

Morwenna la dévisagea d'un œil glacial, noir comme du charbon.

– Te protéger de moi, naturellement, répondit-elle.

L'espace d'un instant, Tanya crut avoir mal entendu.

– Vous savez pourquoi je suis ici ? demanda Morwenna d'une voix haut perchée, chantonnante, qui glaça le sang de Tanya. Je suis ici parce qu'un certain évènement a eu lieu il y a cinquante ans. Et maintenant la seule chose qui pourra me libérer, c'est qu'on paie la dette qu'on a envers moi.

– Quelle dette ? intervint Fabian. De quoi tu parles ?

Morwenna sourit. Un sourire froid, un sourire en coin.

– La dette d'une amie d'autrefois, répondit-elle. (Elle regarda Tanya bien en face.) Ta grand-mère.

– Quoi ? s'écria Tanya en reculant. Je ne comprends pas.

– Non, évidemment… Comment le pourrais-tu ? Tu sais, Florence et moi, nous avions conclu… un accord, il y a de nombreuses années… un pacte, si tu préfères. J'ai respecté ma promesse, mais Florence ne l'a pas fait. Et maintenant il faut qu'elle en paie le prix.

– Et qu'est-ce que c'est, le prix ? demanda Tanya, saisie de frayeur à l'idée de la réponse qui allait suivre.

Morwenna fit un nouveau pas en avant :

– Le prix, c'est toi.

23

La première réaction de Tanya fut de s'enfuir à toutes jambes. Mais, prise entre un mélange de pure terreur qui lui tordait les entrailles et le désir morbide d'en savoir plus, elle ne bougea pas. Fabian, à ses côtés, était pétrifié.

– Je… je ne comprends toujours pas, bredouilla-t-elle.

– Il faut donc que je t'explique, jeta Morwenna. Il y a des années de cela, j'étais dans une situation proche de la tienne. Solitaire… incomprise… Comme tu le sais, les gens comme nous ont du mal à se faire des amis.

– Ceux qui ont le don de double vue…

Morwenna sourit.

– Exactement, dit-elle, ceux qui ont le don de double vue. Mais un jour j'ai trouvé une amie : quelqu'un qui me comprenait et que je comprenais également parce que nous étions pareilles. Cette personne était ta grand-mère.

– Ma grand-mère n'a pas le don de double vue ! protesta Tanya. Tu mens.

– Tu crois ? Je vois à ton expression que tu n'en es pas tout à fait sûre. Je connais Florence. Elle a dû très bien le cacher. Elle a dû essayer de te protéger de la vérité. Elle t'a sans doute repoussée pour cela. Je suppose que vous n'êtes pas vraiment proches, toutes les deux.

Tanya ouvrit de grands yeux, confondue, puis les baissa.

Morwenna éclata de rire.

– C'est bien ce que je pensais ! dit-elle. Tu t'es déjà demandé pourquoi tu n'étais pas la bienvenue chez elle ? Pourquoi elle ne souhaitait pas te voir ? Oui ? Alors, tu es sur le point de trouver la réponse.

– Pourquoi me racontes-tu tout ça ? Qu'est-ce que ça a à voir avec moi ?

– Tout. C'est toi qui es la première concernée. Et c'est à ta grand-mère que tu le dois, dit Morwenna en tordant une mèche de ses cheveux noirs entre ses doigts. Florence et moi, nous étions les meilleures amies du monde. Inséparables. Nous faisions tout ensemble. Mais ses parents lui permettaient plus de choses que les miens. (Son visage s'assombrit.) Mon père pouvait être très… difficile. L'honorable révérend Bloom… ou, du moins, c'est ce qu'il était, vu de l'extérieur. La réalité était un peu différente. C'était un homme autoritaire, qui voulait tout contrôler. Quand j'avais envie de sortir, j'étais obligée de le supplier. Un jour, nous sommes allées nous promener en forêt, Florence et moi. J'étais dans tous mes états, parce que mon père m'avait annoncé qu'il m'enverrait à Londres, dans une nouvelle école, après les vacances d'été. Florence m'a suppliée de rester, elle ne voulait pas perdre la seule amie qu'elle avait jamais eue. Moi non plus, je n'avais pas envie de partir, alors nous avons eu l'idée de nous enfuir ensemble. Nous parlions depuis un moment quand nous nous sommes aperçues que nous n'étions pas seules. On nous observait... et on nous écoutait.

– Les féeriques, en conclut Tanya.

– Oui. Ils nous ont proposé un moyen de régler nos problèmes : vivre dans un endroit où personne ne nous trouverait, où rien de mal ne pourrait nous arriver, et où nous ne vieillirions jamais. Le royaume des féeriques.

– Mais ils t'ont enlevée..., objecta Tanya. Ils t'ont induite en erreur... ils t'ont *piégée*.

Morwenna poursuivit comme si elle n'avait pas entendu :

– C'était ma seule chance d'échapper au sort qui m'attendait... Mais Florence n'était pas très enthousiaste. Elle était déchirée entre son désir de venir avec moi et celui de rester avec sa famille. Nous n'avions pas beaucoup de temps. Les féeriques nous avaient donné jusqu'au solstice d'été pour prendre notre décision. J'ai passé des journées à essayer de persuader Florence, mais elle n'arrivait toujours pas à choisir. Et la veille du solstice d'été est arrivée. Ce jour-là, elle s'est disputée avec ses parents, et ils se sont dit des choses terribles. Cela l'a poussée à se décider : nous avons fait le serment de partir pour ne plus jamais revenir.

Mais Florence avait toujours été la plus faible de nous deux. Je savais que le doute ne tarderait pas à s'installer en elle. Je ne pouvais pas croire tout à fait en sa parole, alors je lui ai fait jurer de tenir sa promesse. Nous nous sommes entaillé le pouce et nous avons scellé notre pacte dans le sang.

Le jour du solstice d'été, j'ai attendu dans la forêt. Florence n'est jamais venue. Je me suis rendue au manoir, et l'intendant m'a dit alors qu'elle ne se sentait pas bien. En d'autres termes, elle n'avait pas tenu bon. Mais il était trop tard pour moi. J'étais obligée de continuer.

– L'intendant, c'était Amos, non ? intervint Fabian. C'était mon grand-père.

– Oui, le pauvre, il était fou amoureux de moi, confirma Morwenna. Quand je lui ai annoncé mon intention de m'enfuir, il m'a suppliée de ne pas le faire. Je lui ai donné une mèche de mes cheveux en souvenir. Je lui ai demandé de la cacher et de la mettre en sécurité. Il ne savait pas que ce petit « témoignage d'amour » faisait partie d'un plan plus grand. Dans la mèche, j'avais tressé quelques cheveux de Florence que j'avais subtilisés sur son peigne pour renforcer la promesse qu'elle m'avait faite.

– Une mèche de cheveux ? demanda Fabian d'une voix tendue.

– Oui, la clé de mon immortalité, dit Morwenna, le regard sournois. Quelque chose de moi, telle que j'étais. Le laisser dans le monde des humains me permettrait d'apparaître aux yeux des mortels quand je le choisirais et de garder toujours mes quatorze ans. Et je les garderais quand je retournerais chez les féeriques.

À minuit, je suis entrée dans leur royaume. Au début, j'étais heureuse, tout en sachant que je ne pardonnerais jamais sa lâcheté à Florence. Mais les années ont passé, et j'ai commencé à ressentir la solitude de mon existence. J'en suis arrivée à regretter ma décision. Malheureusement, quand on rejoint librement le royaume des féeriques, il n'y a plus qu'une seule possibilité de faire marche arrière.

– Laquelle ? demanda Tanya d'une voix rauque.

– Se faire remplacer par un autre mortel doué de double vue et lié par le sang. À ma connaissance, je n'avais aucun parent doué de double vue, mais, puisque Florence et moi avions scellé notre promesse dans le sang, nous étions liées. Elle était donc la seule à pouvoir prendre ma place, mais elle était bien trop maligne pour s'aventurer dans les bois. J'ai dû attendre mon heure.

Les années ont passé. Florence s'est mariée et a attendu un enfant. J'ai enfin vu l'occasion que j'attendais. Il ne faut jamais sous-estimer le pouvoir de l'amour maternel.

– Tu as volé l'enfant pour qu'il prenne ta place ! lança Fabian avec mépris.

– Non, le détrompa Morwenna avec un rire cruel. L'enfant était évidemment du sang de Florence, mais il n'avait pas le don de double vue… et par conséquent il ne pouvait pas me remplacer au royaume des féeriques. Mais il pouvait servir de monnaie d'échange… J'ai donc volé le bébé pour attirer Florence dans la forêt. Je savais qu'elle devinerait la raison du vol et qu'elle serait confrontée à son passé. Quand elle nous a retrouvées, elle m'a suppliée de lui rendre son enfant, exactement comme je l'avais prévu. Je lui ai dit que j'étais d'accord à condition qu'elle prenne ma place sur-le-champ. Si elle refusait, j'emporterais le bébé dans le royaume des féeriques et plus jamais elle ne le reverrait.

Florence savait qu'il n'y avait pas d'issue. Elle a accepté de prendre ma place, mais pas tout de suite. Elle a imploré ma pitié et m'a suppliée de lui accorder quelques années pour qu'elle puisse élever son enfant. Elle m'a demandé d'attendre sept ans, au bout desquels elle viendrait me remplacer. Elle m'a juré qu'au septième anniversaire de l'enfant, elle reviendrait payer sa dette. Stupidement, j'ai accepté. Car, après tant d'années, quelques-unes de plus n'avaient plus d'importance. Je n'avais rien perdu de ma vie. Je pouvais m'offrir le luxe d'un peu de clémence. Je n'imaginais pas à l'époque qu'elle se jouerait de moi. (Elle décocha un regard chargé de haine à Tanya.) L'enfant dont je parle est ta mère.

Tanya revit en pensée la chambre d'enfant secrète et réfléchit :

– Mais ma mère est née le 29 février... le jour supplémentaire d'une année bissextile.

Stupéfait, Fabian s'exclama :

– Donc, son véritable septième anniversaire n'aurait lieu que vingt-huit ans plus tard !

– En effet, répondit Morwenna. La nature avait donné un nouveau sursis à Florence. J'ai compris que je n'aurais aucune autre chance de m'approcher de l'enfant, bien certaine que Florence prendrait des mesures pour la protéger. Tout ce qu'il me restait à faire, c'était d'attendre que les années passent et qu'arrive le moment pour elle de tenir sa promesse. Mais, alors que ce moment approchait, il s'est passé une chose inespérée : la naissance d'un nouvel enfant relié par le sang à Florence. Et, de ce fait, l'occasion rêvée de me venger.

Elle adressa un sourire à Tanya, un sourire de démente.

– Toi, dit-elle.

– Non !..., protesta l'adolescente.

– Je reconnais que tu nous as donné du fil à retordre... Tu étais bien protégée, fit remarquer Morwenna. Mais pas suffisamment.

– J'étais protégée par qui ?

Morwenna répondit simplement par cette sentence :

– Qu'à minuit nos places soient échangées !

– Non ! hurla Tanya.

Elle se tourna vers Fabian, mais ce dernier ne bougea pas, paralysé d'effroi.

– Les arbres... Regarde les arbres ! souffla-t-il.

Des féeriques terrifiants, hideux, étaient en train d'émerger de leurs cachettes ; certains d'entre eux ne ressemblaient à rien de ce qu'elle avait vu auparavant. Des êtres cassés, tordus, à l'air si cruel qu'ils semblaient ignorer jusqu'à l'existence même de la bonté. Leur peau était faite d'écorce et leurs membres de branches et de brindilles. Ils *étaient* les bois.

C'est alors que, dans les profondeurs des arbres, dans une clairière éclairée par la lune, un léger mouvement capta le regard de Tanya. Fabian avait raison. Ils avaient été suivis.

Un visage apparut l'espace d'une seconde au milieu de la végétation avant de disparaître ; un visage familier. Un visage que Tanya avait cru ne jamais revoir. Un instant, elle se demanda si son imagination ne lui avait pas joué un tour, mais le visage réapparut, un doigt posé sur les lèvres pour lui faire signe de se taire.

Ce visage était celui de Red.

Vite, Tanya détourna les yeux, le cerveau en ébullition. Que se passait-il ?

– Attachez-la ! ordonna Morwenna.

Les féeriques s'approchèrent, et Oberon gronda, essaya de les mordre.

– Nous sommes trop nombreux, reprit-elle, et, si tu ne dis pas à ton chien d'arrêter, je te préviens qu'ils vont le tuer.

Tanya regarda Oberon. C'était un risque qu'elle ne pouvait pas prendre.

Elle le rappela malgré ses gémissements de protestation. Déboussolé, il frotta son museau contre elle, mais elle le repoussa.

– Sauve-toi ! cria-t-elle à Fabian, et déjà les féeriques fondaient sur elle, la forçant à reculer, et ils la coincèrent contre un arbre.

Elle sentit qu'on l'attachait solidement au tronc avec un lien qu'elle ne pouvait voir et contre lequel elle ne pouvait lutter ; une chose froide, fine et gluante. Les féeriques la ligotèrent en serrant si fort qu'elle se retrouva incapable de bouger le petit doigt. Ensuite, ils retournèrent se cacher dans l'ombre, à l'exception d'une vieille fée atrocement laide qui lui tenait le bras d'une poigne de fer.

– Tu vas rester avec nous, ma jolie, crachota-t-elle. Tu seras une très bonne compagne de jeux pour mes enfants. Espérons que tu dureras plus longtemps que les autres.

Fabian écarquillait des yeux remplis d'horreur.

– Elle est protégée ! hurla-t-il. Laissez-la tranquille ! Vous n'avez pas le droit de la toucher !

Morwenna regarda le T-shirt de Tanya avec une moue dédaigneuse :

– La couleur rouge dissimule celui qui la porte à la vue des féeriques… Mais elle n'a plus agi à partir du moment où tu m'as appelée par mon nom !

– Et qu'est-ce que tu dis de ça ? cria Fabian en sortant de sa poche l'un des petits sacs de sel que Tanya avait fabriqués.

Fébrilement, il attrapa son petit canif, fit une incision dans le tissu, versa un peu de sel dans sa main et le jeta à la figure de la vieille fée en se précipitant à côté de Tanya. La sorcière ferma les yeux et recula en poussant des hurlements affreux. Sa peau se recouvrit de hideuses cloques et d'énormes boursouflures.

La créature malfaisante déguerpit et fut bientôt hors de vue.

D'autres féeriques marchèrent sur Tanya. Épouvantée, elle lança un cri d'alerte :

– Fabian ! Regarde !

Son ami se retourna et se mit à jeter du sel dans toutes les directions. Les hurlements de douleur et de fureur fusèrent de toutes parts… Mais, bien trop vite, le sel fut épuisé. Déjà, de nouveaux féeriques apparaissaient pour remplacer les blessés qui se sauvaient à toutes jambes.

– Il y en a trop, chuchota Fabian, et je n'ai plus de sel !

– Ils ne le savent pas ! souffla Tanya.

– Non, pas encore, mais ils ne vont pas tarder à s'en apercevoir.

Fabian bondit sur elle et tira de toutes ses forces sur ses liens, mais c'était inutile. Il ne réussit qu'à se couper la main.

– De la toile d'araignée, intervint Morwenna, en savourant les mots comme si c'était un mets délicieux. Une toile enchantée, et donc impossible à rompre pour la main d'un mortel. On dit qu'elle vaut son pesant d'or sur le marché des féeriques. Elle est surtout utilisée pour l'échange des changelins. On fabrique des toiles magiques extrêmement solides. C'est ce qui a été utilisé pour capturer ta mère, il y a des années. Tu vois, cette fois, le sort a voulu que ce soit ton tour !

Plus Tanya se débattait, plus les liens semblaient se resserrer ; ils entraient dans ses chairs, la faisaient saigner… Soudain, elle se souvint des ciseaux.

– Fabian ! Les ciseaux… dans ma poche ! Morag a dit qu'ils étaient capables de couper presque tout !

Fabian s'évertuait toujours à tirer en pure perte sur les fils d'araignée, même s'il se faisait mal, même s'il se coupait ! Morwenna l'observait avec une joie mauvaise. Tanya le comprit alors : cette fille avait peut-être été bonne autrefois, mais à présent c'était fini. Elle était sans pitié. Au bout d'un demi-siècle passé au royaume des féeriques, il ne restait plus d'elle qu'une coquille qui n'était capable que de vengeance et de haine. Il n'y avait plus en elle une once d'humanité.

– Je n'y arrive pas ! se désola Fabian. Je n'arrive pas à attraper les ciseaux !

Vaincu, il ne lui restait plus qu'à se résigner à sa défaite contre les liens enchantés.

– Je suis désolé, murmura-t-il en reculant lentement.

Il hésita un instant. Puis, tout à coup, il s'enfuit sans un mot de plus.

– Qu'est-ce que tu fais ? hurla Tanya. Tu ne peux pas me laisser ici ! Fabian ! Espèce de lâche !

Mais Fabian avait déjà disparu.

24

Fabian courait à toutes jambes, à l'aveuglette, en trébuchant sur les obstacles tendus par l'obscurité. Tanya croyait qu'il l'abandonnait, et c'était exactement le but recherché. Il le fallait pour que son plan réussisse. S'il voulait quitter la forêt vivant, il fallait éviter à tout prix que Morwenna devine ce qu'il avait en tête.

Il y eut un bruit sourd de cavalcade derrière lui. Il était poursuivi ! Sa peur se mua en panique. Puis il entendit Morwenna crier :

– Laissez-le ! Le garçon, on s'en fiche !

La cavalcade reprit dans l'autre sens, puis s'arrêta. Fabian n'entendit plus que le bruit de ses propres halètements.

Brusquement, le chemin descendit en pente raide et il s'étala de tout son long. Il y eut un cliquetis de mauvais augure et la torche s'éteignit brutalement.

– Non ! cria-t-il tout en tâtonnant dans l'obscurité. Pitié, non !...

Mais il savait déjà que la torche avait rendu l'âme. Il se releva, tremblant de peur. Il faisait noir comme dans un four dans cette forêt.

« Réfléchis ! s'ordonna-t-il. Calme-toi et réfléchis ! »

Il appuya sur une touche de sa montre et le petit écran s'alluma. Il était vingt-trois heures quarante-trois.

Il s'accroupit et explora le sol à tâtons pour retrouver son sac à dos qui était tombé par terre. Il le repéra et mit un moment avant de se souvenir qu'il contenait un objet précieux : la boussole !

En pleurant presque de joie, il ouvrit le sac en hâte et fouilla à l'intérieur. Enfin, ses doigts entrèrent en contact avec du métal lisse et froid.

Il sortit la boussole et, à l'aide de l'éclairage de sa montre, il regarda l'aiguille : elle était pointée droit devant lui.

Sans perdre un instant, le jeune garçon reprit sa course folle. Il courut pendant ce qui lui sembla une éternité, indifférent à la souffrance que lui causaient ses membres et ses poumons en feu. Il ne s'arrêta pas une seule fois. Chaque seconde comptait.

À deux reprises, il tomba, déchira ses vêtements, se blessa, mais à peine relevé il continua à foncer, cramponné à la boussole qu'il tenait d'une poigne de fer.

Quand la lisière de la forêt apparut, il en ressentit une joie folle et un regain de forces.

Enfin, il émergea de la forêt. Le manoir était là.

Pendant ce temps, Tanya, ligotée contre le tronc d'arbre, sentait toute son énergie l'abandonner. En essayant d'attraper ses ciseaux, elle n'avait réussi qu'à s'enfermer encore plus étroitement dans la toile d'araignée et à présent sa main droite était prise au piège derrière son dos, toute tordue.

Une nouvelle bouffée de colère flamba en elle, plus forte que la peur :

– Pourquoi n'as-tu pas essayé de m'emmener avant ? demanda-t-elle à sa tortionnaire. Tu aurais très bien pu le faire, le jour où nous nous sommes perdus dans la forêt, Fabian et moi.

Morwenna repoussa une mèche de cheveux noirs qui lui balayait le visage et répondit avec un méchant rictus :

– J'ai essayé de vous entraîner au loin, si loin dans les bois que vous n'auriez jamais retrouvé votre chemin... en tout cas, pas avant minuit. Malheureusement, on est venu à votre secours.

Tanya se rappela à quel point elle avait maudit Warwick, ce jour-là. Comme elle aurait aimé le voir apparaître miraculeusement, à présent !

Morwenna lut en elle et éclata de rire :

– Cette fois, personne ne viendra te sauver ! Tu vois, même ton petit camarade t'a abandonnée. Une fois qu'il a su que son cher grand-père était innocent, il n'a pas eu envie de s'éterniser ici !

– Ferme-la !

– Si ça peut te consoler, sache qu'il n'arrivera jamais à sortir de la forêt. Le Bois du Bourreau est réputé pour faire disparaître les mortels. Il va errer pendant des jours... Il sera à moitié mort quand on le retrouvera... si jamais on le retrouve.

– Comment as-tu su qui j'étais, l'autre jour ? demanda Tanya. C'était la première fois que tu me voyais !

Il y eut un bref silence, puis Morwenna répondit :

– J'ai un informateur.

Tanya recommença à se débattre en scrutant désespérément les environs. Quelqu'un viendrait-il à son secours ? Si Red était toujours là, elle se cachait bien !

Fabian atteignit la maison, les poumons prêts à exploser, bondit à travers la cuisine, gravit les escaliers quatre à quatre jusqu'au deuxième étage et s'arrêta devant la porte de la chambre de son grand-père.

À l'intérieur, les grommellements du vieil homme couvraient le murmure de la télévision. Fabian réfléchit rapidement, puis gratta à la porte avant de filer au fond du corridor et de se cacher dans le recoin.

Amos sortit dans le couloir d'un pas mal assuré.

– Warwick ? appela-t-il. C'est toi ?

Rapide comme l'éclair, Fabian repoussa la tapisserie et se glissa dans le couloir de service plongé dans l'obscurité. Il avança en tâtonnant le long du mur, compta les portes et s'arrêta devant celle de son grand-père.

En haletant, il tourna la poignée. La chance était de son côté.

La porte s'ouvrit et il embrassa du regard la pièce en désordre. La porte principale était entrouverte et il n'y avait pas trace d'Amos.

Il entra et une vague de désespoir l'envahit devant l'ampleur du chaos. Ses yeux fouillèrent la pièce, se posèrent successivement sur les tas de vieilleries empilées. Il se mit à quatre pattes pour inspecter le dessous du lit. Il attira à lui quelques boîtes en carton remplies de vêtements et de journaux et les renversa. Les affaires de sa grand-mère étaient toujours là. L'alliance roula par terre. La mèche de cheveux restait introuvable.

Le cahier contenant les articles de journaux était posé sur la table de chevet. Il l'attrapa et le feuilleta. Plusieurs coupures tombèrent par terre. Il le referma d'un coup sec et le jeta sur le lit. Vite, il bondit vers la commode et se mit à farfouiller parmi les vêtements.

« Où est-ce qu'il peut bien l'avoir mise ? Où ? »

Il se demanda comment il avait pu ne pas faire le rapprochement plus tôt, alors qu'il avait vu la mèche... alors que c'était évident ! S'il détruisait la mèche de cheveux, il romprait le charme qui préservait la jeunesse de Morwenna. C'était à sa jeunesse que la cruelle créature accordait le plus d'importance. Et c'était tout ce qu'il avait comme monnaie d'échange.

La commode ne contenait pas ce qu'il cherchait. Fabian referma le dernier tiroir maladroitement, en coinçant quelques vêtements. De colère, il donna un coup de pied dans l'une des boîtes qu'il n'avait pas pris la peine de repousser sous le lit. Au même moment, un bruit de pas retentit dans le couloir, accompagné d'un appel :

– Warwick !

Amos apparut sur le seuil de la porte. Dans ses yeux caves, on lisait toute sa folie.

– Ce n'est pas moi qui l'ai fait ! cracha-t-il. Je n'arrête pas de leur dire que ce n'est pas moi ! Elle s'est enfuie !

– Je... je sais..., murmura Fabian, tout en battant lentement en retraite vers la porte de service.

D'un pas saccadé, Amos marcha vers le lit défait et s'assit.

– Je l'aimais, je l'aimais, répéta-t-il en se balançant doucement d'avant en arrière.

Sa main parcheminée se déplaça sur les draps et se glissa sous l'oreiller. Il n'en fallut pas plus à son petit-fils.

À une vitesse qui le surprit lui-même, ce dernier bondit et envoya valser l'oreiller. Là, sous le creux où son grand-père posait sa tête toutes les nuits, reposait une fine mèche de cheveux noirs.

Fabian, le cœur lourd de culpabilité, arracha la mèche des doigts frêles du vieillard.

Amos poussa un hurlement d'animal blessé.

Fabian s'échappa par la porte de service en s'efforçant de ne pas entendre les cris de son grand-père qui résonnaient à ses oreilles. Il émergea de la tapisserie et attendit un instant pour s'assurer que la voie était libre. N'entendant d'autre bruit que les sanglots plaintifs d'Amos, il se glissa hors de son recoin... et se cogna contre un corps dur qui se tenait juste à l'angle du mur.

Fabian émit une exclamation étouffée. Puis :

– Que... qu'est-ce que tu fais là ? Je croyais... que tu étais parti à la chasse !

– Changé d'avis, siffla Warwick en détaillant les vêtements déchirés et tachés de sang de son rejeton. J'ai décidé de rentrer plus tôt... et j'ai bien fait, à ce que je vois !

Il attrapa rudement Fabian par l'épaule.

– Et toi, tu peux me dire ce que tu fais ici à cette heure de la nuit ? demanda-t-il.

Fabian ouvrit la bouche pour parler, mais fut incapable de prononcer un mot.

– Explique-toi ! aboya son père.

– Warwick ! appela Amos.

L'intendant fusilla son fils du regard. Puis, le tenant toujours par l'épaule, il l'entraîna dans le couloir jusqu'à la chambre du vieillard.

– Qu'est-ce qu'il y a, père ?

Sa voix habituellement bourrue était d'une douceur surprenante.

Amos arriva en traînant la savate, les épaules secouées de sanglots.

– Il l'a prise… il l'a prise…, gémit-il.

Warwick aperçut la mèche de cheveux dans la main de Fabian et sembla la reconnaître :

– Qu'est-ce que tu fabriques avec ça ? Qu'est-ce que tu veux faire des cheveux de ta grand-mère ?

Aussitôt, Fabian cacha la mèche derrière son dos.

– Ce n'est pas… ce ne sont pas les cheveux de ma grand-mère ! dit-il.

– Donne-les-moi ! pleura Amos. Je lui ai promis de les garder éternellement !

Soudain, les yeux de Warwick s'agrandirent. Il demanda :

– Où est la gamine ?

Fabian se figea.

– *Où est Tanya ?* insista son père d'un ton sans réplique.

– Elle est… elle est dans les bois ! croassa Fabian, incapable de se taire plus longtemps.

Warwick devint blanc comme un linge. Sans un mot, il attrapa son fils par le bras et lui arracha la mèche de cheveux.

– Qu'est-ce que tu fais ? Rends-moi ça ! s'affola Fabian en courant après son père qui avait déjà dévalé la moitié des escaliers sans plus se préoccuper des sanglots d'Amos.

Sur le palier du premier, il le rattrapa et essaya de s'emparer de la mèche de cheveux que Warwick serrait dans sa main, mais celui-ci se défendit rageusement.

– Rends-moi ça ! répéta le jeune garçon. Tu ne comprends pas !

Son père se retourna brutalement et le secoua comme un prunier en hurlant :

– Petit imbécile ! C'est *toi* qui ne comprends pas ! Tu te rends compte de ce que vous avez fait ? Depuis sa naissance, nous avons tout fait pour la protéger, et toi, tu l'envoies droit dans la gueule du loup !

Sur ce, il lui tourna le dos et reprit sa course effrénée dans les escaliers, en ne ralentissant que pour enjamber Spitfire au pied de l'horloge.

Les genoux flageolants, Fabian sentit poindre la vérité dans son esprit : Warwick savait tout.

– On n'avait pas compris, dit-il faiblement. On essayait juste de leur venir en aide !

– Venir en aide ? Qui avait besoin d'aide, d'après vous ?

– Tous les deux ! Amos et Morwenna !

– On ne peut plus rien pour eux ! La vie d'Amos a été fichue le jour où les rumeurs ont commencé ! Et Morwenna Bloom… Est-ce que vous avez jamais pensé à ce qui se passerait, si un jour elle sortait tranquillement de la forêt, fraîche comme une rose et âgée de quatorze ans, alors que cinquante ans ont passé ? Il n'y a rien à faire pour les sauver, ni l'un ni l'autre. Et il n'y a jamais rien eu à faire !

Fabian, incapable de répondre, sentait les paroles de son père cogner à grands coups dans son crâne.

Une porte grinça au premier, puis le visage de Florence apparut au-dessus de la balustrade. La vieille dame en chemise de nuit paraissait hagarde, à demi endormie.

– Warwick ? Qu'est-ce qui se passe ? Tout va bien ? s'inquiéta-t-elle.

– Oui, oui, tout va bien, répondit Warwick d'une voix neutre, tout en lançant un signe d'avertissement à son fils pour lui intimer de se taire. C'est celui-là ! Il a encore fait des bêtises, comme d'habitude !

– Oh ! fit Florence en adressant un regard courroucé à Fabian. Bien, à demain matin alors.

La porte se referma et Fabian dévisagea son père.

– Tu ne lui dis rien ? demanda-t-il.

Warwick tira sur ses bottes et répondit simplement :

– Non.

– Elle a le droit de savoir !

– Elle le saura bien assez tôt, grommela Warwick. Et quand elle le saura... Si Morwenna réussit, elle sera complètement détruite.

Fabian refoula des larmes de honte et consulta sa montre. Minuit moins sept.

– On perd du temps !

– Tu crois que je ne le sais pas ?

Warwick sortit par la grande porte. Fabian lui emboîta le pas. Mais, au lieu de courir vers la forêt, son père contourna la maison et se dirigea vers son atelier.

– Qu'est-ce que tu fais ? s'écria le jeune garçon. Il faut qu'on retourne là-bas !

Warwick ouvrit la porte à la volée en lui ordonnant :

– Entre là-dedans !

Le jeune garçon avança en hésitant. C'était la première fois que son père lui permettait d'approcher son atelier, mais, quand il le poussa à l'intérieur d'une bourrade entre les omoplates, tout s'éclaircit.

Le mur du fond était recouvert de cages du sol au plafond. À l'intérieur des cages, il y avait des fériques. Dans la plus grande, qui était posée par terre, se trouvaient deux des plus horribles créatures qu'il eût jamais vues. La plus grande ressemblait un peu à un crapaud. Elle attrapa les barreaux et grimaça un sourire.

– Te contente pas de rester béat ! dit-elle. Viens, la clé est par là !

Fabian sentit la tête lui tourner.

– Où est le dernier gobelin ? s'enquit-il. Tanya a dit qu'il y en avait trois.

– Brunswick n'est pas dangereux. Il est à moitié humain. C'est un changelin. Il imite simplement ces deux-là parce qu'il ne sait rien faire d'autre.

Fabian regarda les autres cages. Il y en avait au moins une douzaine, et chacune contenait un ou plusieurs féeriques. Dans l'une d'elles, un petit être ratatiné muni d'une canne serrait un sachet de thé comme si sa vie en dépendait. La fée du foyer était dans une autre cage… une minuscule fillette, affreuse, vêtue d'une lavette qui lui servait de robe et dépassait d'un rideau de longs cheveux. Son visage s'illumina quand il la regarda et elle lui adressa un regard timide, suppliant, avant de se recroqueviller de nouveau.

Warwick attrapa sa carabine sur le mur opposé et commença à la charger.

– Ils sont en cage… mais pourquoi ? s'enquit Fabian.

– Parce que c'est pour ça qu'on me paie ! répondit son père. Et l'un d'eux nous a trahis !

Il prit un trousseau de clés sur une étagère… à côté d'un liquide gris-vert que son fils connaissait bien.

– Mais… et…, commença ce dernier, pris d'une appréhension soudaine, tu es sûr qu'ils ne peuvent pas s'échapper ?

– Les cages sont en fer. Ils ne bougeront pas si je ne leur ouvre pas.

– Depuis tout ce temps, tu savais ce qui était arrivé à Morwenna Bloom ! reprit Fabian.

Warwick fixa son couteau de chasse dans sa ceinture et répondit :

– Oui, et pendant tout ce temps, la mèche de cheveux était là, juste sous mon nez. Florence a toujours pensé que Morwenna avait été assez finaude pour laisser derrière elle une chose qui confirmerait le pacte… et la préserverait elle-même.

Il examina soigneusement la mèche de cheveux, puis la plia et la mit dans sa poche.

– Le pacte a été conclu dans la forêt, dit-il, là où la magie est la plus efficace. Il ne peut être détruit que là-bas.

– Mais il est presque minuit ! s'écria Fabian, pris d'une panique folle.

– Il est encore temps, dit une voix qu'il ne reconnaissait pas.

– Grand Corbeau ! s'exclama Warwick.

Fabian pivota sur lui-même et vit trois êtres minuscules sur le bord de la fenêtre ouverte : un mâle, une femelle et un troisième, une créature galeuse aux ailes mangées aux mites. C'était la femelle qui avait parlé.

Il nota sa robe à plumes et ses traits ciselés : c'était le corbeau qui l'avait attaqué !

– Elle est dans la forêt, dit Warwick. Il faut se dépêcher maintenant.

Grand Corbeau confirma d'un signe de tête.

– Il n'y a plus de temps à perdre. Mais il faut que tu saches une chose : Bonnet à Plume a disparu.

– On ne l'a plus vu ni entendu depuis hier, dit Gredin.

Warwick pinça les lèvres.

– Tu es sûr qu'on peut leur faire confiance ? lui demanda Fabian. Tu ne les as pas mis en cage, eux ?

Warwick, qui était déjà dehors, répondit :

– Ils sont de notre côté.

Fabian le suivit. Il se sentait peu à peu étrangement détaché de la réalité. C'était comme s'il avait été projeté dans un autre monde où rien n'était ce qu'il paraissait être. Hébété, il comprit que son père n'était pas un intendant. Ce n'était pas un gardien. C'était un chasseur de féeriques.

Warwick s'élança vers la Land Rover couverte de boue.

– Monte ! lui cria-t-il.

Fabian se laissa tomber sur le siège du passager et eut à peine le temps de refermer la porte. Déjà, Warwick desserrait le frein à main et fonçait à travers les grilles ouvertes du manoir en faisant voler les gravillons derrière le véhicule.

– J'espère qu'on arrivera à temps.

Dans sa chambre à l'arrière de la maison, Florence papillonna des yeux, à demi réveillée par le crissement de la Land Rover qui fonçait dans la nuit. « C'est sûrement Warwick... », se dit-elle vaguement. Mais ses yeux se refermèrent aussitôt, lourds de sommeil. Elle se retourna en marmonnant : « Ce n'est pas possible. » Warwick surveillait les bois et gardait la maison presque toutes les nuits... mais c'était toujours à pied. Toujours.

Ses pensées continuèrent à dériver, l'emmenant loin de tous les soucis, de tous les tracas. Elle était fatiguée, au bout du rouleau. Elle avait du mal à dormir quand sa petite-fille était au manoir. Mais cette nuit-là, trop irritable, trop épuisée, elle avait fini par déboucher le flacon de somnifères qu'on lui avait prescrit un mois plus tôt, avait pris deux cachets et les avait avalés avec une tasse de lait malté.

Par une ironie du sort, c'était la première fois depuis longtemps qu'elle dormait aussi bien.

25

Tanya avait mal partout. Partout. Elle s'était battue, débattue, mais ses liens n'avaient pas lâché, pas même d'un millimètre. Finalement, vaincue, elle avait laissé son corps s'affaisser contre l'arbre. Red ne venait pas. Personne ne venait.

– Le poème, c'était bien trouvé, dit-elle. Tu savais qu'on essaierait de résoudre le mystère, hein ?

Morwenna s'avança vers elle comme le serpent qui rampe vers sa proie.

– Oui, je le savais. Mais je n'y aurais jamais pensé s'il n'y avait pas eu mon gardien.

– Quel gardien ? demanda Tanya, sentant la peur s'insinuer en elle une fois de plus. Qu'est-ce que ça veut dire ?

Morwenna éclata de rire.

– Tous ceux qui sont nés avec la double vue ont un gardien dans le royaume des fées... même s'ils ne le savent pas, dit-elle. Je suppose que tu l'ignorais ?

Tanya confirma d'un signe de tête.

– Les gardiens sont chargés de protéger nos intérêts, reprit Morwenna. Mon intérêt, c'était de te trouver.

– Et moi, alors ? Qui est mon gardien ? s'insurgea Tanya. Et mes intérêts à moi, il pourrait les protéger aussi !

– Oh, ils étaient protégés ! dit une voix familière. Tu étais protégée. Au moins, aussi longtemps que j'ai permis que tu le sois.

– *Toi !* s'exclama Tanya.

Bonnet à Plume émergea de l'ombre.

– J'ai mis longtemps à t'amener jusqu'ici, dit-il. C'est moi qui ai déposé le poème. C'est moi qui ai pris les coupures de journaux dans la chambre d'Amos et qui les ai mises dans le livre pour que tu les trouves. Et c'est moi qui t'ai incitée à garder la boussole de la sorcière. Si je ne m'y étais pas intéressé, tu l'aurais jetée.

– C'était toi ! s'exclama Tanya. Dans le bus, ce jour-là ! C'est toi qui voulais acheter la boussole !

– Non, j'ai fait semblant, dit Bonnet à Plume, parce que je savais qu'alors vous voudriez la garder. Ça a été très facile. Tout a été très, très facile. Je savais que tu n'arriverais pas à résister à la tentation de suivre les indices, d'essayer de résoudre le mystère de la fille disparue. Toi et ton stupide petit copain.

– Et c'est donc ça que vous avez cherché à faire, pendant toutes ces années ? M'attirer ici, pour ça ? Pour *elle* ?

– Non, pas tout le monde, chez nous, rectifia Bonnet à Plume. Seulement moi. Les autres travaillaient à ta protection... mais je les ai embobinés. J'ai creusé mon petit trou, gagné leur confiance. Grâce à la division qui règne dans le royaume, j'ai réussi à les convaincre de ma loyauté envers la Cour Seelie et envers eux. Gredin ne m'a jamais fait entièrement confiance. Mais j'étais trop malin pour lui... beaucoup trop malin. Tu vois, quand Morwenna a quitté le monde des mortels, personne n'a pensé que son gardien resterait à l'œuvre. C'était mon secret le mieux gardé.

Avec un sourire triomphant, il ajouta :

– Le secret qui a causé ta perte !

– Donc, qui est mon gardien ?

– C'est Gredin, répondit Bonnet à Plume. Grand Corbeau, c'est celui de ta grand-mère. Ils étaient d'accord tous les deux. Ils pensaient qu'il était dans ton intérêt – et dans celui de Florence – de te protéger de la vérité.

– Et Misscochon ?

Bonnet à Plume ricana :

– Disons simplement que Misscochon a été sauvé par ta grand-mère, il y a des années, du sort déplaisant qu'a connu l'habitant des canalisations. Il lui est fidèle depuis ce temps-là.

– S'ils me protègent, qu'est-ce qu'ils attendent pour venir ?

– C'est qu'ils sont en nombre inférieur. Et qu'il est trop tard, lui répondit Morwenna. Dans un peu plus d'une minute, je serai libre et tu prendras ma place. Bonnet à Plume va rester ici pour s'assurer que tu ne t'échappes pas. Je jouirai enfin de la liberté à laquelle j'ai droit.

Une bouffée de rage monta alors en Tanya et l'embrasa.

– Non, tu ne mérites pas d'être libre ! s'écria-t-elle.

– Qu'est-ce que tu viens de dire ? siffla Morwenna d'une voix basse, menaçante.

Mais Tanya n'avait plus peur.

– Tu es égoïste et cruelle, lui hurla-t-elle au visage, et tu ne *mérites* pas d'être libre !

En tremblant de tout son corps, elle poursuivit :

– Pendant toutes ces années, tu t'es nourrie de haine en rejetant la faute sur ma grand-mère, alors que la seule personne à blâmer dans toute cette affaire, c'est toi ! Tu avais le choix, et tu as obtenu ce que tu as choisi. Ma grand-mère a choisi sa famille. Elle est restée. Sa liberté lui appartient. Elle a souffert pour la garder.

– Ça m'est bien égal ! Nous avions conclu un pacte ! Florence m'a trahie… par lâcheté ! C'est elle qui mérite d'être ici ! Pas moi ! Pas moi !

– Ah bon, ça t'est égal ? cria Tanya, hors d'elle. Évidemment que ça t'est égal ! D'autres gens ont payé chèrement pour ta faute, mais ça t'est égal ! Pas seulement ma grand-mère, Amos aussi ! Sa réputation a été salie à cause de ce que tu as fait. *Mais toi, ça t'est égal !*

Morwenna s'éloigna en lui faisant un signe de la main. Au milieu des arbres, elle ressemblait à un fantôme.

– Voilà, dit-elle, l'échange a commencé.

Tanya se débattit furieusement dans ses liens. Impuissante, elle assista à la disparition progressive de la silhouette de Morwenna… et entendit les exclamations moqueuses de Bonnet à Plume devant sa tentative de fuite. La terreur la saisit. Elle entendit des sanglots et mit un moment à comprendre, en sentant des larmes brûlantes ruisseler sur ses joues, que c'était elle qui pleurait. Oberon sautait sur elle en gémissant de peur et de confusion. Une image lui traversa l'esprit, celle de son visage sur des affiches inutiles comportant trois mots terribles : AVIS DE RECHERCHE.

« Je ne veux pas être la fille qui a disparu dans la forêt. Je ne veux pas faire partie des disparus de Tickey End ! » pleura-t-elle.

C'est alors que quelque chose bougea dans l'obscurité. Une silhouette sombre et floue s'avança vers elle. Bonnet à Plume la remarqua une fraction de seconde après Tanya.

Red !

Ce moment de distraction fut l'occasion qu'Oberon attendait depuis longtemps. D'un bond parfaitement calculé, il réduisit Bonnet à Plume au silence, et pour toujours.

La Land Rover s'arrêta en crissant tout au bord du ruisseau, puis Warwick et Fabian dégringolèrent du véhicule et traversèrent précipitamment le cours d'eau. Un son perçant troua le silence de la nuit.

Fabian accéléra encore sa course.

– Qu'est-ce que c'est ? interrogea Warwick, haletant, alors qu'ils atteignaient la lisière de la forêt.

– C'est l'alarme de ma montre ! Je l'ai réglée sur minuit !

Warwick fouilla dans sa poche et en sortit la mèche de cheveux d'une main tremblante.

– Prends-la ! dit-il. J'ai des allumettes… il faut la brûler !

Fabian tendit la main, mais les cheveux glissèrent à travers ses doigts et tombèrent.

– Elle est où ? hurla Warwick en frottant une allumette pour essayer d'éclairer les environs. Espèce d'idiot !

Fabian se jeta par terre et tâtonna désespérément.

Sa montre continuait à glapir comme un loup hurlant à la mort.

Red taillait violemment dans les liens, qui se défaisaient lentement mais sûrement, avant de tomber et de se désintégrer. Ses mains, déchirées par les fils d'araignée au moment où elle avait extrait les ciseaux de la poche arrière de Tanya, étaient poisseuses et rouges de sang.

– Qu'est-ce que tu fais ici ?... Comment as-tu su ? sanglota Tanya. Où est le bébé ?

– Il est en sécurité.

Red continua sa tâche en respirant à petits coups.

– J'ai fait l'échange, mais les gens du cirque n'ont pas voulu me laisser voyager avec eux. Ils ont dit que la police leur tournait autour, leur posait des questions. Ils savent qui je suis... J'ai lu les journaux. Donc j'ai pensé que le mieux était de revenir ici et de me cacher un peu plus longtemps. J'étais sur le point d'entrer dans le tunnel près de l'église quand je vous ai vus, toi et le garçon, sortir par la grille du jardin. Je vous ai observés et je vous ai suivis... par chance pour vous.

Enfin, le dernier fil cassa. Tanya était libre.

– Il faut qu'on sorte d'ici avant minuit, dit-elle. Elle essaie d'échanger sa place avec moi…

Red la fit taire d'un signe de tête.

– J'ai tout entendu, dit-elle. Dépêchons-nous !

Elle attrapa Tanya par le bras et la guida à travers les bois. D'étranges choses ondulaient dans l'obscurité. Les féeriques se tapissaient dans leurs cachettes, attendant le moment où Tanya leur serait livrée. Oberon tournait autour des deux adolescentes pour les protéger. Red sortit son couteau. Puis elle se mit à courir. Tanya lui emboîta le pas et courut à toutes jambes en zigzaguant à travers les arbres.

– Il faut qu'on réussisse à te faire sortir des bois avant que Morwenna s'en aille, dit Red, haletante. L'heure va bientôt arriver…

Ses mots n'éveillèrent aucun écho dans la tête de Tanya. Il se passait quelque chose.

– Arrête ! gémit-elle.

Un étrange bourdonnement, comme produit par une nuée d'insectes, grondait dans ses oreilles.

– On n'a pas le temps de s'arrêter ! cria Red. Bouge-toi ! J'ai dit : BOUGE-TOI !

– Je ne peux pas, murmura Tanya en chancelant.

Puis elle s'arrêta malgré les efforts de Red pour la soutenir.

Graduellement, le bourdonnement se mua en un murmure de voix qui vinrent l'entourer. Des visages s'animèrent entre les arbres. Des branches noueuses qui ressemblaient à des doigts se tendirent vers elle. Des filaments entortillés se dénouèrent des troncs d'arbre et serpentèrent vers elle. Toute la forêt s'animait.

Tanya comprit ce qui se passait. L'enchantement se mettait en place.

Ses forces l'abandonnèrent. Elle s'affaissa par terre, les yeux fermés et les mains sur les oreilles. Une branche de lierre commença à s'enrouler autour de sa jambe. Red la coupa avec son couteau, mais elle fut aussitôt remplacée par une autre. Elle entendit Red lui dire de se lever, l'entendit la supplier de bouger... mais c'était impossible. Tanya pensa à ses parents et se dit qu'elle aurait aimé les voir une dernière fois. Elle pensa à sa grand-mère et regretta que leurs rapports n'aient pas été meilleurs. Elle pensa à Fabian et à Warwick, et à ce qu'il adviendrait d'Amos. Elle se demanda si Red retrouverait un jour son frère. Elle revit même Spitfire, roulé en boule au pied de l'horloge ancienne, les os pointant sous sa fourrure élimée.

En dernier, elle pensa à Oberon, son chien adoré, son chien fidèle. Il était resté à ses côtés jusqu'à la fin. Puis ses pensées s'effacèrent et il ne resta plus rien, sauf l'obscurité. Oberon se mit à hurler à la mort.

Une violente douleur dans le pouce la ramena à elle. Tanya s'efforça de reprendre conscience et baissa les yeux. Elle saignait. Elle avait une nouvelle blessure.

– Comment est-ce que je... ? balbutia-t-elle, étourdie, en voyant les ciseaux de Morag dans la main de Red.

Elle se sentit repartir, tirée et poussée par le feuillage qui s'enroulait autour d'elle... mais elle avait eu le temps de voir la main de Red.

La main ensanglantée de la pauvre Red.

Les doigts entaillés de la pauvre Red. Red, dont le sang se mélangeait au sien, et qui lui tenait fermement la main. Et qui la berçait en maintenant sa tête. Red qui ne voulait pas qu'elle parte.

– Prenez-moi, chuchotait Red. Prenez-moi à sa place. Elle a une vie à laquelle elle doit retourner. Pas moi. Vous me l'avez déjà prise. Prenez-moi à sa place.

Prenez-moi à sa place.

Prenez-moi à sa place.

Et les filaments et les branches qui rampaient vers Tanya – et ceux qui, déjà, l'enserraient – s'arrêtèrent un bref instant avant de reculer lentement, relâchant leur emprise et poursuivant leur mouvement... vers Red. Centimètre par centimètre, ils rampèrent vers elle comme des tentacules de feuilles, l'attirant loin de Tanya... loin du monde des mortels.

Red ne résista pas.

En quelques instants, elle fut entièrement à leur merci, avalée par la forêt.

Fabian referma la main sur la mèche de cheveux, à laquelle se mêla une poignée de terre.

– Je l'ai !

Warwick frotta une nouvelle allumette et la flamme jaune s'anima. Il attrapa la mèche de cheveux et y porta l'allumette. Elle prit feu immédiatement. Il la jeta par terre. Ils la regardèrent brûler en silence, disparaître, puis il ne resta plus rien que les restes carbonisés des brindilles et des feuilles tombées à l'endroit où s'étaient trouvés les cheveux de Morwenna.

La montre de Fabian se tut enfin.

– Je n'avais pas compris, dit doucement Warwick. Pendant toutes ces années... j'ai cru que c'étaient les cheveux de ma mère. Elle était brune, elle aussi... Je ne savais pas ce qu'ils représentaient pour lui. Je n'ai compris que cette nuit. Il ne s'est jamais remis de sa perte. La vérité était là, devant moi, et j'avais choisi de ne pas la voir.

– Tu savais depuis quand ?

Même dans l'obscurité, Fabian lut la nuance de regret contenue dans les yeux de son père.

– J'ai su dès la naissance de Tanya.

– Qu'est-ce qui va arriver à Morwenna, maintenant que le pacte est rompu ? demanda Fabian.

– Elle va le ressentir instantanément. Ce devrait être suffisant pour qu'elle renonce à l'échange.

Il se mit à courir :

– Vite, il faut retrouver Tanya !

Fabian lui emboîta le pas.

Ni l'un ni l'autre ne savait qu'un autre échange avait déjà eu lieu.

La lisière de la forêt était éclairée par la lune qui paraissait à travers les arbres. L'esprit encore embrumé, Tanya avançait péniblement dans sa direction, soutenue par Oberon qui la remorquait à l'autre bout de la laisse. Elle avait les yeux gonflés et brouillés de larmes, la tête cotonneuse.

Red avait disparu ; avalée dans le royaume des fées-riques ; effacée comme une trace de pas dans le sable. En prenant la place de Tanya, elle les avait sauvées toutes les deux.

Tanya était presque arrivée à la lisière de la forêt quand elle s'aperçut qu'elle n'était pas seule.

À quelques pas d'elle, sur le sentier, Morwenna Bloom se dirigeait vers la clairière. Tanya sentit monter une bouffée de colère vite apaisée. Il se passait quelque chose d'anormal.

Morwenna, qui jusque-là marchait d'un bon pas, ralentit petit à petit. Sa respiration changea, devint haletante, laborieuse. Soudain, son dos se courba, elle se mit à traîner la jambe. Elle eut l'air de souffrir... d'avoir mal ou d'être très, très fatiguée.

Tanya l'entendit murmurer :

– Qu'est-ce qui m'arrive ?

La voix qui avait franchi ses lèvres n'était pas celle d'une fille de quatorze ans.

Elle n'était pas fatiguée... elle était vieille.

Tanya savait maintenant ce qui s'était passé, et cette réalité la plongea dans une horreur grandissante. Si Fabian l'avait abandonnée, ce n'était pas par lâcheté. Il était parti pour détruire la mèche de cheveux... le lien qui reliait Morwenna à sa jeunesse. Et il avait réussi.

Tanya poussa un gémissement de terreur. En l'entendant, Morwenna se retourna et lui fit face.

– C'est toi ? prononça-t-elle d'une voix éraillée de vieille femme.

Le son de cette voix étrange parut terrifier Morwenna encore plus que Tanya.

– Comment ?..., poursuivit la vieille femme. Ce n'est pas possible, tu ne peux pas être ici...

La peau de son visage marqué par la confusion et la méchanceté se ratatinait, se ridait, se flétrissait et se plissait, s'affaissait et se retrouva flasque, pendante autour de son crâne, au fur et à mesure que ses cinquante ans de triche la rattrapaient. Cinquante années à la fois. L'âge agissait comme un poison… et c'était vraiment épouvantable à voir.

Tanya se mit à hurler. À hurler, encore et encore.

Morwenna regarda ses mains et poussa un cri. Elles n'étaient plus lisses et douces ; elles étaient en train de se flétrir et de se déformer sous ses yeux…

– Non ! cria-t-elle.

Elle attrapa une mèche de ses longs cheveux, mais ils étaient devenus rêches et blancs comme neige. Lentement, elle leva les mains et les porta à son visage. Elle sentit alors combien ses joues étaient creuses et sa peau ridée. Elle tendit ses mains difformes vers Tanya. Ses lèvres étaient retroussées en une horrible grimace dévoilant des dents qui noircissaient, devenaient branlantes ; puis elles s'émiettèrent et tombèrent.

Tanya tourna les talons et s'enfuit. Elle repartit en sens inverse, dans la forêt, secouée de sanglots, désespérée, préférant affronter n'importe quoi dans les bois plutôt que le grotesque personnage qu'était devenue Morwenna Bloom.

Elle ne devait jamais savoir que cette dernière avait essayé de la suivre sur le sentier. Car le temps, pour la vieille femme, de faire quelques pas, Tanya avait filé comme une flèche. Aussi Morwenna fut-elle complètement seule quand le processus de vieillissement, combiné au choc qu'elle en ressentit, lui porta le dernier coup.

Une douleur terrible lui poignarda la poitrine et le bras gauche. Elle poussa un cri étouffé et s'affaissa sur le sol. Elle regarda la lisière de la forêt, et sa vue commença à se brouiller.

La lisière était proche, si proche… mais elle ne devait jamais l'atteindre.

Tanya était recroquevillée par terre, blottie contre Oberon, quand ils la retrouvèrent.

Une main calleuse repoussa les cheveux qui lui recouvraient la figure et il y eut une voix, familière… et étrangère à la fois.

– Elle est sous le choc.

C'était la voix de Warwick. Toujours bourrue et hachée, mais avec une pointe d'inquiétude.

– Elle va se remettre ?

Cette fois, c'était Fabian.

Tanya bougea, réconfortée par cette voix. Le visage de Fabian apparut dans son champ de vision. Il fermait les yeux, et sur ses traits on lisait la culpabilité et la tristesse.

– Je l'ai abandonnée, dit-il faiblement. Je l'ai abandonnée, papa. Mais il le fallait…

– Fabian ? croassa Tanya.

Son ami ouvrit brutalement les yeux. Il lui prit la main et la tint fermement.

– Excuse-moi, chuchota-t-il. Excuse-moi… il fallait que je te fasse croire…

Il avala sa salive et ajouta :

– La mèche de cheveux. C'est Amos qui l'avait depuis tout ce temps.

– Je sais, répondit-elle en parvenant à sourire faiblement. Tu as eu du courage de faire ce que tu as fait.

Elle regarda Warwick.

– Et vous, vous me protégiez, dit-elle, comprenant enfin. Vous et ma grand-mère. C'est pour ça que vous ne vouliez pas de moi au manoir… à cause de ce qui pouvait se passer.

– Florence voulait te le dire, répondit doucement Warwick, mais elle avait trop peur. Et trop honte. Quand elle a conclu ce pacte avec Morwenna, elle était jeune et naïve. Elle le paie depuis tout ce temps.

– Plus maintenant, chuchota Tanya.

Car elle seule savait ce qu'il était advenu de Morwenna. Mais pour le moment elle ne pouvait pas, non, elle ne pouvait pas parler de ce qu'elle avait vu.

Plus un mot ne fut prononcé ensuite. Mais les pensées continuèrent à tourner dans la tête de Tanya. Warwick lui mit son manteau autour des épaules, la souleva et l'emporta dans ses bras vers le manoir.

Le lendemain matin, il était encore tôt quand Morag ouvrit la roulotte et, du bout de sa chaussure, mit dehors son chat qui n'était pas d'accord. Elle ne s'aventurait pas souvent à Tickey End en milieu de semaine et, si elle partait de si bonne heure, c'était pour faire tout ce qu'elle avait à faire avant que la foule s'y presse.

Elle était presque arrivée à la lisière de la forêt lorsqu'elle vit le corps allongé par terre, juste au bord du sentier et en partie caché par les broussailles.

La femme était morte, depuis plusieurs heures déjà. Morag le sut avant même de s'agenouiller à côté d'elle. La bouche plissée de la morte était ouverte dans un cri silencieux, sa main griffue enserrait son bras gauche.

– Crise cardiaque, murmura Morag en tendant la main pour fermer les yeux vides de la femme.

Mais, quand elle regarda de plus près ces deux creux noirs et sans vie, sa main s'immobilisa et elle la retira vivement. Car, même dans la mort, cette femme dégageait quelque chose de malveillant.

Morag se releva en faisant craquer ses genoux et recula d'un pas. Ce faisant, elle vit une pomme à côté du corps, nichée dans les plis de la robe verte usée de la morte. Elle était sans doute tombée des branches, au-dessus. Quelque chose rampait sous la surface ridée de la peau du fruit. Une seconde plus tard, un asticot bien gras troua la chair ramollie de la pomme.

– Oui, chuchota Morag. Je vois, maintenant. Elle est pourrie. Pourrie jusqu'à la moelle.

Sans plus s'attarder, elle se mit en route vers Tickey End, en marchant un peu plus vite que d'ordinaire, sachant qu'il lui fallait faire un détour pour annoncer sa macabre découverte. En espérant qu'on ne la retiendrait pas trop longtemps.

Épilogue

Comme la plupart des tombes du petit cimetière, celle d'Elizabeth Elvesden avait été négligée. Et, tout comme le manoir voisin qui avait été sa maison pour un court moment de sa vie, sa sépulture était à présent recouverte de lierre, ne laissant apparaître qu'un soupçon de pierre grise entre les feuilles perpétuellement vertes. Mais, malgré son aspect désolé, la tombe n'avait jamais été abandonnée.

Tanya regarda sa grand-mère qui s'agenouillait pour arracher une nouvelle poignée de mauvaises herbes, puis posa les yeux sur les champs et, derrière, sur la forêt vers laquelle se tournait le manoir tacheté de soleil. Sa mère n'allait pas tarder à arriver pour la ramener à la maison. Tanya se dit en s'en réjouissant que, dorénavant, tout serait différent. Les féeriques, *ses* féeriques, reviendraient, mais quand ils en auraient envie. Elle ne les craignait plus.

Près d'une semaine auparavant, elle s'était réveillée dans son lit, entièrement habillée, et assommée comme si elle avait dormi une centaine d'années. Elle avait senti que quelqu'un lui tenait la main, et avait ouvert les yeux sur le regard gris de sa grand-mère. Tanya avait mis un moment à la reconnaître, car il n'y avait plus aucune trace de dureté en elle, comme si sa poitrine s'était allégée d'un grand poids. Florence lui avait parlé longuement. Et Tanya avait écouté, appris, et pardonné.

Les articles de journaux concernant Rowan Fox continuèrent à paraître pendant quelques jours après la nuit de l'échange, mais ils ne firent plus la une quand il devint clair qu'on avait perdu sa trace. Cependant, une autre information attira l'attention de Tanya un jour qu'elle parcourait les journaux : la découverte d'un corps dans le Bois du Bourreau. La morte, qui pouvait avoir entre soixante-cinq et soixante-dix ans, avait été victime d'une crise cardiaque. Cependant, son identité et la raison qui l'avait poussée à se rendre dans la forêt restaient une énigme… excepté pour quelques-uns. Car c'est le moment qu'avait choisi Tanya pour parler enfin de Red à Fabian, Warwick et sa grand-mère. Elle leur avait révélé l'horreur de ce qui s'était passé cette nuit-là dans la forêt, ainsi que l'acte héroïque de cette fille qui l'avait sauvée.

Elles arrachèrent les dernières mauvaises herbes sur la tombe et les remplacèrent par des fleurs fraîches.

Sur le chemin du retour, alors qu'elles longeaient la forêt, Tanya posa une question dont elle appréhendait la réponse :

– Que va devenir Amos ?

Florence secoua la tête avec tristesse :

– Il n'y a rien à faire. Même si nous connaissons la vérité sur Morwenna Bloom, les gens continueront à croire ce qu'ils auront envie de croire. Tout ce que nous pouvons faire pour lui, maintenant, c'est apaiser ses derniers jours, mais, dans l'état mental où il se trouve, ce ne sera pas facile. Il est tourmenté en permanence par le souvenir de Morwenna. C'est elle qui est à la source de sa folie.

Une douce brise souffla dans les arbres, apportant avec elle un parfum d'herbes sauvages. L'un des parfums dominait les autres. Fort et caractéristique, il évoqua un souvenir tapi dans la mémoire de Tanya ; le souvenir des mots prononcés par Gredin un certain soir. À l'époque, ces mots lui avaient inspiré de la peur. Mais, à présent, ils étaient synonymes d'espoir. La forêt l'avait écoutée.

– On ne peut pas changer ce qui est arrivé, dit Tanya lentement. Et on ne peut pas changer ce que pensent les gens. Mais il y a peut-être une chose que nous pouvons faire pour Amos.

Il est un endroit où le romarin pousse en abondance au bord d'un ruisseau qui coule en remontant la colline. Le domaine des piskies. Des créatures barbares. Imprévisibles, dangereuses, dit-on. Là-bas, le romarin, connu pour favoriser la mémoire, pousse en pourrissant. Ses propriétés sont inversées.

Pourtant, même pourri par les piskies, le romarin peut être utile. Pris en justes quantités, il a le pouvoir d'extraire pour toujours un souvenir de la tête d'un mortel.

Tel le souvenir d'un ancien amour.

Remerciements à :

Ma famille, mes amis et les gens que j'aime – mes premiers lecteurs, particulièrement : Darren, maman, Theresa, Janet, Tanya, Rachel et Lucy. Et aussi Lauren pour toute la poudre enchantée.

Mes anciens collègues de chez Ottakar's/Waterstone's Stafford (Greengate Street) et Kate Hancock au siège social, ainsi que l'équipe jeunesse d'Oxford University Press pour son soutien.

Davinia Andrew-Lynch pour le temps qu'elle m'a consacré et ses conseils.

Un grand merci à Julia Churchill et tous ceux de la Darley Anderson Agency, et à Venetia, Maurice, Jenny, Elisa, Ingrid, Phil, Nick et toute l'équipe jeunesse de Simon & Schuster UK.

Dans la même collection

**Gilly, grave amoureuse,
13 ans, presque 14...**
de Claire Robertson

Les larmes de l'assassin
d'Anne-Laure Bondoux

Cherry, ses amis, ses amours, ses embrouilles
d'Echo Freer

Ciel jaune
de Marie-Hélène Delval

Accroche-toi, Sam !
de Margaret Bechard

Mercredi mensonge
de Christian Grenier

Planète Janet
de Dyan Sheldon

**Comment devenir maître du monde
en vingt-six leçons et demie**
de Dan Gutman

Une princesse peut en cacher une autre
de Kate Brian

Les démons de Nègreval
de Pierre Davy

Betsy et l'Empereur
de Staton Rabin

Pépites
d'Anne-Laure Bondoux

Losers' Club
de John Lekich

Écoute mes lèvres
de Jana Novotny Hunter

Sous le vent de la liberté
1. Lumières d'Amérique
2. Chasseurs et proies
3. Les temps cruels
de Christian Léourier

La marmite du Diable
d'Olivier Silloray

Le voyage scolaire
de Moni Nilsson-Brännström

Plus un mot
d'E. L. Konigsburg

Lune indienne
d'Antje Babendererde

Un passé si présent
de Sally Warner

Texto à la mer
de Sue Mayfield

Derrière l'écran
de Pascal Garnier

Infaillible ?
de Christophe Lambert

Après le voyage scolaire
de Moni Nilsson-Brännström

Le seigneur aux mains rouges
de Claude Merle

Case départ
de Pascal Garnier

Envol pour le paradis
de Jean-Marie Defossez

Comment j'ai marié ma mère
de Coleen Murtagh Paratore

Les tribulations du prince Seyin
au royaume d'Ashkabad
de Stéphane Terranova

Le grand piano noir
d'Olivier Silloray

Appelez-moi Poison !
de Susan Shreve

Cherry, les secrets d'une gagnante
d'Echo Feer

Liberté, égalité, chocolat
d'Alex Shearer

Les Hurluberlus
d'E. L. Konigsburg

Iris par-ci, Iris par-là
de Lucy Frank

Un lilas pour toi
de Laura Hillman

Le temps des miracles
d'Anne-Laure Bondoux

Oublie les mille et une nuits
de Marco Varvello

Adieu Berlin
de Waldtraut Lewin

Oscarthur
Les terres franches, 1
de Frédéric Anarratone

M'sieur Victor
de Pascal Garnier

Les guerres de Chanda
Le secret de Chanda
d'Allan Stratton

Deux pouces & demi
de Thomas Lavachery

Mes deux Allemagne
d'Anne C. Voorhoeve

Je m'appelle America
d'E. R. Frank

La jeune fille à la plume
de Katherine Sturtevant

Krabat
d'Otfried Preussler

Le chant des orques
d'Antje Babendererde

La vengeance de Martin O'Boy
de Brian Doyle

Blanches ténèbres
de Geraldine McCaughrean

La liberté porte une chemise rouge sang
de Gaby Halberstam

Alabama Moon
de Watt Key

PinkMuffin @WillyBlue

1. Objet : arnaques et embrouilles !

2. Objet : de l'art et des cochons !
de Hortense Ullrich et Joachim Friedrich

Pourquoi Emma-Jane est tombée de l'arbre,
et ce qui s'ensuivit...
de Lauren Tarshis

Unique
d'Alison Allen-Gray

Petits contes à régler
1. Le cas Rubis C.
de Gaël Bordet

Les garçons de décembre
de Michael Noonan

La septième fille d'Adèle Kemp
de Julie Johnston

Le grand déballage
d'E. L. Konigsburg

Cet ouvrage a été mis en pages
par DV Arts Graphiques à La Rochelle

Impression réalisée par

CPI
BRODARD & TAUPIN

La Flèche

en juillet 2011
pour le compte des Éditions Bayard

Imprimé en France
N° d'impression : 65517